대한민국 **업종별**
재무제표 읽는 법

일러두기

1. 본문 중 계정과목(소제목)의 별(★) 표시는 독자들이 눈여겨봐야 할 과목의 중요도를 표시한 것이다. 별의 개수가 많을수록 계정과목의 중요도가 높다.

2. 이 책을 효과적으로 활용하기 위해서는 전자공시시스템(http://dart.fss.or.kr)에 들어가 해당 기업의 각종 보고서와 공시사항을 참조하라. 본문 중 위 아래 점선(······) 표시된 표는 모두 전자공시시스템에 공시되어 있는 해당 기업의 자료를 인용한 표이다.

대한민국 업종별
재무제표 읽는 법

이민주 지음 | 박해익(공인회계사) 감수

차례

- 들어가며　업종의 눈으로 보면 사야 할 기업이 보인다　　8

1 워렌 버핏은 업종 분석으로 기업을 고른다

01 업종 분석, 아는 만큼 투자가 쉽다　　14
잠깐! 성공 투자를 위한 초간단 재무비율 공식　　23
02 5대 업종과 재무제표의 역사　　24
03 딱 3분에 끝내는 재무제표 강의　　29
04 IFRS(국제회계기준)를 기회로 바꾸는 법　　40
잠깐! K-IFRS 궁금증 일문일답　　51

2 금융업, 부채 속에 숨은 이윤을 찾아라

01 모든 금융회사는 알고 보면 단순하다   58
02 금융회사의 재무제표 읽는 법   65
03 사야 할 금융회사, 사지 말아야 할 금융회사   74
04 예대마진에 투자 적격성 있다 (은행의 재무제표 : 한국외환은행)   84
05 책임준비금이 많은 보험사가 투자가치도 높다
   (보험사의 재무제표 : 삼성생명)   93
06 증권사, 브로커리지를 주목하라 (증권사의 재무제표 : 키움증권)   99
07 부실 저축은행 쉽게 찾아내는 법
   (저축은행의 재무제표 : 삼화상호저축은행)   105

3 제조업, 현금성자산에 주목하라

01 득도 되고 독도 되는 제조업의 유형자산   112
02 제조기업의 재무제표 읽는 법   118
03 운전자본을 알아야 기업 유동성이 보인다   131
잠깐! 유전스(Usance)의 원리   137
04 사야 할 제조기업, 사지 말아야 할 제조기업   139
잠깐! 운전자본은 적을수록 좋다   144
05 현금흐름표도 분식회계가 가능하다   146
잠깐! 모든 부채가 나쁜 부채는 아니다   150

4 재무제표만으로 우량 제조기업 고르는 법

01 자동차기업의 숨겨진 이익을 찾아라 154
　　(자동차기업의 재무제표: 현대자동차)
02 정보기술기업, 유형자산을 주목하라 (정보기술기업의 재무제표: 삼성전자) 161
03 철강사, 원자재 상승이 투자 기회인 이유 (철강기업의 재무제표: 포스코) 169
04 정유사의 재고자산, 많아도 문제없다 (정유사의 재무제표: 에쓰오일) 177
잠깐! IFRS 방식에서는 정유사의 LIFO(후입선출법)가 금지된다 84
잠깐! 에쓰오일의 파란만장한 설비투자의 역사 186
05 재고자산의 진부화는 의류기업에게 독이다
　　(의류기업의 재무제표: 한섬) 188
06 매출채권이 과다한 제약사를 주의하라 (제약사의 재무제표: 동아제약) 196
07 부적격한 투자 기업 골라내는 법 (부도 의류기업의 재무제표: 쌈지) 203

5 수주업, 선수금에 우량기업이 숨어 있다

01 수주업, 고객의 선주문이 필요하다 210
02 수주기업의 재무제표 읽는 법 217
03 사야 할 수주기업, 사지 말아야 할 수주기업 227
잠깐! 전자공시시스템에서 기업의 신규 수주 확인하는 법 233
04 조선사는 선수금을 주목하라 236
　　(조선사의 재무제표: 현대중공업)
05 미수금에 숨은 건설사의 리스크 (건설사의 재무제표: 대림산업) 244
06 투자 부적격 조선사 골라내는 법
　　(워크아웃 조선사의 재무제표: 씨앤중공업) 254
07 안전성만 체크해도 부도기업이 보인다 (건설사의 재무제표: 성지건설) 258

6 소매유통, 운전자본에 우량기업의 성패 있다

- 01 소매유통기업은 매출채권의 비중이 낮다 ... 264
- 02 소매유통기업의 돈 버는 비밀, 부의 운전자본 ... 269
- 03 소매유통기업의 재무제표 읽는 법 ... 273
- 04 사야 할 소매유통기업, 사지 말아야 할 소매유통기업 ... 284
- 05 상품권, 부채총계에 감춰진 수익(백화점의 재무제표 : 현대백화점) ... 290
- 06 홈쇼핑기업의 미지급금은 현금성자산이다
  (홈쇼핑기업의 재무제표 : GS홈쇼핑) ... 296
- 07 재무 상태가 나쁜 소매유통기업 찾아내는 법
  (백화점의 재무제표 : 그랜드백화점) ... 306
- 잠깐! 세계 최초 백화점 봉 마르셰의 튀는 마케팅 기법 ... 309

7 서비스기업에는 실물자산이 없다

- 01 서비스기업, 재고자산이 없다 ... 312
- 02 서비스기업의 재무제표 읽는 법 ... 316
- 03 사야 할 서비스기업, 사지 말아야 할 서비스기업 ... 320
- 04 온라인게임사, 개발비가 관건이다
  (온라인 게임기업의 재무제표 : 엔씨소프트) ... 324
- 05 교육기업, 선수금이 많아야 우량하다
  (교육기업의 재무제표 : 메가스터디) ... 331
- 06 경영 상태가 나쁜 서비스기업 골라내는 법
  (서비스기업의 재무제표 : 에스브이에이치) ... 336

• 특별부록   한국의 업종별 기업 리스트

들어가며

업종의 눈으로 보면
사야 할 기업이 보인다

나는 2008년 5월에 재무제표 입문서에 해당하는 『워렌 버핏처럼 재무제표 읽는 법』을 낸 적이 있다. 제목 그대로 초보자 입장에서 기업의 재무제표를 어떻게 읽어야 하는지를 소개한 책인데, 얼마 전 11쇄를 냈다는 연락을 출판사로부터 받았다. 지금도 이런 연락을 받을 때마다 나는 내 책장에 꽂혀 있는 이 책을 펼쳐보곤 한다. 이 책이 독자의 손길을 꾸준히 타고 있기는 하나 보다. 그러고 보니 마감을 맞추느라 밤을 새워가며 원고를 써내려갔던 기억이 새롭다. 하지만 나는 늘 이 책에 대한 아쉬움을 가지고 있었다.

이 책은 재무제표가 뭔지를 정리하는 차원에서는 괜찮았지만 분량의 한계 때문에 재무제표의 전부를 소개하지는 못했기 때문이다. 이 책에 나오는 재무제표 읽는 법은 사실 정확히 말하면 '제조기업'의 재무제표 읽는 법이다. 제조기업이란 자동차, 철강, 정유를 비롯해 인간의 눈에 보이는 유형의 제품을 대량으로 만들어내는 기업을 말한다. 그런데 이 세상에는 제조기업 말고도 금융기업, 수주기업, 소매유통기업, 서비스 기업 같은 다양한 업종의 기업이 경영 활동을 하고 있는데, 각각의 업종에 속해 있는 기업의 재무제표는 서로 다르게 생겼다. 은행, 보험, 증권사 등 금융기업의 재무제표를 처음 들여다본 분이라면 제조기업의 재무제표와 딴판이어서 당혹스러웠던 경험을 갖고 있을 것이다.

이러한 이유로 나는 『대한민국 업종별 재무제표 읽는 법』을 출간하게 되었다. 이 책은 초보자가 재무제표의 기본 개념을 파악하는 것은 물론이고 실제 기업의 다양한 형태의 재무제표를 읽는 데 어려움이 없도록 하는 데 초점을 맞추었다. 재무제표란 무엇인지 그리고 금융, 수주, 제조, 소매유통, 서비스 등 업종별 재무제표가 무엇이 다르고 어떻게 읽어야 하는지를 정리하려고 노력했다. 아울러 각각의 업종별 기업의 경영 현황과 재무 상태를 파악할 때 효과적인 재무비율이 뭔지를 정리했다.

예를 들어 제조 기업의 안정성(유동성)을 파악할 때 부채비율이 효율적인 지표이지만 금융사의 유동성을 파악할 때 사용하는 것은 적절하지 않다. 금융사의 안정성을 파악할 때는 BIS비율, 무수익여신비율, 지급여력비율 등이 효율적이다. 또한 소매유통기업의 경영 안정성을 파악할 때 유동비율이나 당좌비율을 사용하는 것은 적절하지 않으며, 영업현금비율이나 순이자보상비율이 효율적이다. 이런 부분들을 이 책에 정리했다.

때마침 한국 기업의 재무제표 작성 방식으로 K-IFRS(한국채택 국제회계기준)가 도입됐다. 대한제국 고종 황제 통치기인 1903년 12월 한성은행이 서양식 부기(재무제표)를 처음 채택한 이후 100년 이상을 우리는 K-GAAP(국내회계기준) 방식에 의해 쓰인 재무제표를 읽고 분석해왔다. 이런 오랜 K-GAAP 시대를 마감하고 우리는 K-IFRS라는 새로운 방식으로 작성된 재무제표를 읽고 분석해야 하는 시대를 맞이했다. 여기에서 비롯되는 혼란이 적지 않다. 재무제표가 어려워서 직장 생활 못하겠고, 재무제표가 어려워서 주식투자를 못하겠다는 말이 나올 판이다. 이 책은 K-IFRS가 뭔지, 기존의 K-GAAP와 어떻게 다른지, 이제부터는 뭘 중점적으로 봐야 하는지를 정리했다. K-IFRS를 쉽고 빠르게 이해하는 가장 좋은 방법은 그간 우리에게 친숙했던 K-GAAP 방식의 재무제표와의 차이를 비교하고 정리해보는 것이다. 두 가지 방식의 재무제표의 차이를 비교하다 보면 K-IFRS의 개념과 특징이 쉽게 머리에 들어올 것이다.

이제 재무제표는 누구에게나 선택이 아니라 필수의 문제가 됐다. 우리의 삶은 사실상 모든 것을 기업에 의지하고 있다. 부산저축은행, 삼화저축은행의 영업 정지 사태를 지켜본 직장인, 주부, 자영업자들은 재무제표를 읽을 줄 안다는 게 얼마나 중요한지 깨달았을 것이다. 재무제표 지식이 영어 구사 능력보다 세상살이에 훨씬 더 필요하다고 해도 과언이 아니다. 기업의 경영 현황, 재무 상태, 향후 성과를 알 수 있는 가장 효과적인 방법은 그 기업의 재무제표를 들여다보는 것이다.

재무제표를 읽을 줄 아는 사람의 인생은 풍요로워진다. 워렌 버핏은 미국 중북부에 위치한 네브래스카 주의 오마하란 소도시에 산다. 인구 40만 명 남짓한 지방 도시에 살고 있는 그는 누구에게나 공개돼 있는 재무제표를 읽어가면서 기업의 과거와 현재뿐 아니라 장래까지 예측해 투자의 전설이 됐다.

이 책은 내가 쓴 여러 책들 가운데 가장 오랜 인내의 시간을 요구했다. 나 스스로 지식을 쌓는다는 마음가짐을 유지하지 않았다면 이 책은 나오지 못했을 것이다. 이 책을 통해 독자 여러분의 인생이 풍요로워지기를 기대한다.

2011년 7월
이민주

워렌 버핏은 업종 분석으로 기업을 고른다

우리는 여태껏 제조업의 재무제표 읽는 법으로 기업의 가치를 읽으려고 노력했다. 그러나 이 세상의 재무제표는 제조업만 존재하는 것은 아니다. 재무제표 이용자들이 이 세상의 모든 기업의 경영 현황을 제대로 파악하기 위해서는 제조업 외에 다른 업종이 있다는 사실을 알아야 한다. 워렌 버핏은 우량기업을 고를 때 결코 제조업의 잣대로만 기업 가치를 읽지 않는다. 그는 업종의 특성을 이해하고 그 특성에 맞는 유의미한 지표를 적용함으로써 동종 업계를 비교하고 기업의 가치를 평가한다.

업종 분석,
아는 만큼 투자가 쉽다

　어느 기업의 경영 상태가 좋은지 그렇지 않은지를 판단할 때 가장 흔히 사용되는 지표는 부채비율이다. 부채비율은 기업의 부채총계를 자본총계로 나눈 값인데, 이게 높으면 기업이 부채가 많아 이자비용을 감당하기 힘들어진다. 그런데 이런 부채비율에 관한 통념은 모든 기업에 들어맞는 걸까? 우리는 사실 부채비율에 관한 통념이 모든 기업에 적용되지 않는다는 조사나 보도를 심심치 않게 접하고 있다.

　글로벌 금융위기가 한국의 경제와 산업을 휘청거리게 하던 2009년 3월, 한국의 여러 일간지에는 '10대 그룹의 부채비율이 100퍼센트가 넘었다'는 요지의 보도가 잇따라 실렸다. 2008년 한 해 동안 한국의 10대 그룹 상장 계열사를 대상으로 조사를 했더니 부채비율이 평균 101.9퍼센트로 전년 대비 20퍼센트 증가했다는 내용이었다.

10대그룹 부채비율 100% 넘었다

지난해 평균 101.9%··· 5년 만에 최고치

세계 경기침체로 기업 경영환경이 급속도로 악화되면서 대기업의 부채비율이 5년 만에 100%를 넘은 것으로 조사됐다.

재계 정보 인터넷 사이트인 재벌닷컴은 5일 10대 그룹 상장 계열사 73곳(금융계열사 제외)의 지난해 경영실적을 조사한 결과 부채비율이 평균 101.9%를 기록했다고 밝혔다. 이는 2007년 말 당시 10대 그룹의 평균 부채비율인 84.3%에 비해 20%포인트 가까이 높아진 것이다.

대기업 부채비율은 외환위기 당시 300%를 훌쩍 넘었으나, 정부가 대기업을 상대로 고강도 구조조정을 추진하면서 2003년(118.2%) 이후 100% 아래에 머물렀었다.

조사 결과 10대 그룹 중 부채비율이 가장 높은 곳은 현대중공업(314.2%)으로 나타났다. 그러나 선박을 건조하기 전에 받은 선수금이 부채로 잡힌 탓에 의미를 둘 수 없다는 것이 재벌닷컴 측의 설명이다.

이어 한진그룹 278.7%, 금호아시아나그룹 169.1%, 한화그룹 165.5% 순이었다.

삼성, 현대자동차, LG, 롯데, GS 등 나머지 그룹은 부채비율이 100%에 못 미쳐 상대적으로 양호했으나, 롯데그룹을 빼고 부채비율은 전년에 비해 늘어 경기침체의 위력을 실감케 했다. 특히 국내 최고의 재무 건전성을 뽐내는 삼성그룹의 부채비율은 2007년 말 59.1%에서 77.7%로 급등했다.

이처럼 재무 건전성에 비상이 걸린 대기업들은 경기침체가 장기화될 조짐을 보이자 현금 확보에 나서고 있다. 지난해 하반기부터 회사채 발행과 은행 차입을 늘리면서 '생존자금' 확보에 나선 것으로 분석된다.

조사 결과 10대 그룹의 작년 말 현금성 자산은 52조9000억원으로 2007년 말 40조1000억원에 비해 31.9%, 12조8000억원 늘었다. 현금성 자산은 기업들이 보유한 현금과 만기 3개월 미만의 채권, 유가증권 등의 금융상품을 말한다.

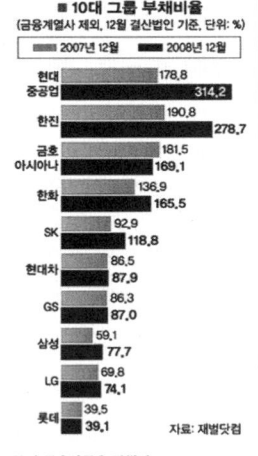

■ 10대 그룹 부채비율

그런데 이 기사는 절반 정도만 맞는 내용이었다. 이 조사에서 부채비율 1위로 기록된 곳은 조선업체인 현대중공업인데, 조선업체가 부채비율이라는 잣대로 평가되는 것은 적절하지 않다. 조선사는 선박을 건조하기 전에 고객(선주)으로부터 계약금을 받는데, 이것이 재무상태표(대차대조표)에 선수금(Advances from Customers)이라는 부채로 기록된다. 따라서 조선사의 부채비율이 높은 이유가 선수금의 증가에서 비롯되었다면 수주 물량이 그만큼 많다는 의미로 기업 입장에서는 오히려 좋은 일이다. 이 조사는 부채비율이라는 지표를 모든 기업에 일괄적으로 적용하기 어렵다는 것을 보여준다. 그러나 모집단에서 은행, 보험, 증권 등의 금융회사를 제외한 것은 적절하다. 금융회사도 부채비율을 잣대로 재무상태를 분석하기에는 적절하지 않은 업종이기 때문이다. 금융회사는 자산총계의 대부분이 부채이며, 부채비율을 계산해보면 수천 퍼센트가 나온다.

한국의 10대 기업을 봐도 경영 현황을 파악하는 지표로 부채비율을 일률적으로 적용하는 것이 적절하지 않다는 사실을 확인할 수 있다. 2011년 4월 기준으로 한국 주식시장에서 시가총액이 가장 큰 10대 기업 가운데 부채비율을 통한 분석이 적합하지 않은 곳은 네 곳이나 된다.

현대중공업은 앞서 언급한대로 조선사여서 부채비율이 높으면 오히려 좋은 신호인 경우가 대부분이고, 신한금융지주, KB금융(이상 금융지주사), 삼성생명(보험사)은 금융회사이기 때문에 자산의 대부분이 부채일 수밖에 없다. 은행, 보험, 증권 등 금융사는 외부자금을 부채의 형태로 조달해 이를 기업이나 개인에게 대출해주고 이자를 받는 것이 주요 비즈니스 모델이다. 금융사는 부채가 많을수록 더 많은 대출을 해줄 수 있고, 따라서 금융사에 부채는 원칙적으로 다다익선이다.

순위	기업명	시가총액
1	삼성전자	1,305,072
2	현대차	447,161
3	POSCO	422,420
4	현대중공업	402,040
5	현대모비스	314,908
6	LG화학	308,823
7	기아차	280,919
8	신한지주	228,802
9	KB금융	220,220
10	삼성생명	199,400

■ 한국의 시가총액 10대기업 (2011년 4월, 단위: 억 원)

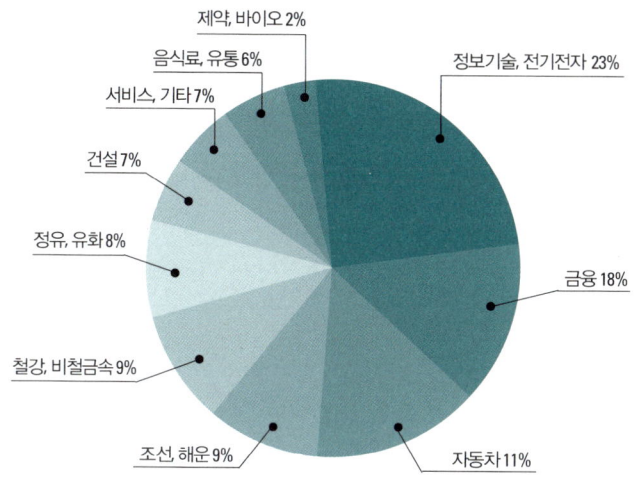

■ 산업별 시가총액 비중 (2011년 1월)

한국의 주식시장 전체를 놓고 봐도 결과는 엇비슷하다. 한국 주식시장에서 거래되는 기업을 시가총액 기준으로 분류했을 때 부채비율을 통한 기업 분석이 적절하지 않은 곳은 금융, 조선, 건설을 합쳐 30퍼센트가량이다. 어떤 식으로 봐도 적지 않은 기업이 우리에게 익숙한 부채비율 같은 재무비율 분석으로는 설명이 되지 않는다는 것을 알 수 있다. 또한 부채비율뿐만 아니라 유동비율, 당좌비율 등의 재무지표도 어떤 기업에는 재무지표로서 적절하지만 어떤 기업에는 적절하지 않다는 것을 재무제표 이용자들은 경험적으로 알고 있다.

그럼에도 기업의 경영 안정성을 파악하는 지표로 부채비율, 유동비율, 당좌비율 등이 거론되는 이유는 우리가 일상적으로 접하는 기업 유형이 제조기업이기 때문이다. 제조기업이란 자동차, 철강, 정유, 음식료 등 인간의 눈에 보이는 유형의 제품을 만들어내는 기업을 말하는데, 제조기업의 경영 안정성을 파악할 때 부채비율을 사용하면 효율적이다. 제조기업은 부채비율이 높으면 자금 조달 비용이 높아져 수익이 나빠지는 경향이 있다. 따라서 한국의 금융 당국은 제조기업의 부채비율이 200퍼센트를 넘지 말 것을 권하고 있다.

하지만 이 세상에는 제조업만 존재하는 것은 아니다. 결국 재무제표 이용자들이 이 세상의 모든 기업의 경영 현황을 제대로 파악하기 위해서는 제조업 외에 다른 업종이 있다는 사실을 알아야 한다. 이런 업종에 속한 기업들의 경영 현황을 파악하기 위해서는 해당 업종에 맞는 지표를 활용하는 것이 효과적이다.

그렇다면 재무제표와 재무비율을 기준으로 할 경우 이 세상에 존재하는 기업은 몇 가지로 분류할 수 있을까? 이 질문은 '이 세상에 존재하는 기업을 사업의 본질적 특성에 따라 분류하면 몇 가지로 나눌 수 있느냐'라는 질문과 동일하다. 답부터 말하자면 '다섯 가지'이다. 조금 더 구체적으로 설명하면, 이 세상에는 금융, 제조, 수주, 소매유통, 서비스의 다섯 가지 유형의 기업이 존재한다. 동일 업종 내에서는 동일한 재무제표가 사용되며, 동일한 재무비율을 적용할 수 있다. 그렇지만 업종이 다르면 재무제표가 다르고, 경영 현황을 파악할 때 유용한 재무비율도 각각 다르다. 서로 '다른 세상'이라는 뜻이다. 재무제표 이용자들이 그간 기업을 분석하면서 혼란을 겪은 이유가 여기에 있다.

첫째, 금융업은 제조, 수주, 소매유통, 서비스 기업의 경영에 필요한 자금을 공급하는 역할을 하는데, 은행, 증권, 보험이 여기에 속한다. 금

	금융	제조	수주	소매유통	서비스
해당 산업	은행, 증권, 보험, 카드, 리스	자동차, 정보기술, 철강 및 금속, 정유 및 유화, 의류, 제약, 음식료, 면방	조선, 건설, 기계, 항공기 제조	할인점, 백화점, 해운, 항만, 항공, 육상운송, 택배	교육, 게임, 의료, 관광, 방송 및 콘텐츠, 회계서비스
대표 기업	외환은행, 키움증권, 삼성생명, 대한생명	현대자동차, 삼성전자, POSCO, 에쓰오일	GS건설, 대림산업, 현대중공업	신세계, 현대백화점	메가스터디, 엔씨소프트
비즈니스 모델	자금 중개	제품(Goods) 판매	제품(Goods) 판매	상품(Merchandise) 판매	무형의 서비스 제공
특징	자산의 대부분이 부채	원재료 반제품 제품, 제조 시설 보유, 제조원가 명세서 작성	선수금, 제조업의 특수한 형태, 제조 시설 보유, 제조원가명세서 작성	제조 시설 보유 하지 않음	재고자산 없음
안정성 지표	BIS비율, 무수익여신비율, 지급여력비율, 영업용순자본비율	유동성비율, 순이자보상비율, 부채비율	유동성비율, 순이자보상비율	영업현금흐름비율, 순이자보상비율	유동성비율, 순이자보상비율, 부채비율
수익성 지표	영업이익률, 총자산이익률	영업이익률, 자기자본이익률	영업이익률, 자기자본이익률	영업이익률, 자기자본이익률	영업이익률, 자기자본이익률
효율성 지표	판관비율, 사업비율	총자산회전율	(누적) 신규수주	유형자산회전율	총자산회전율
착시지표 (무용지표)	부채비율, 당좌비율, 유동비율		부채비율	유동비율, 당좌비율	재고자산회전율

■ 5대 업종별 재무제표의 특징과 적정 재무비율

융업은 모든 산업의 최후방 산업이며, 금융업이 발전해야 한 나라의 기업이 발전한다. 금융회사의 재무제표는 우리에게 익숙한 제조기업의 재무제표와 판이하게 생겼으며, 금융회사의 경영 현황을 파악할 때 유용한 재무비율도 마찬가지다.

금융회사의 안정성을 파악할 때는 BIS(Bank for International Settlements) 비율, 무수익여신비율, 지급여력비율, 영업용순자본비율을 사용하는 것이 적절하다. 만약 금융회사의 안정성을 파악하는 지표로 부채비율을 사용한다면 그것은 적절하지 않다. 또한 금융회사의 수익성을 파악할 때는 영업이익률과 총자산이익률이 유용하다.

둘째, 제조기업은 인간의 눈에 보이는 유형의 제품을 대량 생산한다. 제조기업은 우리에게 친숙하다. 한국 상장기업의 70퍼센트가량이 제조기업이고, 우리가 흔히 접하는 현대자동차, 삼성전자, 포스코 역시 모두 제조기업이다. 우리가 일상적으로 접하는 재무제표가 실은 제조기업의 재무제표인 것이다.

기업의 안정성을 파악할 때 부채비율을 우선적으로 떠올리는 이유도 실은 이 비율이 제조기업에 유용한 지표이기 때문이다. 제조기업의 안정성을 파악하는 지표로는 부채비율 말고도 유동성비율, 순이자보상비율이 있다. 제조기업의 수익성을 파악하는 지표로는 영업이익률과 자기자본이익률이 유용하다.

셋째, 수주업은 물품 제조에 앞서 고객의 선주문(Pre-Order)을 필요로 하는 업종을 말하며, 대표적으로 조선업과 건설업이 여기에 속한다. 수주기업은 인간의 눈에 보이는 무언가를 만들어내는 점에서는 제조기업이지만 고객의 선주문을 필요로 한다는 특성 때문에 제조기업과 다른 길을 걷고 있다. 수주기업의 재무제표상 가장 큰 특징은 선수금이 존재한다는 사실이다. 선수금은 수주기업이 고객과 제품 제조에 관련된 계약을 맺을 때 받는 계약금을 말한다. 선수금은 부채로 분류되기 때문에 선수금이 증가하면 수주기업의 부채비율이 높아진다. 그러나 이는 수주기업에게 좋은 신호로 인식되어야 한다.

그러므로 수주기업의 경영 안정성을 파악할 때 부채비율을 사용하는 것은 적절하지 않다. 수주기업의 경영 안정성을 파악할 때 유용한 지표는 유동성비율, 순이자보상비율이며 수익성을 파악할 때 유용한 지표는 영업이익률과 자기자본이익률이다.

넷째, 소매유통업은 제조기업이 생산한 물품의 판매 활동을 돕는 사업을 말하며, 백화점, 할인점, 홈쇼핑기업이 여기에 속한다.

소매유통기업의 가장 큰 특징은 제조활동은 없고 구매활동과 판매활동만이 존재한다는 사실이다. 제조기업이 만들어낸 제품(Goods)을 소매유통기업이 매입하면 상품(Merchandise)이 된다. 소매유통기업의 재무제표를 보면 기초상품재고액, 당기상품매입원가, 기말상품재고액 같은 소매유통기업만의 고유한 계정과목을 볼 수 있다.

소매유통기업의 경영 안정성을 파악할 때 유용한 지표는 영업현금흐름비율, 순이자보상비율, 부채비율이다. 소매유통기업의 수익성을 파악할 때 유용한 지표는 영업이익률과 자기자본이익률이다.

다섯째, 서비스업은 고객의 눈에 보이지 않는 무형의 용역을 제공하는 업종을 말하는데, 인류 역사에서 가장 최근에 등장했다. 서비스기업에 속하는 산업으로는 교육과 게임이 대표적이고, 이밖에 의료, 관광, 방송 및 콘텐츠, 광고, 회계 서비스, 경영 컨설팅, 건축설계업이 있다. 서비스기업 재무제표의 가장 큰 특징은 재무상태표에 재고자산이 없다는 점이다. 간혹 서비스기업의 재무상태표에 재고자산이 있는 경우도 있는데, 그 액수는 무시해도 괜찮을 정도로 미미하다.

서비스기업의 경영 안정성을 파악할 때 유용한 지표는 유동성비율, 순이자보상비율, 부채비율이다. 또한 수익성을 파악할 때 유용한 지표는 영업이익률, 자기자본이익률이다.

결국 5대 업종은 각각이 '다른 세상'이라는 사실을 알 수 있다. 이들은 재무제표의 생김새도 각각 다르고, 경영 현황을 파악할 때 사용해야 할 재무비율(지표)도 각각 다르다. 그런데 우리는 지금까지 제조기업의 재무제표만 봐왔기 때문에 제조기업의 재무비율을 모든 기업에 적용할 수 있는 것으로 생각해왔던 것이다. 업종별로 재무제표가 따로 있고, 적정한 재무비율도 따로 존재한다는 것을 안 이상 업종을 공부할 필요성을 느꼈을 것이다.

성공 투자를 위한 초간단 재무비율 공식

1. 안정성 지표

▶ BIS비율(%) = (자기자본 / 총위험가중자산) X 100
▶ 무수익여신비율(%) = [(3개월 이상 연체여신 + 이자미계상여신) / 대출총액] X 100
▶ 유동성비율(%) = [현금성자산 / (단기차입금 + 유동성 관련 부채)] X 100
　★ 현금성자산 = 현금 및 현금성자산 + 단기매매증권 + 단기투자자산
　★ 유동성 관련 부채 = 유동성 장기부채 + 유동성 사채 + 유동성 신주인수권부사채(BW) 등
　★ 단기차입금에서 운전자본에 관련된 부채(유전스)는 제외.
▶ 지급여력비율(%) = (자본총계 / 책임준비금) X 100
▶ 영업용순자산비율(%) = (영업용순자본 / 총위험액) X 100
▶ 순이자보상비율(%) = [영업이익 / (이자비용 − 이자수익)] X 100
▶ 부채비율(%) = (부채총계 / 자본총계) X 100
▶ 영업현금흐름비율(%) = (영업활동으로 인한 현금흐름 / 매출액) X 100

2. 수익성 지표

▶ 영업이익률(%) = (영업이익 / 매출액) X 100
▶ 총자산이익률(%) = (당기순이익 / 자산총계) X 100
▶ 자기자본이익률(%) = (당기순이익 / 자본총계) X 100

3. 활동성 지표

▶ 총자산회전율(%) = (매출액 / 자산총계) X 100

5대 업종과 재무제표의 역사

한국인이 가장 먼저 접한 서양식 재무제표는 금융회사(은행)의 재무제표였다. 대한제국 고종황제 통치기인 1903년 12월 한성은행(현 신한은행)이 서양식 부기를 사용함으로써 한국인은 서양식 부기를 처음 접했다. 한성은행이 서양식 부기를 채택한 것은 일본의 요청 때문이었다.

한성은행은 당시 경영 부실과 자본 잠식으로 폐업했다가 재출범한 상태였는데, 이 과정에서 운영 자금을 제공한 일본 제일은행 경성지점으로부터 서양식 부기를 사용하라는 요청을 받은 것이다(한성은행은 1897년 1월 8일 설립 인가를 받고 1개월 후인 2월 19일 개업했는데, 조선은행보다 9일 늦게 개업하면서 '한국 최초의 은행'이라는 영예를 조선은행에 넘겨준 은행이기도 하다).

한성은행은 일본 제일은행이 추천한 일본인 부기 전문가를 감리자

전근대기 ~1875	태동기 1876~1911	도입기 1912~1957	발전기 1958~1981	도약기 1982~현재
• 조선 송도 중심으로 사개송도치부법 사용 • 베니스의 루카 파치올리, <산술, 기하 및 비례 총람> 출간(1494) • 콜럼버스, 신대륙 발견(1492): 회계 담당 승선 • 일본 거주 영국인 알렉산더 샨드, <은행부기정법> 출간(1873): 일본 최초 복식 부기서	• 강화도조약 (1876) • 조선은행(1896), 한성은행(1897) 설립 • 부선주식회사 설립(1898): 한국 최초의 주식회사 • 한성은행 재출범 (1903): 최초로 서양 은행 부기 도입 • 은행 조례 공포 (1906) • 한성공동창고주식회사 설립(1905): 최초로 서양 기업 부기 도입 • 임경재 부기서 (1908)	• 일제, 조선민사법 제정(1912): 일본 상법이 도입됨 • 윤정하 계리사 개업(1932) • 해방(1945) 이후에도 일제 부기 방식 이어짐 • 계리사법(공인회계사법의 전신) 제정(1950)	• 기업회계원칙 제정(1958) • 증권거래법 제정 (1962): 공인회계사의 상장법인 감사 실시 • 기업공개촉진법 제정(1972) • 기업회계기준 제정(1981)	• 건설업회계처리기준 제정(1983) • 원가계산준칙 제정(1998) • 금융업회계처리준칙 재정(1988) • 신용평가사, 기업 신용 등급 발표 시작(2000년께) • 국제회계기준 (IFRS) 시행(2011)

■ 한국 회계와 재무제표의 역사

(監理者)라는 직함으로 채용했는데, 이를 계기로 서양식 부기를 기장했던 것으로 추정된다. 한성은행은 조선식산은행(1906년), 조흥은행(1943년)을 거쳐 2006년 신한은행이 됐다.

한성은행이 1903년 공포한 영업보고서(사업보고서)를 보면 대차대조표와 이익금분배안(이익잉여금처분계산서)이 포함돼 있는데, 지금의 은행 재무제표와 동일한 원리로 작성돼 있음을 알 수 있다.

제조업의 재무제표

제조업의 재무제표는 한성은행이 서양식 부기를 사용한 지 3년 후에 세상에 모습을 드러냈다. 1906년 3월 11일자 황성신문에 한성공동창고주식회사의 제1기 영업보고서가 공시됐는데, 이는 오늘날 한국 제조업 재무제표의 효시로 기록되고 있다. 이 회사의 영업보고서를 보면 오늘날 제조업의 사업보고서와 별다른 차이가 없을 정도로 완성된 형식을 갖추고 있다. 대차대조표를 보면 위쪽에 부채와 자본, 아래쪽에 자산이 표시돼 있는데, 오늘날의 왼쪽에 자산, 오른쪽에 부채와 자본이 표시된 것과 원리가 동일하다. 손익계정(손익계산서)은 회계기간 표시가 없는 것을 **빼**고는 오늘날의 손익계산서와 동일한 형식을 유지하고 있다.

이 무렵 한성순보를 비롯한 신문에는 국가 부강의 수단으로 회사 설립을 장려하는 기사나 사설이 자주 실렸는데, 이런 배경에서 회사가 활발히 설립됐고 이에 따라 재무제표에 대한 필요성과 인식이 확산됐던 것으로 추정된다.

수주업의 재무제표

수주업의 재무제표는 1950년대에 기반이 닦였다. 당시 한국에서는 전후 복구를 위해 일본으로부터 선박 도입이 활발히 이뤄졌고, 국책 조선사인 대한조선공사(한진중공업)의 영업활동이 활발했다. 1959년에는 조선사 및 관련 업체가 198개로 급증했는데, 이 과정에서 조선사 재무제표가 자리를 잡은 것으로 추정된다.

건설업도 전후 복구와 맞물려 재무제표가 발전했다. 현대토건(현대건설)을 비롯한 당시 한국의 건설사들은 미군으로부터 건설에 관련된 기술과 노하우를 습득했는데, 이를 계기로 건설사 회계원리도 습득했던 것으로 추정된다. 건설사가 난립하면서 1959년에는 건설업법이 제정됐는데, 건설사들은 이 기준을 충족시키기 위해 재무제표를 더 체계화했다.

소매유통업의 재무제표

소매유통업의 재무제표가 한국의 비즈니스 업계에 정립된 것은 1963년 신세계백화점이 동화백화점을 인수해 영업을 시작한 것이 계기가 된 것으로 추정된다. 이전에도 미쓰코시백화점(1906), 조지야백화점(1921), 화신백화점(1931)도 앞다투어 개점했지만 체계적인 부기를 사용하지는 않은 것으로 추정된다.

신세계백화점의 재무제표는 짜임새가 있었던 것으로 보이는데, 이는 앞서 1958년 당시 재무부가 기업회계원칙을 발표하고 기업들에게 재무제표를 사용하도록 권장한 것과 관련이 있다. 당시 재무부가 발표한 기업회계기준은 전문과 4개 장, 13개 절로 이뤄져 있는데, 이것이 기존 기업회계기준(K-GAAP)의 출발점이다. 이런 기준이 정해지면서 소매유통업의 재무제표가 자리를 잡은 것으로 추정된다. 이후 1979년에 롯데백화점이 서울 소공동에 본점을, 1985년에는 현대백화점 서울 압구정 본점이 문을 열면서 소매유통업의 재무제표가 체계화됐다.

서비스업의 재무제표

서비스업의 재무제표는 2000년 무렵 인터넷 열풍으로 인터넷기업들이 등장하면서 모습을 드러냈다. 게임업체 엔씨소프트의 설립과 발전은 서비스기업 재무제표의 기반을 닦았다. 서비스기업의 재무제표는 기본적으로 제조기업의 재무제표에 기반하고 있어서 비교적 쉽게 정착됐다.

한국의 금융 당국이 업종별 재무제표의 존재를 인식하고 관련 규정 마련에 나선 것은 1998년 외환위기 무렵이었다. 당시 금융감독위원회는 국제통화기금과 세계은행으로부터 기업회계기준을 국제회계기준에 합치시키라는 요구를 반영해 기업회계기준 개정에 들어갔고, 1998년 4월과 7월에 각각 '건설업 회계처리준칙'과 '리스업 회계처리준칙'이 제정됐다. 이어 그해 12월 12일에는 기업회계기준 전면 개정안이 발표됐는데, 여기에는 '은행업 회계처리준칙' '보험업 회계처리준칙' '증권업 회계처리준칙'이 포함돼 금융회사의 재무제표를 어떻게 작성해야 하는지에 관한 명문화된 규칙이 탄생했다. 이듬해인 1999년에는 상호신용금고(저축은행)업 회계처리준칙이 제정됐다.

03
딱 3분에 끝내는 재무제표 강의

나는 재무제표를 주제로 강의를 자주 하는데, 강단에 설 때마다 큰 고민은 수강하는 분들에게 어떻게 하면 빠른 시간에 재무제표에 관한 개념을 갖도록 할 것인가였다. 거래, 분개의 개념을 설명하면 수강하는 분들은 부담스러워했고 결과 역시 만족스럽지 않았다. 이런 시행착오의 기간이 제법 길었는데, 어느 날 문득 내 머리를 스쳐가는 깨달음을 계기로 이 고민을 해결할 수 있었다. 알고 보니, 나는 그간 수강자분들에게 '재무제표 작성법'을 설명하고 있었는데, 실은 대부분의 재무제표 이용자들에게 필요한 지식은 '재무제표 읽는 법'이었던 것이다. 이런 깨달음을 계기로 나는 삼성전자의 실제 재무제표를 보여주면서 강의를 시작했는데, 그 효과가 매우 만족스러웠다.

이런 경험을 바탕으로 고안된 것이 바로 이 '재무제표 3분 강의'이다.

초보자가 재무제표의 개념을 정리하는 데 이보다 효과적인 방법을 아직까지 발견하지 못했다. 이 내용의 일부는 내가 예전에 쓴 재무제표 입문서 『워렌 버핏처럼 재무제표 읽는 법』에 실려 있다.

우선 재무제표를 읽기 전에 알아둬야 할 사전 지식은 네 가지이다. 재무제표는 기업 관점(Entity Concept), 발생주의(Accrual Basis), 화폐 측정성(Money Measurement Concept), 소유 가능성(Owning Concept)의 4대 원칙에 의해 작성된다.

기업 관점

기업 관점이란 쉽게 말해 재무제표의 주인공은 사람이 아니라 기업이라는 뜻이다. 예를 들어 홍길동 씨가 자신이 운영하는 '길동컴퓨터'라는 회사에 500만 원을 출자했을 경우 길동컴퓨터의 재무제표에는 현금이 '플러스'가 된다. 다시 말해 비록 홍길동씨의 지갑에서는 500만 원이 '마이너스'가 되지만 재무제표의 주인공은 기업(길동컴퓨터)이기 때문에 돈이 들어오는 것으로 기록하는 것이다. 상법에서는 기업을 법인(法人)이라고 한다. 개인(個人)과 마찬가지로 하나의 인격체로 취급하는 것이다. 명심하라. 재무제표에서 돈이 나가거나 들어온다고 말할 때의 기준은 기업이다. 사람이 아니다.

발생주의

발생주의란 기업이 실제 현금이 오가지 않더라도 비용과 수익에 해당하는 거래가 발생하면 이를 재무제표에 기록한다는 원칙을 말한다. 예를 들어 삼성전자가 미국의 전자 양판점 베스트바이에 100억 원어치의 노트북을 '외상'으로 판매했다면 삼성전자는 비록 현금이 들어오지는 않았지만 이 거래를 손익계산서에 매출로 기록한다. 왜냐하면 베스트바이는 장래 약속한 기한에 삼성전자 측에 지불할 것이기 때문이다.

화폐 측정성

화폐 측정성은 쉽게 말해 재무제표에는 화폐로 측정할 수 있는 것만 기록한다는 원칙이다. 현금, 상품, 건물, 부채는 화폐로 얼마인지를 계산할 수 있다. 그러므로 이런 것들은 재무제표에 기록한다. 하지만 기업 문화, 최고경영자와 임직원의 업무 능력은 화폐로 측정할 수 없기 때문에 재무제표에 기록되지 않는다.

소유 가능성

소유 가능성이란 재무제표에는 기업이 소유하고 있는 것만 기록한다는 원칙을 말한다. 사람이 재무제표에 기록되지 않는 이유가 여기에 있다. 기업은 사람을 소유할 수 없다. 기업은 단지 사람과 근로계약을 맺고 고용할 수 있을 뿐이다. 예를 들어 2011년 3월 말 현재 대한항공은 항공기 129대(여객기 105대, 화물기 24대)를 영업활동을 위해 사용하고 있는데 이 가운데 26대는 이 회사 재무제표에 자사 소유물로 기재되어 있지 않다. 왜냐하면 대한항공은 항공기 26대를 리스회사인 BCC볼롱고 등과 운용리스 계약을 맺고 사용하고 있기 때문이다. 운용리스란 소유권이 대한항공에 이전되지 않고 점유권만 이전되는 방식이다. 임대는 소유와 다르다. 화폐 측정성과 보유 가능성은 기업의 재무제표가 기업의 모든 것을 보여주지 못하며, 불완전하다는 사실 또한 암시한다.

삼성전자 (개별) 재무상태표 제37기 (2005년 12월 31일)			
자산		부채	
현금	10,535	유동부채	83,452
상품	1,426	비유동부채	25,368
토지	25,732	부채총계	108,821
건물	45,459		
기타	422,235	자본	
		자본금	8,975
		자본잉여금	63,653
		이익잉여금	373,659
		자본조정	(49,721)
		자본총계	396,566
자산총계	505,388	부채 및 자본총계	505,388

(단위: 억 원)

■ 삼성전자(개별) 재무상태표
제37기(2005년 12월 31일)

이제 재무제표 원리를 학습해 보자. 왼쪽 표는 삼성전자의 2005년 K-GAAP(일반기업회계기준)(개별) 재무상태표(대차대조표)이다. K-GAAP(개별) 재무제표는 2010년까지 한국의 재무제표 이용자들이 일상적으로 접해왔던 방식의 재무제표이다.

보다시피 재무상태표는 왼쪽(차변, Debit)과 오른쪽(대변, Credit)으로 나뉘는데, 왼쪽에는 자산, 오른쪽에는 부채와 자본이 기록돼 있다.

먼저 왼쪽을 살펴보자. 2005년 12월 31일 현재 삼성전자의 자산총계는 50조 5,388억 원이다. 삼성전자가 향후 이익을 창출하기 위한 용도로 사용할 수 있는 장사 밑천이 50조 5,388억 원이라는 뜻이다. 자산 내역을 살펴보면 현금, 상품, 토지, 건물 등이 나오는데, 이는 장래에 삼성전자에게 이익을 창출해줄 수 있는 것들이다(자산이란 '장래, 기업에게 이익을 가져다줄 수 있는 모든 것'을 말한다. 방금 언급한 자산의 정의가 이해된다면 재무제표의 개념을 알고 있는 것이다).

삼성전자는 자산총계를 어떤 방법으로 마련했을까? 삼성전자는 자산총계 50조 5,388억 원 가운데 10조 8,821억 원은 부채로 조달했고, 나머지 39조 6,566억 원은 자본으로 마련했다. 다른 조달 방법은 없다.

기업이 자산을 조달하는 방법은 외부에서 부채로 조달하거나, 주주들의 자본으로 조달하거나 둘 가운데 하나임을 알 수 있다.

이제 삼성전자의 2006년 손익계산서를 살펴보자. 오른쪽의 표는 복잡한 실제 손익계산서를 단순하게 만들어놓은 것이다.

손익계산서는 기업이 회계 기간 동안에 얼마의 매출을 올려서 얼마를 남겼는지를 보여주는 표이다.

삼성전자는 2006년 한 해 동안에 58조 9,728억 원의 매출액을 기록했고 51조 467억 원의 비용을

삼성전자 손익계산서 제38기 (2006년 1월 1일~12월 31일)	
매출액	589,728
비용	510,467
당기순이익	79,261

(단위: 억 원) ■ 삼성전자 손익계산서 제37기 (2006년 1월 1일~12월 31일)

삼성전자 현금흐름표 제38기 (2006년 1월 1일~12월 31일)	
영업활동으로 인한 현금흐름	123,742
투자활동으로 인한 현금흐름	(104,812)
재무활동으로 인한 현금흐름	(24,685)
현금의 증가(혹은 감소)	(755)
기초의 현금	10,535
기말의 현금	9,779

(단위: 억 원) ■ 삼성전자 현금흐름표 제38기 (2006년 1월 1일~12월 31일)

지출했다. 매출액에서 비용을 빼니 7조 9,260억 원이 나왔다. 이게 삼성전자가 2006년 한 해 동안에 벌어들인 당기순이익이다. 삼성전자는 앞서 언급한 2005년 장사 밑천(자산총계) 50조 5,338억 원으로 이런 실적을 창출했다.

다음은 삼성전자의 2006년 현금흐름표이다.

현금흐름표를 이해하기 위해서는 재무제표의 작성 원칙인 발생주의 회계(Accrual Accounting)를 이해해야 한다. 발생주의 회계란 기업이 실제 현금이 오가지 않더라도 비용과 수익에 해당하는 거래가 발생하면 이를 재무제표에 기록한다는 원칙을 말한다. 예를 들어 삼성전자가 미

국의 전자 양판점 베스트바이에 100억 원어치의 노트북을 외상으로 판매했다면 삼성전자는 비록 현금이 들어오지는 않았지만 이 거래를 손익계산서에 매출로 기록한다. 왜냐하면 베스트바이는 장래 약속한 기한에 금액을 삼성전자측에 지불할 것이기 때문이다. 삼성전자는 현금을 한 푼도 받지 않았는데도 손익계산서에는 매출액 100억 원이 뛰는 것이다. 그러고 보면 앞서 살펴본 삼성전자의 2006년 당기순이익 7조 9,260억 원은 현금 7조 9,260원이 아니라는 사실을 알 수 있다. 그렇다면 삼성전자가 2006년 12월 31일에 실제로 보유하고 있는 현금은 얼마일까? 이것을 알려주는 표가 바로 현금흐름표이다. 삼성전자의 2006년 현금흐름표를 보면 삼성전자가 2006년 12월 31일에 실제로 쥐고 있는 현금은 9,779억 원임을 알 수 있다.

현금흐름표는 영업활동으로 인한 현금흐름, 투자활동으로 인한 현금흐름, 재무활동으로 인한 현금흐름의 세 가지로 구분돼 있다. 이는 현금을 성격에 따라 구분해놓은 것이다.

영업활동으로 인한 현금흐름이란 제품의 생산과 상품 및 용역의 구매·판매 활동에서 발생하는 현금흐름을 말하며, 여기에 덧붙여 투자활동과 재무활동에 속하지 않은 현금흐름을 말한다.

투자활동으로 인한 현금흐름이란 현금의 대여와 회수활동, 유가증권·투자자산·유형자산 및 무형자산의 취득과 처분활동 등에서 발생하는 현금흐름을 말한다.

재무활동으로 인한 현금흐름이란 현금의 차입 및 상환활동, 신주발행이나 배당금의 지급활동 등과 같이 부채 및 자본 계정에 영향을 미치는 현금활동을 말한다.

이 가운데 영업활동으로 인한 현금흐름은 일반적으로 간접법(Indirect Method)으로 작성한다. 간접법이란 당기순이익(또는 당기순손실)에 현금의 유출이 없는 비용을 더하고, 현금의 유입이 없는 수익을 차감하며, 영업활동으로 인한 자산부채의 변동을 가감하여 표시하는 방법을 말한다.

투자활동으로 인한 현금흐름과 재무활동으로 인한 현금흐름은 직접법(Direct Method)으로 작성한다. 직접법이란 현금을 수반하여 발생한 수익 또는 비용 항목을 총액으로 표시하되 현금유입액은 원천별로, 현금유출액은 용도별로 분류하여 표시하는 방법을 말한다. 구체적으로 현금을 수반하여 발생하는 수익·비용 항목을 원천별로 구분하여 직접 계산하거나, 매출과 매출원가에 현금의 유출·유입이 없는 항목과 재고자산·매출채권·매입채무의 증감을 가감하여 계산하는 방법을 사용한다.

금융기업을 제외한 제조, 수주, 소매유통, 서비스 기업은 영업활동으로 인한 현금흐름이 플러스이고, 투자활동으로 인한 현금흐름과 재무활동으로 인한 현금흐름이 각각 마이너스인 것이 우량하다. 이는 기업이 영업활동으로 현금을 창출했고, 장래 기업의 생산성을 높이기 위해 투자를 했고, 부채를 갚거나 배당을 지급했다는 의미이기 때문이다.

이제 앞서 설명했던 삼성전자의 재무상태표, 손익계산서, 현금흐름표의 관계를 정리해보자. 재무제표를 공부하는 사람들이 가장 궁금해하는 부분이다.

기초(期初)의 재무상태표와 기말(期末)의 재무상태표, 손익계산서, 현금흐름표 등 네 가지 재무제표는 서로 맞아떨어져야 하며, 회계학에서는 이를 맞추는 과정을 일치(Articulation)라고 부른다.

그림을 살펴보면 삼성전자는 기초 재무상태표에 나와 있는 자산을

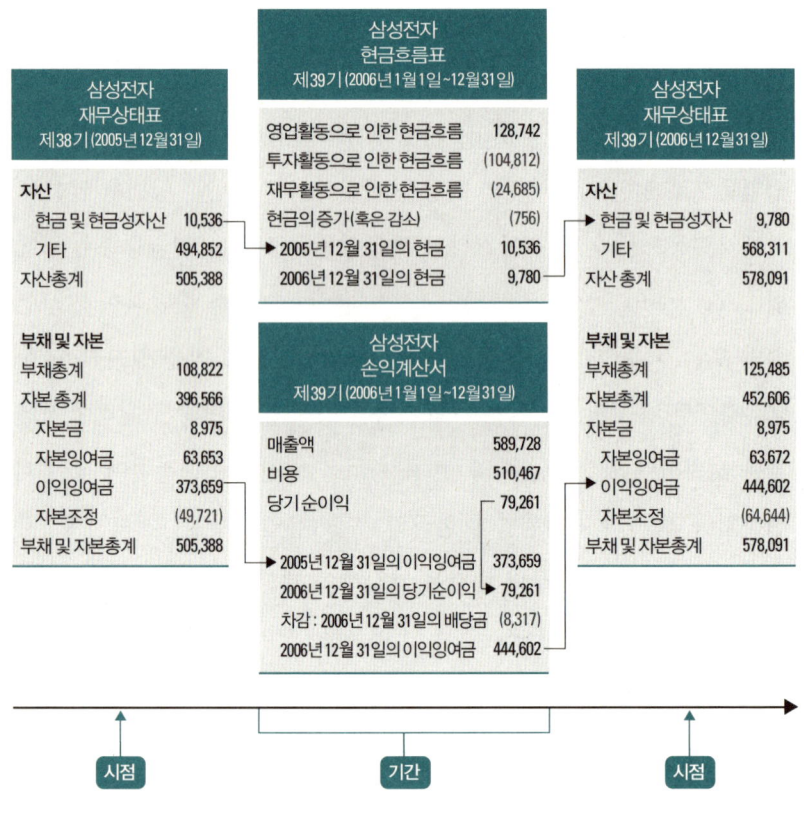

■ 삼성전자 재무상태표, 손익계산서, 현금흐름표의 관계 (K-GAAP개별 기준, 단위: 억 원)

활용해 손익계산서에 나와 있는 당기순이익을 창출했음을 알 수 있다. 이 당기순이익에서 일부는 주주에게 배당금으로 지급되고, 나머지가 차기 재무상태표의 이익잉여금으로 흘러간다는 사실을 알 수 있다. 이렇게 되면 기말의 재무상태표는 기초의 재무상태표보다 자산 규모가 커지게 된다. 삼성전자는 이처럼 자산 규모가 커진 기말의 재무상태표를 활용해 다시 장사를 해서 다음 회계연도에는 더 많은 돈을 벌 수 있게 된다. 장사 밑천이 많으니 돈을 더 많이 벌 수 있는 것이다. 이것이 바로 우량기업의 재무제표 모습이다. 우량기업의 재무제표는 전기 재무상태표를 통해 순이익이 창출되고, 이것이 다시 차기 재무상태표를 늘려주는 선순환의 고리를 형성하면서 기업 가치를 늘려가게 된다.

이를 그림으로 만들어보면 다음과 같다.

맨 오른쪽의 당기 재무상태표는 순이익이 보태졌기 때문에 맨 왼쪽의 전기 재무상태표보다 클 수밖에 없다. 전자공시시스템에서 사업보고서를 들여다보면 그림의 중간에 나오는 당기 손익계산서와 맨 오른쪽에 나오는 당기 재무상태표를 보게 된다. 그림에서는 배당이 당기 손

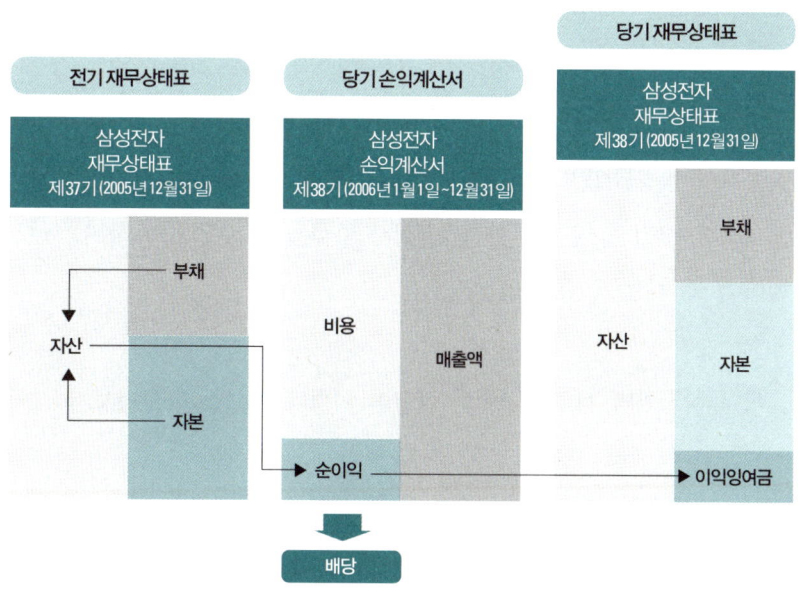

■ 재무상태표, 손익계산서의 관계

익계산서의 순이익에서 빠져나가는 것으로 설명했는데, 실은 당기 재무상태표의 이익잉여금에서 나가는 것으로 해야 정확하다. 그렇지만 편의상 그림처럼 이해해도 별다른 문제는 없다.

삼성전자의 기말 재무상태표의 이익잉여금 44조 4,602억 원이 어떻게 만들어졌는지 살펴보자. 위의 그림을 염두에 두면 쉽게 이해할 수 있다.

- 당기순이익과 이익잉여금의 관계(삼성전자의 경우, 단위 : 억 원)

```
  전기 재무상태표의 이익잉여금     373,659
+ 당기순이익                        79,260
− 배당금                             8,317
─────────────────────────────────────────
= 당기 재무상태표의 이익잉여금 = 444,602
```

여기서 배당금이란 정기 배당금을 말한다. 투자자(주주)가 배당금을 받으려면 12월 31일 이전까지 이 회사 주식을 갖고 있어야 하며, 4월께 주주의 주식 계좌로 입금된다.

이번에는 기말 재무상태표의 현금이 어떻게 나왔는지 살펴보자.

- 재무상태표와 현금흐름표의 관계(삼성전자의 경우, 단위 : 억 원)

```
  전기 재무상태표의 현금 및 현금성자산        10,535
```

```
+ 당기 현금흐름표의 현금흐름의 증가(감소)    (756)
= 당기 재무상태표의 현금 및 현금성자산    = 9,779
```

이제 재무상태표, 손익계산서, 현금흐름표의 큰 그림이 이해됐을 것이다. 다시 한 번 정리해보자. 기업 경영의 출발점은 기초 재무상태표다. 기업은 부채 혹은 자본을 끌어다 기초 재무상태표의 자산을 만든다. 기업은 기초 자산을 활용해 손익계산서의 당기순이익을 창출한다. 당기순이익은 기말 재무상태표의 자본으로 편입되며 일부는 배당금 지급에 사용된다. 그러면 기말 재무상태표의 자산은 커지게 되고, 기업은 늘어난 자산으로 더 많은 순이익을 창출한다. 이게 흑자 기업의 비즈니스 사이클이다. 반면에 적자 기업의 비즈니스 사이클은 다른 형태를 띠게 된다. 적자 기업은 자산을 제대로 활용하지 못해 적자(당기순손실)가 발생하게 되고, 이는 자본감소를 초래한다. 자본이 줄어들었다는 것은 자산이 줄었음을 의미한다. 이 경우 기업은 자산을 확보하기 위해 부채를 늘려야 하는데, 이는 (이자) 비용을 발생시키기 때문에 적자 폭을 늘리게 된다. 그러면 기업은 다시 부채를 늘려야 하는 악순환 끝에 결국 부도를 맞게 된다. 이익을 내지 못하는 기업은 결국 살아남기 어렵다는 사실을 알 수 있다.

우리에게 친숙한 기존 K-GAAP는 재무상태표, 손익계산서, 현금흐름표, 이익잉여금처분계산서(혹은 결손금처리계산서), 주기와 주석을 다섯 가지 기본 재무제표로 채택하고 있다.

IFRS(국제회계기준)를
기회로 바꾸는 법

앞서 설명한 삼성전자 이야기를 더 해보자. 삼성전자는 2010년 12월 31일 기준으로 삼성모바일디스플레이(SMD), 삼성SDS, 삼성카드, 삼성전자서비스 등 모두 120여 곳의 종속회사를 갖고 있다. 종속회사란 삼성전자가 50퍼센트 이상의 지분을 갖고 있거나, 지분율이 50퍼센트 이하이지만 실질적 지배력을 갖고 있는 기업을 말한다.

삼성전자는 이들 종속회사와 지분 관계를 맺고 있고, 물품이나 서비스를 주고받는 등 경제적으로 밀접한 관련을 맺고 있다. 만일 삼성전자가 경영 악화로 문을 닫으면 종속회사들 역시 문을 닫게 될 가능성이 높다. 그래서 삼성전자와 계열사들을 하나로 합치면 경제적 실체(Economic Entity)가 된다. 반면에 삼성전자라는 단일 회사는 법적 실체(Legal Entity)이다.

여기서 궁금증이 한 가지 생긴다. 삼성전자의 경영 현황과 재무 상태를 파악할 때 경제적 실체를 기준으로 하는 것이 합리적일까, 아니면 법적 실체를 기준으로 하는 것이 합리적일까?

사실 이 문제에 대해서는 쉽게 답하기가 어려운데, 확실한 것은 지금까지 우리는 법적 실체를 기준으로 재무제표를 작성하고 기업을 분석해왔다는 것이다. 이처럼 법적 실체를 기준으로 하는 재무제표 작성 원칙을 K-GAAP라고 한다. GAAP는 'Genarally Accepted Accounting Principle(일반적으로 인정된 회계원칙)'의 줄임말인데, '일반기업회계기준'이라는 명칭으로 잘 알려져 있다. K-GAAP를 기준으로 하면 삼성전자라는 '단일 회사의 재무제표(개별 재무제표 혹은 별도 재무제표)'가 주 재무제표가 된다.

K-GAAP는 우리에게 너무나 친숙하다. 1903년 12월 한성은행이 서양식 부기를 채택한 이래 우리가 접해온 재무제표는 아무런 설명이 없더라도 당연히 K-GAAP 방식이었다. 그런데 법적 실체 대신에 경제적 실체를 기준으로 하는 기업 재무제표를 작성해야 더 합리적이라는 주장이 받아들여지고 있다. 그것이 바로 K-IFRS(한국채택국제회계기준)이다.

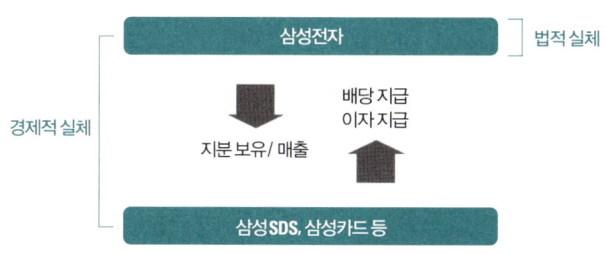

■ 삼성전자의 법적 실체, 경제적 실체

IFRS는 'International Financial Reporting Standard(국제회계기준)'의 줄임말이다. K-IFRS를 기준으로 하면 삼성전자와 삼성모바일디스플레이(SMD), 삼성SDS 등 종속회사들을 모두 합친 '경제적 실체의 재무제표(연결 재무제표)'가 주 재무제표가 된다.

IFRS는 경제적 실체를 기준으로 한다는 것 말고도 원칙 중심(Principle-Based)과 자산의 공정가치 평가(Fair Value)를 우선시한다는 두 가지 특징을 더 갖고 있다. 원칙 중심이란, 당국은 회계 처리에 대한 기본 원칙과 방법론만을 제시하고, 기업은 자사 상황에 맞게 자율적으로 재무제표를 작성하여 회계 처리를 할 수 있는 것을 말한다. 원칙 중심은 기업 활동이 복잡해지면서 당국이 기업의 모든 활동을 규제하고 간섭하는 것이 불가능하다는 인식이 깔려 있다. 원칙 중심은 K-GAAP가 기업의 모든 사안에 대해 일일이 명문화하고 규제를 하는 것과 차이를 보이는 부분이다. 자산의 공정 가치 평가란 기업이 보유하고 있는 부동산, 영업권 등의 자산을 실거래가(시장에서 거래되는 가격)로 재무제표에 기재하는 것을 말한다. K-IFRS는 기업이 자산을 기왕이면 공정 가치로 평가할 것을 권유하고 있다. 자산의 공정 가치 평가는 K-GAAP가 기업의 자산을 역사적 원가주의(매입 당시의 가격)로 기재하도

	2009	2010	2011	2012	2013년 이후
K-IFRS	과도기				의무 도입기간
연결 재무제표(연간)	조기 채택 기업		모든 상장기업		모든 상장기업
연결 재무제표(분·반기)	조기 채택 기업		자산 2조 원 이상 상장기업		모든 상장기업

■ 한국 기업의 K-IFRS 도입 일정

록 하는 것과 차이를 보이는 부분이다.

그런데 한국의 금융 당국은 K-IFRS의 손을 들어줬다. 한국의 금융 당국은 K-IFRS를 기업들이 사용하면 국가 간·기업 간 재무정보의 비교가능성이 높아지고 회계 투명성이 개선되며, 코리아 디스카운트가 완화되고 자본조달비용이 낮아진다는 장점이 있다고 보고 K-IFRS 방식에 의한 재무제표를 표준 재무제표로 채택했다.

2011년부터는 한국 주식시장에서 거래되면서 자산 2조 원 이상인 기업은 연간 분기, 반기 실적을 K-IFRS 연결 재무제표로 공시해야 한다. 단 자산 2조 원 미만인 기업의 경우 분기, 반기 실적을 연결 재무제표로 작성할 의무가 2012년까지 면제된다. 2013년부터 한국 주식시장에서 거래되는 모든 기업들은 분기, 반기, 연간 재무제표를 K-IFRS 방식에 따라 공시해야 한다.

연결 재무제표의 주 재무제표화, 원칙 중심, 자산의 공정 가치 평가의 3대 특징을 가진 K-IFRS에 의해 작성되는 재무제표는 종전의 K-GAAP에 의해 작성된 재무제표와 아주 많은 차이를 보일 수밖에 없다. 이로 인한 혼란이 만만치 않고 재무제표 이용자들 사이에 갖가지 궁금증을 불러일으키고 있다.

2011년 1월 대한상의가 300개 금융기관을 대상으로 조사한 '2011년 금융업 7대 이슈'에서 57.3퍼센트의 응답률로 '국제회계기준(IFRS)의 전면 도입'이 1위에 뽑힐 정도이다.

그렇다면 K-IFRS에 의해 작성되는 재무제표가 실제로 무엇이 다르고, 어떤 특징이 있는지 살펴보자.

다음은 삼성전자의 2010년 K-IFRS 연결 재무상태표(왼쪽)와 별도 재무상태표(오른쪽)이다. 별도 재무상태표는 그간 우리에게 친숙한 K-GAAP 개별 재무상태표라고 생각해도 큰 무리가 없다. 한국의 금융 당국은 K-IFRS 연결 재무상태표를 주 재무제표로 규정하고 있다.

별도 재무제표(Separate Financial Statement)란 지배회사가 종속회사나 관계회사가 벌어들인 이익(지분법 이익)을 반영하지 않는 방식을 말한다. 이에 반해 개별 재무제표는 지배회사가 종속회사나 관계회사가 벌어들인 이익을 반영한다.

먼저 삼성전자 연결 재무상태표의 특징을 정리해보자.

삼성전자 (연결) 재무상태표 제42기 (2010년 12월 31일)				삼성전자 (별도) 재무상태표 제42기 (2010년 12월 31일)			
자산		부채		자산		부채	
유동자산	614,026	유동부채	399,447	유동자산	362,431	유동부채	249,917
현금 및		비유동부채	49,949	현금 및		비유동부채	22,201
현금성자산	97,914	부채총계	449,397	현금성자산	18,264	부채총계	272,118
매출채권	191,531			매출채권	133,777		
재고자산	133,645	자본		재고자산	47,510	자본	
기타	190,935	지배기업 소유주지분	855,896	기타	162,881	자본금	8,975
						주식발행초과금	44,039
비유동자산	728,862	자본금	8,975	비유동자산	709,359	이익잉여금	794,628
관계회사 및		주식발행초과금	44,039	종속, 관계회사 및		기타자본	(47,971)
조인트벤처투자	83,353	이익잉여금	850,146	조인트벤처투자	226,314	자본총계	799,672
유형자산	529,646	기타자본	(47,264)	유형자산	387,089		
무형자산	27,794	비지배지분	37,595	무형자산	24,395		
기타	88,068	자본총계	893,491	기타	71,561		
자산총계	1,342,887	부채 및 자본총계	1,342,887	자산총계	1,071,790	부채 및 자본총계	1,071,790

■ 삼성전자 재무상태표(K-IFRS)

(단위: 억 원)

보다시피 삼성전자 연결 재무상태표의 자산총계 134조 2,887억 원은 별도 재무상태표의 자산총계 107조 179억 원보다 많다. 이는 당연한 이야기다. 왜냐하면 삼성전자 연결 재무상태표는 삼성전자의 자산총계는 물론이고 삼성전자의 종속회사의 자산총계까지 합산한 금액이기 때문이다. 단, 이 금액이 단순 합산이 아니라 내부거래를 제거한 금액이라고 앞서 설명했다.

한편, 삼성전자 연결 재무상태표의 자본 항목을 보면 '지배기업 소유주 지분'과 '비지배기업 소유주 지분'이라는 항목이 나온다. 이는 기존의 K-GAAP 방식의 재무제표에서는 볼 수 없었던 항목이다. 지배기업 소유주 지분이란 글자 그대로 모기업(삼성전자)의 몫을 말하며 별도 재무상태표(대차대조표)에 나오는 자본총계로 생각하면 별다른 무리가 없다. 비지배지분 소유주 지분은 종속회사의 자본총계 가운데 모기업이 보유하고 있지 않은 지분액을 말한다. 다시 말해 K-IFRS 연결 재무상태표는 지배기업(삼성전자)이 어느 기업의 50퍼센트 넘는 지분이나 지배력을 갖고 있으면 연결 대상이 되므로, 연결 재무상태표에서 삼성전자가 갖고 있지 않은 지분도 있다. 비지배 소유주 지분이란 그것을 말한다.

다음으로 삼성전자의 2010년 K-IFRS 연결 포괄 손익계산서(왼쪽)와 별도 손익계산서를 살펴보자.

이 회사의 연결 포괄 손익계산서는 삼성전자의 실적은 물론이고 삼성전자의 종속회사와 관계회사의 실적을 합산한 금액이다. 연결 포괄 손익계산서의 당기순이익도 마찬가지이다. 연결 포괄 손익계산서의 당

삼성전자 연결 포괄 손익계산서 제42기 (2010년 1월 1일~12월 31일)		삼성전자 (별도) 손익계산서 제42기 (2010년 1월 1일~12월 31일)	
매출액	1,546,303	매출액	1,122,495
매출원가	1,026,668	매출원가	779,807
매출총이익	519,635	매출총이익	342,688
연구개발비	90,994	연구개발비	85,896
판매비와 관리비	262,431	판매비와 관리비	133,607
기타영업수익	17,554	기타영업수익	33,562
기타영업비용	10,799	기타영업비용	7,506
영업이익	172,965	영업이익	149,242
지분법이익	22,671	금융수익	44,560
금융수익	74,651	금융비용	43,508
금융비용	77,001	법인세비용차감전순이익	150,293
법인세비용차감전순이익	193,287	법인세비용	17,929
당기순이익	161,465	당기순이익	132,365
지배기업소유주지분	157,990		
비지배지분	3,475		
연결기타포괄손익	11,415		
매도가능금융자산평가손익	9,324		
관계회사 및 조인트벤처투자평가	3,875		
해외사업환산손익	(1,784)		
연결총당기포괄이익	172,880		
지배기업소유주지분	16,901		
비지배지분	3,869		

(단위: 억 원)

■ 삼성전자 연결 포괄 손익계산서와 별도 손익계산서

기순이익은 삼성전자의 당기순이익은 물론이고 삼성전자의 종속회사의 당기순이익까지 합산한 금액이다.

그렇다면 당기순이익 가운데 삼성전자라는 지배기업의 몫은 얼마일까? 그것을 보여주는 계정과목이 당기순이익 아래 칸에 나오는 지배기업 소유주 지분이다. 지배기업 소유주 지분은 중요하다. 자기자본이익률(ROE), 주당순이익(EPS), 주가순자산비율(PBR), 주당순자산(BPS)을 계산할 때는 지배기업 소유주 지분을 기준으로 해야 한다. 이 사실을 주의하지 않아 혼선과 실수가 빚어지고 있다. 2011년 초 증권사 모 애널리스트는 삼성전자의 주가수익비율(PER)을 계산하다가 실수를 할 뻔했다. 연결 재무제표에 나온 당기순이익을 기초로 주가수익비율을 계산했더니 21.1배가 나왔던 것이다. 그는 K-GAAP 개별 기준을 채택하고 있는 국내 반도체기업들과 K-IFRS를 채택하고 있는 삼성전자를 비교 분석하고 있던 터였다. 이 경우에는 삼성전자의 주가수익비율은 당기순이익 아래 칸에 나오는 '지배기업 소유주 지분'을 포함해야 합리적이다. 이 값으로 삼성전자의 주가수익비율을 다시 계산했더니 16.7배가 나왔다. 위 사례는 국제회계기준(IFRS) 도입으로 혼란스러운 부분이 많이 생기고 있다는 사실을 보여주고 있다.

현금흐름표도 마찬가지이다. 삼성전자의 포괄 현금흐름표는 삼성전자의 현금흐름은 물론이고 삼성전자의 종속회사 현금흐름까지 합산한 금액이다.

게다가 일반기업회계기준이라는 것도 생겨나 재무제표 이용자들을

삼성전자 연결 현금흐름표 제42기 (2010년 1월 1일~12월 31일)		삼성전자 (별도) 현금흐름표 제42기 (2010년 1월 1일~12월 31일)	
영업현금흐름	238,268	영업현금흐름	181,455
투자현금흐름	(239,849)	투자현금흐름	(175,254)
재무현금흐름	(1,523)	재무현금흐름	(9,359)
외화환산 현금변동	(481)		
현금의 증가(감소)	(3,585)	현금의 증가(감소)	(3,159)
기초의 현금	101,499	기초의 현금	21,422
기말의 현금	97,914	기말의 현금	18,264

(단위: 억 원)

■ 삼성전자 포괄 현금흐름표, 별도 현금흐름표

더욱 혼란에 빠뜨리고 있다. 일반기업회계기준이란 한국채택국제회계기준(K-IFRS)을 적용하지 않은 기업(비상장일반기업)의 부담을 완화하기 위해 제정된 별도의 간략한 회계기준을 말한다. 일반기업회계기준은 2011년 1월 1일 이후 최초로 개시하는 회계연도부터 적용한다.

K-IFRS 도입이 재무제표 이용자들에게 가져다주는 가장 큰 문제점은 비교 가능성의 저하이다. 다시 말해 경영자, 투자자, 외부인이 재무제표를 들여다보는 가장 큰 이유는 A와 B라는 두 기업이 특정 시점에서 누가 더 잘했는지, 혹은 A기업이 최근 수년 동안 실적이 어떠했는지를 비교하기 위해서인데, K-IFRS에서는 이러한 비교 가능성이 현저히 떨어진다. 예를 들어보자.

K-IFRS에서 삼성전자는 외화환산손익을 영업이익에 포함한다. 그런데 동종 업계의 LG전자는 이를 영업이익에서 제외하고 있다. 이는 앞에서 설명했듯이 K-IFRS는 기본 원칙과 방법론만을 제시하고 기업 상황에 맞게 자율적으로 재무제표를 작성할 수 있도록 하기 때문이다. 따라서 이러한 사실을 파악하지 않고 삼성전자와 LG전자의 영업이익을 단순 비교할 때는 문제가 생긴다. 또, 현대상선은 K-IFRS 기준으로 2011년 1분기에 241억 원의 영업손실을 기록했다고 발표했는데, 이는 선박 한 척을 매각하는 과정에서 287억 원의 손실이 발생했기 때문이었다. K-IFRS에서는 선박 매각을 통해 벌어들인 손익을 일반적으로 영업손익으로 분류하고 있다. 이와 달리 K-GAAP에서는 선박 매각에 따른 손익을 영업외손익으로 분류하고 있는데, K-GAAP를 기준으로 하면 이 회사는 선박 매각 손실액이 제외되어 이 기간에 영업이익이 발

	IFRS		K-GAAP
	K-IFRS	일반기업회계기준	
개념	한국채택국제회계기준	K-IFRS를 적용하지 않는 기업(비상장일반기업)의 부담을 완화하기 위해 제정된 별도의 간략한 회계기준	일반적으로 인정된 회계원칙
특징	• 2013년부터 한국 주식시장에서 거래되는 모든 기업은 재무제표를 K-IFRS 방식에 따라 공시해야 함	• 2011년 1월 1일 이후 최초로 개시하는 회계연도부터 적용 • 국제기준에 근접한 현행 회계기준 유지를 최우선으로 하되 기업의 작성부담 완화와 국제적 정합성을 고려 • 회계주제별 기준서 형태로 산재된 현행 기업회계기준을 하나로 모아 편람식으로 제정함으로써 이용자의 편의 도모	• 2010년까지 이용자들에게 친숙한 회계원칙 • 2011년부터 사용하지 않음
공통점	연결 재무제표와 개별 재무제표가 각각 있음. 다시 말해 K-IFRS 연결 재무제표 별도 재무제표, K-GAAP 연결 재무제표와 개별 재무제표, 일반기업회계기준의 연결 재무제표와 별도 재무제표가 각각 있음		

■ IFRS와 GAAP의 주요 비교

생한다. K-IFRS가 도입되면서 현대상선의 최근 수년 동안의 실적이 어떠했는지를 파악하기가 애매해진 것이다. 그래서 K-IFRS에서는 영업이익(손실)보다는 당기순이익(손실)을 보는 편이 훨씬 유용하다는 분석이 제기되고 있다.

재무제표 이용자들은 이런 문제를 어떻게 해결해야 할까? 사실 이 질문은 대한 해답이 시원하지는 않다. 다만 해법을 찾자면 K-IFRS 재무제표를 읽을 때는 주석을 체크하는 것도 도움이 된다. IFRS로 쓰여진 사업보고서를 보면 주석의 분량이 기존 재무제표에 비해 상대적으로 많다. 주석을 보면 회계기준을 바꾸면서 항목을 어떻게 조정했는지, 영업손익의 범위는 어디까지인지, 환위험 관리를 어떻게 하는지 등에 관한 정보가 들어 있다. IFRS를 조기 적용한 기업의 재무제표를 보면 주석 쪽수는 1년 전의 45쪽에서 77쪽으로 71퍼센트 가까이 증가했다. 하지만 재무제표 이용자들이 이런 노력을 한다고 해서 K-IFRS의 문제점이 사라지지는 않을 것으로 보인다. K-IFRS의 도입으로 인한 비교가능성의 저하는 재무제표 이용자에게 영구적으로 영향을 미치는 패러다임의 변화이다. 세상이 그렇게 바뀌었다.

K-IFRS 궁금증
일문일답

다음은 금융감독원이 K-IFRS에 관련한 지침과 공개 정보를 바탕으로 한 K-IFRS 궁금증 일문일답이다.

Q 우리는 이미 K-GAAP에 익숙해 있는데, 굳이 K-IFRS를 도입하려는 이유가 뭔가요?

A K-GAAP의 가장 큰 한계는 '우리끼리만 알고 사용하는 재무제표'라는 겁니다. 다시 말해 K-GAAP는 국제 사회에서 비교 가능성이 떨어집니다. 이에 반해 IFRS는 국제 간 비교가 용이합니다. 2010년 12월 현재 유럽연합(EU), 호주, 중국, 브라질 등 120여 개국이 IFRS를 채택하고 있고, 미국과 일본 역시 2015~2016년에 IFRS를 도입할 예정입니다.

K-IFRS를 도입하면 국제적으로 통용되는 동일한 기준으로 재무제표가 작성되기 때문에, 국가 간·기업 간 재무 정보의 비교 가능성이 높아지고 회계 투명성이 개선됩니다. 이로 인해 코리아 디스카운트가 완화

되고, 한국 기업의 가치가 상승하며, 자본조달 비용이 낮아질 수 있습니다. 실제로 유럽 각국의 기업들은 2005년에 IFRS를 도입한 이후 기업 가치가 상승한 것으로 조사되고 있습니다. IFRS는 38개의 기준서와 27개의 해석서 등 총 65개로 구성되어 있습니다.

Q K-IFRS는 연결 재무제표를 주 재무제표로 채택하고 있습니다. 그렇다면 개별(별도) 재무제표는 필요 없습니까?

A 연결 재무제표 중심의 K-IFRS가 도입되더라도 배당, 세금계산, 건전성 감독 등의 측면에서 개별 재무제표는 여전히 중요하므로 계속 공시됩니다. 다만, 연결 재무제표 작성 여부에 따라 개별 재무제표 작성방법이 K-GAAP와 달라집니다. K-IFRS에서 작성되는 지배회사의 재무제표는 별도 재무제표 방식으로 작성됩니다. 별도 재무제표란 종속회사와 관계회사의 지분법 이익(혹은 손실)이 반영되지 않은 재무제표를 말합니다. 다시 말해 별도 재무제표에서의 종속회사와 관계회사

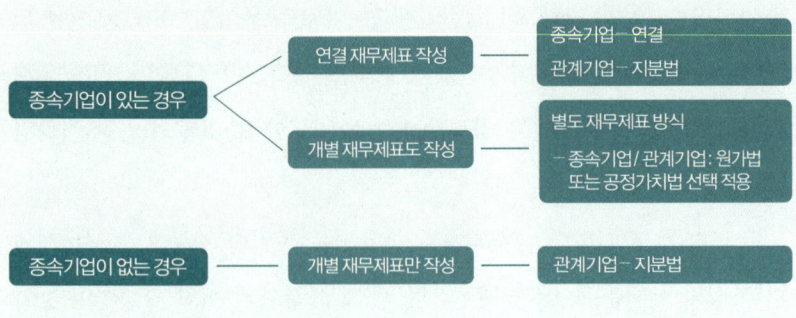

■ IFRS 하에서의 재무제표 작성 방법

의 지분은 원가법이나 공정가치법으로 기록됩니다. 연결 재무제표를 작성하지 않는 회사는 현행과 같이 지분법을 적용하므로 변화가 없습니다.

Q 연결 재무제표에 포함되는 종속회사 지분율이 구체적으로 얼마인지 궁금합니다.

A A기업이 B기업 지분의 50퍼센트를 넘게 갖고 있으면 B기업은 A기업의 종속회사가 됩니다. 또한 A기업이 B기업의 지분을 50퍼센트 이하를 갖고 있더라도 실질 지배력을 갖고 있으면 B기업은 A기업의 종속회사가 됩니다. 여기에서 실질 지배력이란 이사회 등 의사결정기구 구성원의 과반수를 임명 또는 해임할 수 있거나 의사결정에서 과반수의 의결권을 행사할 수 있는 능력이 있는 경우 등을 말합니다. 한편 K-GAAP에서 제외되었던 자산 100억 원 미만의 소규모회사, 벤처 캐피탈, 특수목적법인(SPE : Special Purpose Entity), 뮤추얼펀드·단위신탁 등이 연결 대상에 포함됩니다.

Q K-IFRS는 원칙 중심의 회계 기준이라고 하는데, 그 의미는 무엇인가요?

A 국제회계기준은 세밀하고 구체적인 회계처리 방법을 제시하기보다는 회사 경영자가 경제적 실질에 기초하여 합리적으로 회계처리할 수 있도록 회계 처리의 기본 원칙과 방법론을 제시하는 데 주력하고 있

습니다. 이는 기업의 활동이 복잡해짐에 따라 예측 가능한 모든 활동에 대해 세부적인 규칙을 제시하는 것은 불가능하며 규칙의 자구해석에 지나치게 집중하는 경우 오히려 규제 회피가 더욱 쉬워지는 문제가 발생하므로 회계처리 적정성을 판단할 수 있는 충분한 원칙 및 근거를 제시하는 데 주력해야 한다는 취지를 갖고 있습니다.

Q K-IFRS가 도입되면 기본 재무제표가 어떻게 변경되나요?

A K-IFRS에 의한 기본 재무제표는 재무상태표(대차대조표), 손익계산서(또는 포괄손익계산서), 현금흐름표, 자본변동표, 주기(Annotation)와 주석(Footnote)입니다. 이전의 기본 재무제표는 대차대조표, 손익계산서, 이익잉여금처분계산서(결손금처리계산서), 현금흐름표, 자본변동표였습니다. 포괄손익계산서의 '포괄'이란 용어는 당기순손익과 기타포괄손익을 함께 표시하기 때문에 생겼습니다. K-IFRS에서는 이익잉여금처분계산서(결손금처리계산서)가 기본 재무제표에서 제외됩니다. 다만, 상법 등에서 이익잉여금처분계산서(결손금처리계산서)를 계속 요구하고 있으므로 동 내용을 주석에 공시하도록 관련 기준서를 개정했습니다.

Q 국제회계기준 도입에 따라 IFRS 적용기업들의 사업보고서 및 분·반기 보고서 제출 기한은 어떻게 되나요?

A 연결 기준에 의한 사업보고서 제출 기한은, 자산 규모와 상관없이 K-IFRS를 적용하는 기업이라면 모두 사업연도 말 이후 90일 이내

로 변경됩니다. 분·반기 보고서의 제출 기한은 분기말 또는 반기말 이후 45일 이내입니다. 다만 분·반기에 연결 재무제표를 제출하는 기업에 대해서는 공시부담 완화를 위해 IFRS 적용 초기 2년간 15일이 연장된 60일이 적용됩니다. 따라서 IFRS 의무적용기업의 경우 60일 기한이 적용되는 시기는 자산 2조 원 이상 기업은 2011~2012년, 자산 2조 원 미만 기업은 2013~2014년입니다.

Q 일반기업(비상장기업)은 어떤 회계기준이 적용되나요?

A 비상장기업은 회계처리 부담 경감을 위해 국제회계기준을 적용하지 않고 2010년까지의 기업회계기준(K-GAAP)을 보다 간략하게 수정하여 제정한 일반기업회계기준을 적용합니다. 비상장기업은 당국의 승인이나 신고절차 없이 국제회계기준을 선택하여 적용할 수 있습니다.

Q 모든 금융회사가 국제회계기준을 의무 적용하여야 하나요?

A 은행, 증권(선물), 자산운용, 신탁업자, 보험사, 금융지주회사, 종합금융, 카드사는 상장 여부와 관계없이 2011년 이후 시작하는 사업연도부터 국제회계기준이 의무 적용됩니다. 다만, 금융회사 간 재무 정보 비교 가능성 등을 위하여 금융회사에 대해서는 국제회계기준 조기 적용이 허용되지 않습니다. 한편, 상호저축은행, 리스, 할부금융, 신기술 등 기타 여신전문금융회사의 경우 상장사만 IFRS가 의무적용되며, 신협 등 상호금융기관의 경우 국제회계기준 의무적용대상에서 제외됩니다.

2

금융업, 부채 속에 숨은 이윤을 찾아라

금융업은 제조, 수주, 소매유통, 서비스 기업의 경영에 필요한 자금을 공급하는 역할을 하는데, 은행, 증권, 보험이 여기에 속한다. 금융업은 모든 산업의 최후방 산업이며, 금융업이 발전해야 한 나라의 기업이 발전한다. 금융회사의 재무제표는 우리에게 익숙한 제조기업의 재무제표와 판이하게 생겼으며, 부채비율로 금융회사의 안정성을 평가하는 것은 적절하지 않다. 금융회사의 경영 현황을 파악할 때는 BIS비율, 무수익여신비율, 지급여력비율, 영업용순자본비율을 사용하는 것이 적절하다.

모든 금융회사는
알고 보면 단순하다

17세기 중반 영국 런던에서는 금세공사(Goldsmith)라는 직업인이 있었다. 금세공사는 자신의 가게에서 반지, 귀걸이 같은 장신구에 금을 수놓아 개인들에게 팔았다. 금은 귀중품이다 보니 도난의 위험이 상존했다. 그래서 금세공사는 외부의 침입이나 위협으로부터 금을 안전하게 보관할 수 있는 금고를 운영하고 있었다. 시간이 흐르자 '금세공사가 운영하는 금고는 안전하다'는 소문이 퍼졌고, 일반 고객이나 시민들이 찾아와 자신들이 갖고 있는 금을 금세공사의 금고에 맡겨줄 것을 요청했다(당시 영국은 금본위제여서 일반인들은 금을 지금의 화폐처럼 일상적으로 사용했다). 금세공사는 마다할 이유가 없었다. 보관료를 받을 수 있기 때문이었다. 금세공사는 일반 고객이나 시민의 금을 보관해주는 대가로 일정 요금을 받고 보관증을 써주었다. 예를 들어 금세공사는 금 1온스를 고객으로부터 맡게 되면 1온스짜리 상환증을 써주는 식이었다. '금보관증' 정도로 번역되는 '골드스미스 노트'(Goldsmith Note)는 이렇게 탄생했다. 이렇듯 애초에 금세공사가 고객의 금을 보관해주었던 이유는 보관료를 받기 위해서였다.

그런데 일이 이상한 방향으로 발전했다. 어느 날 금세공사에게 평소 알고 지내던 고객이 찾아와 "금을 잠시만 빌려주면 이자를 후하게 쳐서 갚겠다"고 제안한 것이다. 금세공사는 꺼림칙했다. 금고의 금은 자신의 소유물이 아니었기 때문이다. 단지 그는 금을 보관하고 있을 뿐이었다. 그렇지만 평소 친분이 있던 터라 금세공사는 금을 빌려주었다. 얼마 후 금세공사는 이 고객으로부터 이자와 원래의 금을 돌려받았고, 금을 원래의 자리에 넣어두었다. 금세공사의 손에는 이자로 받은 금이 반짝이고 있었다. 며칠 후 또 다른 사람이 찾아와 금을 빌려줄 것을 요청했다.

금세공사는 이번에는 금 자체를 빌려주는 대신에 금 보관증을 써주었다. 빌리는 사람들도 오히려 그것을 원했다. 왜냐하면 금은 휴대하기 불편했는데, 금 보관증은 가볍고 편리했기 때문이다. 당시 금 보관증은 금과 동일한 가치를 인정받고 있었다. 이번에도 금세공사의 손에는 이자로 받은 금이 반짝이고 있었다.

금세공사는 새로운 돈벌이 방법을 발견한 것이다! 금세공사는 적극적으로 금 보관증을 발행하고 이자를 받기 시작했다. 금세공사의 이러한 비즈니스는 양심에 반하는 일이었지만 원래 금 주인들에게는 들통나지 않았다. 간혹 금을 맡긴 고객이 의심스런 표정으로 자신이 맡긴 금을 보여달라고 하면 그가 맡겨놓은 양에 해당하는 또 다른 금을 보여주면 그것으로 끝이었다.

　금세공사는 더욱 대담해졌다. 그는 지금까지 금고에 들어 있는 금의 한도 내에서 금보관증을 발행했다. 그런데 자신을 제외하고 아무도 금고 안에 실제로 얼마의 금이 남아 있는지를 아는 사람은 없다는 점을 간파한 금세공사는 금고에 남아 있는 금의 가치보다 훨씬 많은 보관증을 발행했다. 사업은 날로 번창했다. 금세공사는 금을 더욱 많이 필요로 했다. 금을 더 많이 보관할수록 사업이 번창했기 때문이다. 그래서 이번에는 금을 맡기러 오는 고객에게 이자를 지급했다. 이것이 은행업의 시작이었다. 금세공사(은행)는 금을 맡긴 고객에게 상대적으로 낮은 이자를 지급하고, 금을 빌려가는 고객에게는 상대적으로 높은 이자를 받았다. 결국 일이 터졌다. 금세공사가 지나치게 화려한 옷을 입고 거들먹거리며 거리를 활보하자 고객들이 의심스러운 표정을 지으며 한꺼번에 금세공사를 찾아와 금을 돌려달라고 요구한 것이다. 금세공사는, 아니 은행가는 유감스럽게도 이들에게 한꺼번에 돌려줄 금이 남아 있지 않았다. 이것이 '뱅크런'(예금 인출 사태)이다. 뱅크런은 은행이 가장 두려워하는 시나리오이다.

　이처럼 은행은 애초에는 의심스런 비즈니스 모델을 갖고 출발했지만 자본주의 경제에 미치는 영향은 대단히 긍정적이었다. 한 나라의 경제는 가계, 기업, 정부의 3대 주체로 이뤄져 있는데, 대체로 기업은 자금을 필요로 하고, 가계는 저축을 통해 돈을 굴리고자 한다. 그런데 기업과 가계가 서로를 직접 찾아내 자금을 주고 받는 것은 쉽지 않고 불편이 이만저만이 아니다.

　금융업은 양측의 이런 수고를 덜어주면서 부가가치를 창출한다. 다시 말해 금융업이란 자금의 공급자와 자금의 수요자 사이에 자금을 중개해주고 수수료를 받는 업종이다. 금융업에는 대표적으로 은행, 보험, 증권이 있으며, 이밖에 저축은행, 캐피탈, 카드사, 대부업체, 신용금고도 금융업에 포함된다.

영국의 금세공사가 은행가로 변신을 시작한 지 200여 년 후, 한국에도 은행이 생겨났다. 고종황제가 조선을 통치하던 1896년 6월, 이 나라의 수도 경성(서울)의 정동에 한국 최초의 은행인 조선은행이 설립됐다. 지금의 서울 중구청 앞 자리였다. 이 은행이 설립된 것은 조선 정부가 갑오개혁을 단행하면서 세금 징수의 편의를 도모하기 위한 것이었다. 이 은행을 발기한 인물들은 김종한, 안경수, 이완용, 이채연, 이근배, 윤규섭, 이승업 등 전·현직 관료들이었고, 자본금은 20만 원이었으며, 1주에 50원씩 4,000주를 발행하였다. 조선은행은 한국에서의 근대적 금융업의 효시로 기록되고 있다.

주목할 점은 이 은행의 설립 연도가 한국 최초의 주식회사인 부선주식회사보다 2년 앞선다는 사실이다. 이는 은행이 모든 산업의 최후방 산업이자 기반산업이라는 사실을 보여준다. 은행을 필두로 하는 금융업은 자본주의 체제를 채택한 국가에서는 제조업이나 소매유통업에 앞서 모습을 드러내는 경향이 있다. 조선은행은 이듬해인 1897년 2월 정부 인가를 받아 정식으로 개업했는데, 상품을 담보로 하는 단기 대출 등의 영업을 하다가 실적 부진으로 1901년 사실상 폐업했다. 조선은행에 이어 1897년 2월 한성은행이 설립됐는데, 이 은행은 조흥은행을 거쳐 지금의 신한은행이 됐다. 1899년 설립된 천일은행은 상업은행을 거쳐 지금의 우리은행이 됐다.

	은행	보험	증권
근대적 형태의 기원	17세기 중반 영국 금세공사(Gold smith)가 예대 업무 시작	1762년 영국 에퀴터블 생명보험사 설립 1887년 미국 코네티컷주 웨스트필드의 길버트 루미스가 세계 최초로 우마차(자동차) 보험 가입	1602년 세계 최초의 근대적 주식회사인 네덜란드 동인도 회사 설립 17세기 초 영국 런던에서 주식 거래 시작
비즈니스 모델	예대마진	위험률 차익	브로커리지(Brokerage, 증권 거래 수수료 및 신용공여) 자기매매(Dealing) 인수주선(Underwriting)
재무제표의 특징 (수신, 여신 계정 과목)	예수부채(예수금) 대출채권	책임준비금(보험료 적립금) 유가증권(채권, 주식)	예수부채(투자자 예수금) 대출채권(신용공여금) 및 유가증권(채권, 주식)
리스크	대출금 회수 불능 리스크: 무수익여신 뱅크런(예금인출사태)	예정 이자율 산정의 불확실성	주식 거래량과 주가의 변동성 주식 시장 변동성
규제	정부 규제 강력하게 작용	정부 규제 어느 정도 작용	정부 규제 덜함
실적 변수	경기, 금리	금리	통화량(M1), 경기
공통점	수신 기능 있음 : 재무상태표에 예수부채 혹은 책임준비금 항목 있음		

■ 은행, 보험, 증권업의 특징

이들은 구체적인 비즈니스 모델은 다르지만 자금을 중개한다는 점에서는 동일하다. 하나씩 살펴보자.

은행

은행은 불특정 다수(고객)로부터 자금을 예금 형식으로 조달받아 주로 기업에 대출을 해준다. 이 과정에서 은행은 고객에게는 예금이자를 지급하는 대신에 기업으로부터는 대출이자를 받는데, 대출이자와 예금이자의 차이를 예대마진(Loan-Deposit Margin)이라고 한다. 예대마진은 은행의 주요 비즈니스 모델이다. 예대마진에다 이런저런 다른 이자 수입을 합친 개념이 순이자마진(NIM, Net Interest Margin)이다. 순이자마진은 이자수익과 이자비용의 차이를 수익성자산으로 나눈 값이다.

보험사

보험사는 불특정 다수(고객)로부터 자금을 보험의 형태로 조달받아 주로 채권, 주식 등의 유가증권에 투자해 수익을 낸다. 이 과정에서 보험사는 예상 보험금이 실제 보험금 지급액보다 커야 이익이 나는데, 이를 위험률차익(혹은 위험률차손)이라고 한다. 문제는 예상 보험금을 정확히 얼마로 책정해야 할지, 실제 보험금 지급액이 정확히 얼마가 될지 아무도 모른다는 것이다. 이런 이유로 보험업은 근본적으로 불확실하고, 난해하며, 불가사의한 비즈니스이다.

보험업은 다시 생명보험업과 손해보험업으로 나뉜다. 생명보험은 '생명(Life)'이라는 단어가 암시하듯이 인간의 사망에 대한 보장을 주로 하는 보험을 말하며, 대표적인 상품으로 종신보험(사망보험)이 있다. 손해보험이란 인간이 살아 있는 동안 발생하는 교통사고, 재해, 질병 등에 대해 실질적인 보장을 해주는 보험을 말한다. 손해보험사의 대표 상품으로는 운전자보험, 의료보험이 있다. 생명보험은 정액 보상이기 때문에 동일 상품에 대해 중복 가입이 가능하지만 손해보험은 고객이 겪은 손해에 대해서만 보장해주기 때문에 중복 가입이 허용되지 않는다. 최근 들어 인간의 생존기간에 보장을 해주는 손해보험이 인기를 끌면서 생명보험사도 주계약(사망보장)과 더불어 손해보험과 유사한 보장을 해주는 특약을 추가하고 있다.

증권사

증권사는 불특정 다수(고객)로부터 자금을 예수금의 형태로 조달받아 개인 투자자에게 신용공여금의 형태로 대출해주거나 유가증권에 투자해 수익을 낸다. 이처럼 증권사가, 주식 투자자가 주식을 사고 파는 것을 중개해주는 대가로 얻는 수수료를 브로커리지(Brokerage) 수익이라고 하는데, 이는 증권사의 주요 비즈니스 모델이다.

또한 증권사는 주식, 채권 등의 유가증권이 최초로 발행되는 과정에서 판매나 중개업무를 수행하는 인수업(Underwriting), 자체적으로 주식이나 채권을 사고 파는 자기매매업(Dealing)도 한다. 브로커리지, 인수업무, 자기매매업을 증권사의 3대 비즈니스 모델이라고 한다.

금융업은 모든 산업의 최후방 산업이다. 자본주의 경제체제를 채택하고 있는 이상 금융업이 존재해야 제조, 수주, 소매유통, 서비스 등의 나머지 산업이 발전할 수 있다. 그래서 어느 나라에서든 금융업은 오랜 역사를 갖고 있다.

금융회사의
재무제표 읽는 법

어지간히 경험이 쌓인 재무제표 이용자에게도 금융사의 재무제표는 어렵게 느껴진다. 금융사의 재무제표가 제조기업의 재무제표와 판이하게 생겼기 때문이다. K-IFRS가 도입되면서 이런 어려움은 가중되고 있다. 금융사의 재무제표를 정리해보자.

금융사 재무상태표(대차대조표)의 왼쪽(차변)의 주요 계정과목은 현금 및 예치금, 유가증권, 대출채권, 유형자산, 기타자산이다. 또한 금융사 재무상태표의 오른쪽(대변)의 부채는 예수부채, 차입부채, 기타부채의 세 가지를 기본으로 하고 있다.

금융사 영업활동의 출발점은 재무상태표 오른쪽(대변)의 예수부채이다. 예수부채란 고객이 금융사에 맡긴 돈이다. 다시 말해 고객이 은행에 납부하는 예금이 은행의 재무상태표에 예수부채로 계상되고, 고객

○○금융 (연결) 재무상태표 제○○기 (2010년 12월 31일)		○○금융 (연결) 포괄 손익계산서 제○○기 (2010년 1월 1일~2010년 12월 31일)		○○금융 (연결) 포괄 현금흐름표 제○○기 (2010년 1월 1일~2010년 12월 31일)	
자산	부채	순이자이익(혹은 손실)	6,233	영업현금흐름	(21,283)
현금 및 예치금	예수부채	이자수익	10,472	투자현금흐름	16,476
유가증권	차입부채	이자비용	(4,240)	재무현금흐름	12,680
대출채권	기타부채	순수수료이익	723		
유형자산	부채총계	수수료이익	1,316	현금의 증가(감소)	7,873
무형자산		수수료비용	(593)	기초의 현금	24,592
기타	자본	기타이익(비용)	(738)	기말의 현금	32,342
	지배기업소유주지분	판매비와 관리비	3,901		
	자본금	기타영업이익	217		
	자본잉여금	기타영업수익	3,483		
	이익잉여금	기타영업비용	(3,266)		
	기타자본	영업이익	2,534		
	비지배지분	영업외이익(손실)	53		
		영업외수익	132		
		영업외비용	(79)		
자산총계	자본총계	법인세비용차감전순이익	2,587		
		법인세비용	601		
		당기순이익	1,986		
		지배기업소유주지분	1,986		
		비지배지분	0		
		기타포괄이익(손실)	5,422		
		기타포괄이익	7,314		
		포괄이익법인세효과	1,891		
		총포괄이익	7,408		
		지배기업소유주지분	7407.5		
		비지배지분	1		

(단위: 억 원)

■ 금융회사의 재무제표 (K-IFRS 연결 기준)

이 증권사에 증권 거래에 필요한 금액을 납부하면 이 금액이 증권사 재무상태표에 예수부채로 기록된다. 다만, 고객이 보험사에 납부하는 보험료는 보험사의 재무상태표에 책임준비금이라는 계정과목으로 계상된다. 책임준비금은 보험사의 재무상태표에만 존재하는 계정 과목이지만 성격은 은행이나 증권사의 예수부채와 동일하다.

이 돈은 금융사 재무상태표의 왼쪽(차변)으로 흘러간다. 다시 말해 은행, 보험, 증권사는 이렇게 조달한 예수부채를 각각의 고유한 비즈니스 모델에 따라 집행한다. 은행의 예수부채는 주로 기업을 상대로 하는 대출채권에 쓰이고, 대출채권에서 발생하는 이자가 손익계산서의 이자수익이 된다. 증권사의 예수부채는 주로 주식 투자자들을 대상으로 하는 대출채권(신용공여금)에 집행되고, 여기에서 발생하는 이자가 손익계산서의 이자수익이 된다. 보험사의 책임준비금은 주로 유가증권에 집행되며, 여기서 발생하는 이자수익이나 평가이익이 영업수익이 된다. 이게 금융회사가 수익을 내는 원리이다. 구체적으로 계정과목들을 살펴보자(계정과목 옆의 별★ 표시는 중요도를 뜻한다. 별의 개수가 많을수록 계정과목의 중요도가 높다).

1. 재무상태표(대차대조표)

예치금, 많아지면 떨어지는 수익성

금융 당국은 금융회사가 경영난으로 지급 불능에 빠져 고객의 예금을 지급하지 못하는 일이 없도록 일정 금액을 한국은행이나 다른 금융기관에 예치하도록 되어 있는데, 이게 예치금이다. 예치금은 금융회사 상호간의 결제에도 이용된다.

금융회사는 예치금이 많아지면 수익성이 떨어진다. 예치금이 많아지면 외부에 대출할 여력이 줄어들기 때문이다. 2008년 금융위기가 악화되자 한국의 금융 당국은 금융기관에 예치금을 늘릴 것을 요구했는데,

이에 따라 금융회사의 수익성이 나빠졌다. 이는 경제 위기가 닥칠 경우 제일 먼저 금융회사의 주가가 떨어지는 한 가지 이유를 설명한다.

유가증권*, 보험사의 주요 수익원

유가증권이란 금융회사가 투자를 목적으로 매입한 주식이나 채권을 말한다. 자산총계에서 유가증권의 비중이 높은 곳은 보험사이다. 2010년 3월 기준 대한생명의 재무상태표를 보면 자산총계에서 유가증권(46.4%)의 비중이 가장 높고, 다음으로 대출채권(21.2%), 특별계정자산(19.4%), 기타자산(6.2%), 유형자산(3.8%), 현금 및 예치금(3.0%)의 순서였다. 유가증권의 유형을 살펴보면 채권(60%)이 주식(40%)보다 비중이 높다. 보험사가 자금을 보수적으로 운용하고 있음을 보여준다.

대출채권**, 은행의 주요 수익원

대출채권은 금융회사가 기업, 가계를 비롯한 자금부족부문에 자금을 대출해주고 받아놓은 채권증서다. 예를 들어 기업이 공장을 지으려는데 여기에 필요한 자금을 은행에서 빌린다고 하자. 이때 기업은 은행 측에 원금 얼마를 언제까지 갚고 이자를 얼마씩 내겠다는 증서에 사인을 한다. 이 증서가 바로 대출채권이다. 또한 일반 개인도 주택 매입을 위해 은행으로부터 대출을 받을 때 원금과 이자를 갚을 것을 약정하는 증서를 작성하는데, 이 증서가 바로 은행의 재무상태표의 대출채권으로 기록된다. 대출채권은 금융회사의 재무상태표에서만 볼 수 있는 독특한 항목이며, 제조기업의 재고자산을 대체하는 항목이다. 기업회계기준서에 따르면 대출채권이란 명칭 등 형식에도 불구하고 경제적 실질 이자수취 등을 목적으로 원리금의 반환을 약정하고 자금을 대여하는 경우 및 대지급금 등의 구상채권을 발생하는 것을 말하는 것이다.

자산총계에서 대출채권이 차지하는 비중이 높은 금융회사는 은행이다. 2010년 12월 기준 한국외환은행의 자산총계에서 가장 높은 비중을 차지하는 항목은 대출채권(65.1%)이고, 이어 유가증권(13.7%), 기타자산(12.0%), 현금 및 예치금(7.8%), 유형자산(1.4%)의 순이다.

예수부채***, 은행, 증권, 보험사의 자금 조달원

예수부채란 은행, 증권 등의 금융회사가 불특정 다수를 상대로 조달한 자금이다. 다시 말해 가계가 은행에 예금을 하거나, 증권사에 계좌를 개설하고 돈을 맡기면 이게 금융회사의 재무상태표에 예수부채로 잡힌다. 다만, 보험사의 경우에는 책임준비금이라는 계정과목이 된다.

예수부채는 금융회사의 비즈니스 모델의 출발점이다. 기업회계기준서에 따르면 예수부채란 '금융회사가 예금 증서를 발행하거나 예금계좌를 통해 일정한 이자 지급 등의 대가를 조건으로 개인, 기업 및 공공기관 등 불특정 다수의 고객으로부터 자금을 수납하여 관리하고 운용하는 것'으로 정의하고 있다. 금융회사 입장에서 예수부채는 많을수록 좋은 것이다. 예수부채가 많아야 금융회사는 더 많은 돈을 기업이나 가계에 대출해주거나, 유가증권에 투자할 수 있다.

차입부채*, 여신전문금융회사의 주요 자금 조달원

앞서 언급한 예수부채를 모든 금융회사가 조달할 수 있는 것은 아니다. 다시 말해 금융회사가 자금을 불특정 다수(일반 고객)로부터 조달할 수 있는 것을 수신기능이라고 하는데, 금융 당국은 은행, 증권, 보험사에게만 이 기능을 허가하고 있다. 금융회사에 수신기능이 있다는 것은 강력한 경쟁력이다. 저축은행이 부실하다는 지적에도 불구하고 대형 금융회사들이 몸집을 키우고 인수하려는 이유가 바로 수신기능을 확장하기 위해서이다.

은행, 증권, 보험과 달리 수신기능이 없고 여신기능만 갖고 있는 금융회사가 있는데, 이를 여신전문금융회사(여전사)라고 한다. 대표적으로 카드, 리스(시설대여), 할부금융, 신기술금융, 소비자금융(대부업) 등이 있다. 이들 여신전문금융회사는 수신기능이 없기 때문에 다른 방법으로 자금을 조달해야 하는데, 대표적으로 차입부채가 있다. 다시 말해 차입부채는 금융회사가 한국은행 등 다른 회사로부터 빌린 돈이나 사채 발행 등을 통해 조달한 돈이다.

여신전문금융회사는 특히 사채 발행을 통한 자금 조달을 즐겨 이용한다. 여신전문금융회사는 자기자본(자본금과 자본잉여금의 합계액)의 최대 열 배에 해당하는 액수의 사채를 발행하는 것이 허용된다. 이밖에 여신전문금융회사가 자금을 조달하는 방법으로는 다른 금융기관으로부터 자금을 빌리는 것, 어음을 발행하는 것, 보유하고 있는 대출채권을 양도하는 것 등이 있다.

여신전문금융회사가 수신기능이 없다는 것은 여기에 해당하는 금융회사를 디스카운트하게 만드는 요인으로 작용하고 있다. 이들의 권익을 대변하는 단체로는 여신금융협회(www.crefia.or.kr), 한국대부금융협회(www.clfa.or.kr)가 있다. 물론 수신기능이 있는 은행, 증권, 보험사도 예수부채만으로 자금 조달이 충분하지 않을 경우 차입부채를 활용한다.

대손충당금★★, 회수불능액에 대한 적립금

K-IFRS 방식의 재무제표가 종전의 K-GAAP 방식의 재무제표와 차이를 보이는 계정과목이다. 대손충당금이란 금융사가 대출채권을 회수하지 못할 경우를 대비해 적립해두는 금액을 말한다. K-IFRS에서는 대손충당금을 미리 예측해서 설정하는 것이 아니라 객관적인 증거에 의해 설정하도록 하고 있다. 다시 말해 K-IFRS에서는 아직 발생하지 않은 미래의 손실은 손실로 인정하지 않으며, 실제로 손상 사건이 발생했을 때 손상차손으로 인식한다.

종전의 K-GAAP에서는 기업이 향후 미회수액이 어느 정도 발생할 것인지를·예측해 대손충당금을 설정했다. 그러다 보니 K-GAAP의 대손충당금은 금융회사가 이익을 조절하는 수단으로 종종 이용되었다. 정부 지분율이 높은 일부 금융사는, 이익이 급격히 늘면 '고객의 이익을 빼앗는다'는 비판을 받을 수 있어 대손충당금을 상당 부분 조절하기도 했다. 그런데 K-IFRS에서는 객관적인 증거에 의해 대손충당금을 설정하도록 규정했기 때문에 이것이 이익 조절 수단으로 이용될 가능성은 낮아질 것으로 보인다. 금융 당국은 K-IFRS에서의 대손충당금이 K-GAAP에서의 대손충당금보다 미달할 경우 미달 금액을 대손준비금이라는 계정과목으로 적립하도록 규정했다. 대손준비금은 자본총계에 있는 이익잉여금을 구성하는 계정과목의 하나로 기록된다.

기타 지표

금융회사의 유형자산은 제조기업의 유형자산과 같은 개념으로 부동산(토지) 및 건물, 차량운반구 등을 말한다. 기타자산이란 일반 기업의 무형자산과 기타비유동자산을 합쳐놓은 것으로 개발비, 소프트웨어 등이 있다.

2. 손익계산서

순이자이익(혹은 손실), 은행의 핵심 이익

은행이 벌어들인 이자의 합계액에서 지급한 이자의 합계액을 뺀 금액이 순이자이익(혹은 손실)이다. 순이자이익은 수수료이익과 더불어 은행의 핵심 이익이다. 은행이 벌어들인 이자의 대표 항목으로는 기업이나 가계에 대출해준 대가로 받는 대출채권 이자가 있고, 은행이 지급한 이자의 대표 항목으로는 고객이 맡긴 예금에 대해 지급하는 예수부채 이자가 있다.

수수료이익(혹은 손실), 은행이 늘려야 할 이익

고객이 은행 지점의 ATM(자동입출금기)에서 현금을 인출 할 때 수수료를 내는데, 이것이 은행의 대표적인 수수료이익이다. 한국의 은행들은 순이자이익의 비중이 높은데, 수수료이익의 비중을 늘려야 한다는 지적을 받고 있다.

3. 현금흐름표

　금융회사의 현금흐름표 작성법은 원칙적으로 제조기업의 현금흐름표 작성 방법과 동일하다. 영업현금흐름은 당기순이익에서 이런저런 장부상 손익을 차감하는 방식으로 작성하며, 투자현금흐름과 재무현금흐름은 총현금유입과 총현금유출을 항목별로 직접 구분해 표시한다.

　K-IFRS에서도 현금흐름표는 별다른 변화가 없다. 다만, K-IFRS에서는 이자와 배당금의 수취 및 지급에 따른 현금흐름의 분류가 기업의 선택 사항이다. 금융회사의 경우 이자지급, 이자 및 배당금 수입은 일반적으로 영업현금흐름으로 분류돼 왔으므로 K-IFRS를 채택하더라도 별다른 변화가 없을 것으로 예상된다.

구분		계정과목
영업현금흐름	비용 등의 가산	법인세비용, 이자비용, 단기매매증권평가손실, 지분법손실, 감가상각비, 유형자산처분손실
	수익 등의 차감	배당금수익, 이자수익, 단기매매증권평가이익, 지분법이익, 유형자산처분이익
	영업활동으로 인한 자산부채의 변동	선급비용의 증감, 미수수익의 증감, 선수수익의 증감
투자현금흐름	현금유입	사용제한 예치금의 순감소, 유형자산의 처분, 미수금의 순감소, 보증금의 순감소
	현금유출	사용제한 예치금의 순증가, 무형자산의 취득, 유형자산의 취득, 미수금의 순증가, 비업무용자산의 순증가
재무현금흐름	현금유입	고객 예수부채의 순증가, 콜머니의 순증가, 차입금의 순증가, 사채의 발행
	현금유출	타은행 예수부채의 순감소, 고객 예수부채의 순감소, 콜머니의 순감소

■ 한국외환은행 현금흐름표의 계정과목 (K-IFRS 연결 기준)

사야 할 금융회사, 사지 말아야 할 금융회사

    금융기업이건 제조기업이건 소매유통기업이건 기업을 분석할 때는 안정성, 수익성, 효율성의 순서로 진행하는 게 효율적이다. 안정성을 우선적으로 체크해야 하는 이유는 기업이 문을 닫을 경우 벌어지는 리스크가 가장 크기 때문이다. 안정성이 확인됐다면 수익성을 보고, 끝으로 효율성 지표를 통해 기업이 얼마나 효율적으로 운영되는지를 파악할 필요가 있다.

    다음은 금융회사를 분석할 때 유용한 재무비율이다. K-GAAP 개별 기준이며 K-IFRS에 따른 적정 재무비율은 달라질 수 있다.

	재무비율	해당산업	계산법	안전	위험
안정성	BIS비율(%)	은행	• =자기자본 / 총위험가중자산 • 자기자본=기본자본＋보완자본, 총위험가중자산 　=신용리스크＋시장리스크＋운영리스크 • 저축은행은 8% 이상이면 안전, 8% 미만이면 위험	15% 이상	12% 미만
	무수익여신비율(%)	은행	• =무수익여신 / 대출총액 • 저축은행은 8% 미만이면 안전, 8% 이상이면 위험	2% 미만	4% 이상
	지급여력비율(%)	보험	• =자본총계 / 책임준비금	100% 이상	100% 미만
	영업용순자본비율(%)	증권	• =영업용순자본 / 총위험액	150% 이상	120% 미만
수익성	총자산이익률(%)	은행, 증권, 보험	• =당기순이익 / 자산총계	1% 이상	0.5% 미만
	영업이익률(%)	은행, 증권, 보험	• =영업이익 / 매출액	10% 이상	8% 미만
효율성	판관비율(%)	은행, 증권	• =판매비와 관리비 / 영업수익(매출액) • 증권사는 30% 미만이면 안전, 30% 이상이면 위험	10% 미만	10% 이상
	사업비율(%)	보험	• =사업비 / 보험료 수익 • 손해보험사는 30% 미만이면 안전, 30% 이상이면 위험	10% 미만	10% 이상

■ 금융사의 재무비율(지표) 가이드라인

1. 안정성

　은행, 보험, 증권 등의 금융회사는 고객으로부터 조달한 부채를 활용해 수익을 내는 비즈니스 모델을 갖고 있다. 이처럼 부채를 바탕으로 사업을 전개하는 금융회사는 근본적으로 리스크가 존재하기 때문에 안정성이 중요하다.

　특히 은행의 경우 안정성은 매우 중요하다. 만약 고객들이 한꺼번에 은행을 찾아와 예금 인출을 요청하면 어느 우량 은행도 당해낼 재간이 없다. 이를 뱅크런(예금인출사태)이라고 한다. 은행이 뱅크런을 피하는 방법은 고객에게 '우리 은행은 안전하다'는 믿음을 심어주는 방법이 최선이다. 그러기 위해서는 재무적 안전성을 확보해야 한다.

BIS비율 Bank for International Settlements Ratio

은행의 안정성을 평가할 때 우선적으로 들여다볼 필요성이 있는 지표가 바로 BIS비율이다. BIS비율이란 'BIS기준 자기자본비율'의 줄임말인데, 은행이 대출을 비롯한 '위험자산'에 비해 안전한 자산인 '자기자본'을 어느 정도 갖고 있는지를 보여주는 지표이다. 1998년 국제결제은행(BIS) 산하 바젤위원회(은행감독 업무의 국제적인 기준을 마련하기 위하여 구성된 위원회)가 각국 은행의 자본 적정성을 확보하기 위한 국제기준으로 설정했다. 이때 만들어진 BIS비율을 '바젤I'이라고 하는데, 2004년부터는 '신 BIS협약'으로도 불리는 '바젤II'가 현재 일반적으로 사용되고 있다.

'바젤II'에 의한 BIS자기자본비율은 자기자본을 분자로, 총위험가중자산을 분모로 해서 산출한다. 대출자의 신용도에 따라 신용위험 가중치를 다르게 해서 보다 정교하게 만들고 총위험가중자산에 운영 리스크를 추가했다. 이를 산식으로 표현하면 다음과 같다.

BIS자기자본비율(%) = 자기자본 / 총위험가중자산 × 100

★ 자기자본 = 기본자본 + 보완자본
★ 총위험가중자산 = 신용리스크 + 시장리스크 + 운영리스크

2010년 6월 말 기준 BIS비율을 살펴보면 우리은행이 14.61퍼센트, 신한은행 16.26퍼센트, KB은행 13.38퍼센트, 하나은행 15.70퍼센트이다(K-GAAP 개별 기준이다. 앞으로 별다른 설명이 없으면 K-GAAP 개별 기준이다).

무수익여신비율 Non-Performing Loans Ratio

은행의 안정성을 파악할 때 BIS비율 못지않게 살펴봐야 할 지표이다. 무수익여신이란 3개월 이상 연체여신 및 이자미계상여신(부도업체 등에 대한 여신, 채무상환능력 악화여신 및 채권재조정여신)으로 실제 이자수익을 기대할 수 없는 여신을 말한다. 무수익여신비율이 증가했다는 것은 은행의 안정성이 저하됐다는 의미이다.

한신정평가를 비롯한 신용평가사는 무수익여신비율이 1퍼센트 미만인 은행을 트리플A로 평가하고 있다. 시중 일반은행의 경우 무수익여신비율이 2퍼센트 미만이어야 안전하고, 저축은행은 8퍼센트 미만이어야 안전하다. 파산할 은행에 발목을 잡히지 않기 위해서는 투자자들이 고정이하여신비율의 절대적 수준 못지 않게 추세를 보아야 한다. 어느 은행의 무수익여신비율이 증가하고 있다면 위험 신호이다.

지급여력비율, 보험사의 안정성에 유용한 지표

보험사의 안정성을 파악할 때 유용한 지표이다. 말 그대로 보험 가입자가 한꺼번에 해약할 경우에 대비해 보험사가 어느 정도의 지급능력을 가졌는지를 보여주는 지표이다. 보험사는 지급여력비율이 100퍼센트가 넘어야 안전하다. 금융 당국은 지급여력비율이 100퍼센트 미만인 보험사에 대해서 징계나 제재 조치를 내릴 수 있다. 보험사의 지급여력비율이 50퍼센트에 미치지 못하면 주주배당 제한 등 영업제한을 받게 되고, 0퍼센트로 떨어지면 보험사업영위행위의 전부나 일부가 정지되며 계약이전명령이나 합병 등을 시행해야 한다. 일반적으로 지급여력비율은 자본총계를 책임준비금으로 나눈 값이지만 생명보험사와 손해보험사를 구분해 다른 계산법을 쓰기도 한다. 이 경우 생명보험사의 지급여력비율은 순재산(자산 - 부채 + 내부 유보자산)을 책임준비금으로 나누지만 손해보험사는 적정잉여금으로 나눈다. 적정잉여금이란 화재, 해상, 자동차 등 보험 종목별 위험도와 자산운용 위험도를 고려해 보험사가 보유해야 하는 잉여금을 말한다.

영업용순자본비율, 증권사의 BIS비율

증권사의 재무건전성을 보여주는 지표로 이른바 '증권업계의 BIS비율'로도 불린다. 영업용순자본비율은 증권사의 영업용순자본(유동성 자기자본)을 총위험액으로 나눈 값이다. 영업용순자본이란 해당 증권사의 자본총계에서 부동산처럼 유동성이 없는 자산을 빼고, 후순위차입금과 증권거래준비금을 더한 것이다. 총위험액은 개별기업의 자체적인 요인에 의한 가격 변동과 정치, 경제, 사회적 요인에 의한 위험액(시장위험)을 더한 금액이다. 금융 당국은 증권사가 영업용순자본비율을 150퍼센트 이상 유지할 것을 요구하고 있다. 이에 미달하는 곳은 감독 당국으로부터 부실자산 처분 등 경영개선 권고를, 120퍼센트 미만이면 합병, 영업양도 등의 처분을 받게된다. 일부 증권사는 영업용순자본비율을 높이기 위해 보완자본으로 인정받는 후순위 차입금을 계열사나 생명보험사들로부터 조달하고 있다.

2. 수익성

총자산이익률ROA, 금융회사의 대표적 수익성 지표

은행, 보험, 증권 등 금융회사의 종합적인 수익성을 판단하는 가장 큰 범주의 수익성 지표이다. 총자산이익률은 은행, 보험, 증권, 여신전문금융업 등 금융업종 간의 수익성 비교를 용이하게 해준다. 은행의 경우 총자산이익률이 1퍼센트를 넘는다면 수익성이 양호한 은행이다. 3년 연속 총자산이익률이 1퍼센트를 넘는 은행이 있다면 대단히 양호한 수익성을 창출하는 은행이다. 우리나라 은행 가운데 아직까지 이런 은행은 없다. 국민, 신한, 우리, 하나은행 정도가 0.5퍼센트 안팎의 총자산이익률을 유지하고 있을 뿐이다. 은행에 있어 최고 수준의 총자산이익률은 1.2~1.4퍼센트 정도이다.

증권사의 경우 총자산이익률이 은행보다 낮게 나타나는 경향이 있다. 이는 증권사의 자산총계에서 많은 비중을 차지하는 고객 예탁금, 별도 예치금의 이자율이 낮고, 건물 및 계열사 지분 등을 비롯한 저수익자산 보유 비중이 높기 때문이다. 다만, 채권운용에 있어 특화한 효율성 위주의 경영전략 추진으로 자산규모 대비 가장 높은 수익성을 기록한 신영증권의 평균 총자산이익률은 3.1퍼센트로 상위권에 포진해 있으며, 현대증권은 비경상적인 손실 반영 등으로 한때 총자산이익률이 0.1퍼센트를 기록하기도 했다.

영업이익률, 금융회사의 수익성 지표

영업이익률은 은행, 보험, 증권사 등 모든 금융회사의 수익성을 판단하는 지표로 손색이 없다. 영업이익률이 동종 업종의 경쟁사보다 높은 금융회사는 본업 경쟁력과 수익 창출력이 뛰어나다고 해석할 수 있다. 증권사의 경우 영업이익률은 규모의 경제를 확보한 곳이 높게 나타나는 경향을 보인다.

3. 효율성

판관비율, 은행·증권사에 대한 효율성 지표

판관비율은 은행, 증권사의 효율성을 판단하는 지표로 효율적이다. 은행 상품에는 차별성이 없다. 예를 들어 은행의 1년 만기 정기예금의 이자율은 어느 은행이든 동일하다. 이는 증권사도 마찬가지이다. 이 경우 은행과 증권사의 경쟁력은 인건비를 비롯한 고정비에서 판가름나는데, 판매비와 관리비가 고정비의 대표 항목이다.

2010년 9월 현재 시중은행의 평균 판관비율은 8.3퍼센트이다. 판관비율이 가장 높은 곳은 국민은행(14.2%)이며, 농협(9.8%), 외환은행(9.5%), 신한은행(8.7%), 우리은행(7.3%), IBK기업은행(6.8%), 하나은행(6.3%)순으로 나타났다. 국민은행의 판관비율이 높은 이유는 직원 수가 1만 8,422명으로 우리은행(1만 4,389명), 신한은행(1만 861명), 하나은행(8,112명)에 비해 많기 때문으로 분석된다.

지방은행의 평균 판관비율은 14.1퍼센트였다. 지방은행들은 판관비 비율이 모두 두자릿수로 시중은행에 비해 높다. 지방은행들의 판관비용이 높은 곳부터 살펴보면 제주은행(24.2%), 전북은행(22.4%), 광주은행(15.0%), 대구은행(13.3%), 부산은행(13.1%), 경남은행(12.7%) 순이다.

사업비율, 보험사에 대한 효율성 지표

사업비율은 보험사의 효율성을 파악하는 지표로 유용하다. 사업비율이란 사업비를 보험료 수익으로 나눈 값인데, 투자자 입장에서는 사업비율이 낮은 금융회사일수록 효율성이 좋다고 이해하면 좋다. 또한 사업비가 낮다면 보험료가 저렴해지는 만큼 보험 소비자에게 유리하다. 사업비란 설계사 수수료, 관리비, 인건비 등 보험영업을 하는 데 필요한 제반 비용을 말하는데, 통상 손익계산서의 영업비용에 나오는 사업비를 사용한다.

4. 기타 지표

PF대출비율, 모든 금융회사의 안정성 체크 포인트

PF(Project Financing)대출비율은 은행, 보험, 증권사에 모두 적용되는 안정성 체크 포인트이다. PF대출이란 금융회사가 담보를 두지 않고 프로젝트 자체의 사업성에 기초해 대출을 해주는 것을 말한다. 사업이 진행되면서 발생하는 수익금으로 대출금을 회수하는데 담보가 없기 때문에 떼일 위험이 높다. 일반은행의 경우 PF대출비율이 20퍼센트 미만이면 안전하고 20퍼센트 이상이면 위험하다고 판단한다.

자기자본이익률 ROE, 금융회사에게 부차적인 수익성 지표

은행, 보험, 증권 등 금융회사의 수익성을 가늠할 때 효율성이 상대적으로 떨어지는 지표가 자기자본이익률이다. 금융회사가 자기자본이익률을 올리는 것은 어렵지 않다. 예를 들어 은행은 대손충당금(어음, 외상, 대출금 등을 받지 못할 것으로 예상하여 장부상 처리하는 추산액)을 낮게 책정하는 것만으로도 자기자본이익률이 개선된다. 투자자나 채권자는 오히려 너무 높은 자기자본이익률을 내는 은행을 조심해야 한다. 금융회사가 대손충당금을 과소계상하거나 재무상태표를 부풀려 단기에 자기자본이익률을 밀어 올리기는 쉽지만 장기적으로는 위험하다.

굳이 금융회사의 자기자본이익률을 보려 한다면 그 기준은 제조기업보다 높게 책정할 필요가 있다. 일반적으로 투자자들은 15~19퍼센트의 자기자본이익을 내는 은행을 찾아야 한다. 금융감독원 조사에 따르면, 시중은행의 수 년 동안 자기자본이익률은 2004년 15.0퍼센트, 2005년 23.4퍼센트, 2006년 16.6퍼센트, 2007년 20.5퍼센트, 2008년 9.9퍼센트, 2010년 9.6퍼센트였다. 같은 기간 총자산이익률(ROA)은 2004년 0.67퍼센트, 2005년 1.31퍼센트, 2006년 1.06퍼센트, 2007년 1.32퍼센트, 2008년 0.58퍼센트, 2009년 0.41퍼센트, 2010년 0.63퍼센트였다.

예대마진, 은행의 수익성 지표

은행의 수익성을 판단할 때 유용하다. 예대마진이란 대출금리에서 예금금리를 뺀 예대금리차를 말하는데, 예대마진이 높다는 말은 은행의 수익성이 높다는 의미로 받아들이면 된다. 은행업계는 통상 적정 예대마진을 3퍼센트 포인트 정도로 보고 있다.

순이자마진NIM, 은행의 수익성 지표

은행의 수익성을 파악할 때 유용한 지표가 순이자마진(Net Interest Margin=[(이자수익−이자비용)/수익성자산]×100)이다. 이는 은행 수익 구조에서 절대적인 비중을 차지하는 이자수익자산의 이익률을 보여주는 지표이다. 이자수익률이 높거나 이자비용률이 낮으면 순이자마진은 높게 나타난다. 이에 따라 영업 기조가 공격적이거나 대출채권 가격책정(Pricing) 능력이 높은 경우, 또는 충성도가 높은 저비용성의 예금고객을 많이 확보하고 있는 은행의 순이자마진이 높게 나타나는 경향이 있다. 부산은행, 대구은행, 전북은행 등은 순이자마진이 높게 나타나는 은행이다.

2008년 글로벌 금융위기를 계기로 순이자마진은 다시 주목받고 있다. 글로벌 금융위기를 계기로 은행의 영업형태가 투자은행(IB, Investment Bank)에서 전통 상업은행(CB, Commercial Bank)으로 복귀하는 모습을 보이고 있는데, 상업은행의 주요 비즈니스 모델 중 하나가 순이자마진이기 때문이다. 또한 한국이 고도 성장 시대를 마감하면서 대출증가율이 정체되고 있어 적정금리 운용을 통한 순이자마진 실현이 중요해지고 있다.

금융감독원 조사에 따르면 국내 일반은행의 2010년 1~3분기(1~9월) 순이자마진은 2.4퍼센트였다. 구체적으로 지방은행이 3.1퍼센트로 시중은행(2.3%)보다 높았다. 특수은행은 2.1퍼센트였다. 2005~09년 5년 평균 순이자마진도 별다른 차이가 없었다. 같은 기간 BIS비율의 경우 일반은행 14.9퍼센트(시중은행 15.0%, 지방은행 14.7%), 특수은행 14.1퍼센트였다.

예대마진에 투자 적격성 있다
은행의 재무제표 : 한국외환은행

1. 재무상태표(대차대조표)

예치금

한국은행은 은행이 경영난으로 지급불능에 빠져 고객의 예금을 지급하지 못하는 일이 생기지 않도록 강제적으로 일정 금액을 한국은행이나 다른 금융기관에 예치하도록 규정하고 있는데, 이것이 예치금이다.

대출채권★★

우리나라 시중은행의 자산총계에서 가장 높은 비중을 차지하고 있는 계정과목이 대출채권이다. 외환은행의 대출 비중을 살펴보면 중소기업(40.21%), 가계(33.21%), 대기업(26.38%), 기타(0.2%) 순이다. 시중은행

한국외환은행 (개별) 재무상태표
제44기 (2010년 12월 31일)

(단위: 억 원)

	자산			부채		
7.8%	현금 및 예치금	74,554		예수부채	607,042	69.4%
	현금	9,986		요구불예금	241,269	
	외국통화	4,128		기한부예금	353,230	
	원화예치금	37,197		양도성예수금	12,543	
	외화예치금	23,243		차입부채	129,844	14.8%
13.7%	유가증권	131,616		차입금	58,014	
65.1%	대출채권	624,238		외화차입금	46,276	
	대손충당금	19,873		사채	25,554	
1.4%	유형자산	13,582		기타	138,391	15.8%
12.0%	기타자산	115,045		기타부채	875,278	100.0%
	미수수익	20,105		부채총계		
				자본		
				자본금	32,245	
				자본잉여금	9	
				자본조정	0	
				기타포괄손익누계액	11,115	
				이익잉여금	40,387	
				자본총계	83,757	
100.0%	자산총계	959,035		부채 및 자본총계	959,035	

한국외환은행 (개별) 손익계산서
제44기 (2009년 1월 1일 ~ 2009년 12월 31일)

영업수익	122,298	100%
이자수익	41,413	
기타영업수익	53,170	
수수료수익	4,856	
기타	22,859	
영업비용	109,286	
이자비용	18,245	
기타영업비용	54,567	
판매비와관리비	12,367	
외환거래손실	15,499	
기타	8,607	
영업이익	13,012	10.6%
영업외수익	1,175	
영업외비용	585	
법인세비용차감전순이익(예손실)	13,603	
법인세비용	3,389	
당기순이익	10,214	8.4%

한국외환은행 (개별) 현금흐름표
제44기 (2009년 1월 1일 ~ 2009년 12월 31일)

영업현금흐름	22,480
투자현금흐름	(30,338)
재무현금흐름	(6,663)
현금의 증가(감소)	(14,521)
기초의 현금	34,650
기말의 현금	20,129

한국외환은행의 재무지표 (K-GAAP 기준)

현금 및 예치금 비중(예수부채대비)	12.3%
유가증권 비중(예수부채대비)	21.7%
대출채권 비중(예수부채대비)	102.8%
BIS비율	15.2%
무수익여신비율	1.1%
총자산이익률	10.6%
영업이익률	1.3%
판관비율	102.8%
예대율	

의 평균 대출 내역에 비해 대기업의 비중이 10퍼센트 포인트가량 높다는 특징을 갖고 있다. 외환은행은 전통적으로 대기업 금융과 외환 업무에 강점을 갖고 있다.

산업별 대출 비중을 살펴보면 제조(60.69%), 건설(17.53%), 도소매(7.51%), 기타(13%)로 요즘 문제가 되고 있는 건설업 대출 비중이 시중은행에 비해 낮은 수준이다. 대출 심사를 보수적으로 하고 있음을 보여준다.

미수수익

은행이 보유하고 있는 예치금(콜론 포함) 및 국·공채 등 수입이 확실한 수익에 한하여 확정수익률 또는 보장수익률을 적용한 기간수익이 미수수익이다.

유형자산

은행의 유형자산을 살펴볼 때는 지점 숫자에 주목해야 한다. 은행은 규모의 경제가 중요한데, 지점 숫자가 많으면 아무래도 경쟁력이 높아진다. 2011년 1월 현재 외환은행의 지점 숫자는 326개로 국민은행 1,069개, 우리은행 1,059개, 신한은행 873개, 하나은행 613개에 미치지 못한다. 외환은행과 하나은행의 인수합병(M&A)이 추진되는 이유가 여기에 있다. 두 은행이 하나가 되면 지점수가 939개로 국내 2위권 은행으로 발돋움할 수 있다.

외환은행에서 눈여겨 볼 부분은 해외지점이다. 외환은행의 해외지점은 49개인데, 이는 시중은행 가운데 가장 많은 해외지점(53곳)을 갖고 있는 우리은행에 이어 두 번째이다. 외환은행의 규모를 감안하면 해외 영업 부문에서 강점을 갖고 있음을 알 수 있다. 이 은행의 외환 부문의 시장 점유율은 45퍼센트로 국내 1위를 차지하고 있다. 외환은행이 이렇게 해외영업 부문에서 강점을 가진 것은 이 은행이 1967년 정부의 외국환 전문 국책은행으로 설립됐기 때문이다. 이 은행은 1970, 80년대의 수출주도 성장정책 아래 외환과 무역 금융 전문 은행으로서 경쟁력을 확보했다.

요구불예금 Demand Deposit

만기가 정해져 있지 않고, 고객이 언제든지 돈을 꺼내갈 수 있는 예금이다. 요구불예금은 은행 입장에는 자금 조달이 불안정하다는 단점은 있으나 이자율(금리)이 낮으므로 수익성이 높은 저원가성 예금이다. 자동이체 계좌처럼 고객을 묶어둘 수 있는 계좌가 많은 은행이라면 그만큼 수익성이 좋다는 말과 같다. 외환은행이 판매하고 있는 요구불예금 상품으로는 보통예금, 비즈니스예금, 레인보우통장 등이 있다.

기한부예금 Time Deposit

만기가 정해져 있어 고객이 만기 이전까지는 원칙적으로 예금을 인출하지 않을 것을 약정한 예금을 말한다. 우리에게 친숙한 정기예금, 정기적금, 가계장기저축이 기한부예금이다. 요구불예금보다 상대적으로 이자율(금리)이 높으므로 은행 입장에서 수익성은 떨어지지만 만기 이전까지 자금을 안정적으로 운용할 수 있다는 장점이 있다. 기한부예금의 일반적인 만기는 1년 이상 3년 미만이다. 외환은행이 판매하고 있는 기한부예금 상품으로는 넘버엔 월복리적금, 신장기주택마련저축, 매일매일부자적금 등이 있다.

양도성예수금

은행의 양도성예수금은 제조기업의 기업어음(CP, Commercial Paper)과 성격이 유사하다. 다시 말해 은행이 기한부예금이나 요구불예금만으로는 자금을 조달하기가 충분하지 않을 때 발행하는 차용증서를 말하는데, 양도성예금증서(CD, Certificate of Deposit)라는 명칭으로 잘 알려져 있다. 양도성예수금의 만기는 30~90일이다. 은행이 이때 지급하는 금리를 CD금리라고 하는데, 한때 한국의 기준금리로 사용된 적이 있다. 은행은 CD금리에 '플러스 알파'를 해서 주택대출금리를 정하기도 했는데, 2010년 2월부터는 코픽스(COFIX, 자금조달비용지수)를 새로운 주택대출금리의 기준금리로 채택했다. CD금리가 시장 실세금리와 차이가 많아 자금 조달 비용을 적절히 반영하지 못하고 있다는 지적에 따른 것이다.

외화차입금

글자 그대로 은행이 미국 달러, 일본 엔, 중국 위안 등 외국 화폐로 빌린 돈을 말하는데, 차입부채 가운데 가장 높은 비중을 차지하고 있다. 한국의 은행들은 외화차입금이 많은 편인데, 이게 문제로 지적되고 있다. 외화차입금은 저원가성 타인 자본이라는 장점이 있지만 이게 많아지면 환율 변동에 따른 평가이익이나 손실의 폭이 커지고, 한국의 외환시장이 불안정해진다.

한국의 은행들이 외화차입금을 많이 보유하게 된 배경은 2000년대 초반의 저금리와 관련 있다. 당시 저금리가 유지되자 고객들이 금리가 낮은 은행에서 예금을 빼내 주식시장으로 몰려갔다. 그러자 은행은 자금 조달이 어려워졌고 외국 은행이나 투자 기관에서 돈을 빌리기 시작했다. 그러다 보니 외화차입금이 많아진 것이다.

외환은행의 외화차입금은 차입부채의 45퍼센트가량으로 높은 편인데, 이는 이 은행이 외환 업무에 강점이 있다는 사실과 관련 있다.

대손충당금

대출채권은 언제나 떼일 위험이 있다. 그래서 금융회사는 대손충당금을 설정해야 한다. 은행의 대손충당금은 적어도 무수익여신(NPL, Non Performing Loan)보다는 많아야 한다. 무수익여신이란 은행이 기업, 가계 등에 돈을 꿔줬는데, 이자를 받지 못하고 있는 악성여신이다. 대손충당금이 무수익여신보다 많아야 최악의 경우 무수익여신 전체를 손실 처리한다고 해도 대손충당금으로 보전할 수 있다.

2. 손익계산서 및 기타 지표

영업수익

한국의 은행 주요 영업수익은 기업이나 가계에 대출을 해주고 얻는 이자수익이다. 영업수익의 일정 부분을 차지하는 수수료수익이란, 예를 들어 고객이 ATM(자동입출금기)에서 현금을 인출할 때 부담하는 수수료를 말한다. 한국의 은행들은 수수료 수익의 비중이 낮고, 이자수익의 비중이 지나치게 높은 것으로 나타나 개선점으로 지적되고 있다.

영업비용

은행의 주요 영업비용은 개인이나 다른 금융회사로부터 예수부채와 차입부채를 조달한 대가로 지급하는 이자비용이다. 이밖에 판매비와 관리비, 외환 거래 손실 등이 영업비용을 구성하고 있다.

자산총계★★

은행업계에서 자산총계는 남다른 의미를 갖고 있다. 왜냐하면 은행권에서는 어느 은행의 순위를 매기는 기준으로 자산총계를 사용하고 있기 때문이다. 이는 제조기업의 순위를 매길 때 매출액을 기준으로 하는 것과 차이가 있다. 그러다 보니 은행은 일단 자산총계를 늘리려는 유혹에 빠지기 쉽다. 자산총계를 늘리는 빠른 방법은 대출을 많이 해주는 것이다. 그런데 대출을 불특정 다수에게 무작위적으로 해주면 은행은 부실에 빠질 리스크가 커진다.

3. 재무비율 분석

먼저, 은행의 안정성을 파악하는 지표인 BIS비율, 무수익여신비율 등을 살펴보자. 이 은행의 BIS비율은 15.24퍼센트로 양호한 수준이다. (은행의 BIS비율은 전자공시시스템 http://dart.fss.or.kr에 들어가 해당 은행의 사

— BIS기준 자기자본비율

구분		제44기	제43기	제42기
BIS자기자본(A)		86,108	88,239	84,256
위험 가중자산	신용위험가중자산 (내부등급법)	504,954	530,055	607,937
	시장위험가중자산 (내부모형)	16,495	13,769	7,052
	운영위험가중자산(주3)	43,510	47,227	51,173
	계(B)	564,959	591,051	666,162
BIS자기 자본비율	기본자본비율	12.15	11.04	8.82
	보완자본비율	3.09	3.89	3.82
	단기후순위채무 자본비율	0.00	0.00	0.00
	계(A/B)	15.24	14.93	12.65

(주1) BIS 기준 자기자본비율 = 자기자본/ 위험가중자산 X 100
(주2) ( ) 내에는 위험가중자산 산출방법 기재함
(주3) 제42기(2008년) 운영위험가중자산 산출방법은 표준방법을 적용하였음.
　　　감독당국 승인에 따라 제43기(2009년)는 고급측정법(1년차: 표준방법의 90%)을 적용하였으며, 제44기(2010년)
　　　는 고급측정법(2년차: 표준방법의 80%)을 적용하였음.

(단위: 억 원, %)

업보고서의 '사업의 내용'을 보면 확인할 수 있다).

이 은행의 무수익여신비율은 1.27퍼센트로 양호한 수준이다(은행의 무수익여신비율도 전자공시시스템 http://dart.fss.or.kr에 들어가 해당 은행의 사업보고서의 '사업의 내용'을 보면 확인할 수 있다).

정리해보면 안정성 지표인 BIS비율과 무수익여신비율을 기준으로 봤을 때 이 은행은 안정적이라고 볼 수 있다.

- 무수익여신 및 비율

구분		제44기	제43기	제42기
무수익 여신(C)	기업	8,007	4,960	6,739
	가계	511	212	563
	신용카드	301	345	349
	계	8,819	5,517	7,651
무수익 여신비율(C/A)	기업	1.70	0.98	1.28
	가계	0.26	0.12	0.35
	신용카드	1.17	1.42	1.37
	계	1.27	0.78	1.08

(단위:억원,%)

다음으로 수익성을 파악하는 지표인 영업이익률과 총자산이익률을 살펴보자. 영업이익률(10.6%)은 두자릿수고, 총자산이익률(1.1%)은 업계 최고 수준이다.

외환은행이 이런 양호한 수익성을 유지하고 있는 것은 무리한 외형 성장을 지양한 결과 부동산 PF 등 부실여신이 적었던 점, 은행 간 과열 경쟁에 따른 마진 훼손을 지양한 점, 체계적인 위험 관리를 통해 무리한 영업을 지양한 점 등이 꼽힌다.

효율성을 파악하는 지표인 판관비율 역시 1.3퍼센트로 양호한 수준이다.

책임준비금이 많은 보험사가 투자가치도 높다

보험사의 재무제표 : 삼성생명

1. 재무상태표(대차대조표)

유가증권★★★

보험사의 자산총계에서 가장 높은 비중을 차지하고 있는 계정과목이다. 보험사가 고객으로부터 조달한 자금을 가장 많이 투자하고 있는 분야가 주식, 채권 등의 유가증권임을 보여준다.

유가증권 내역을 살펴보면 채권이 가장 많다. 삼성생명의 경우 유가증권의 60퍼센트가량이 채권이다. 주식의 비중은 20퍼센트 안팎에 불과하다. 이렇게 보험사의 유가증권에서 채권 비중이 높은 것은 보험사가 투자수익률보다는 투자자금의 안정성을 우선시하기 때문이다. 채권 중에서도 국공채의 비중이 절반에 육박한다는 사실은 이를 증명한다.

삼성생명 (개별) 재무상태표
제54기 (2010년 3월 31일)

자산			부채		
현금 및 예치금	35,447	2.7%	책임준비금	920,249	76.1%
현금 및 현금성자산	14,994		보험료적립금	881,188	
예치금	20,454		기타	39,062	
유가증권	740,868	55.7%	계약자지분조정	47,399	3.9%
채권	442,245		기타부채	45,101	3.7%
주식	128,724		특별계정부채	196,374	16.2%
해외증권	126,605		부채총계	1,209,122	100.0%
기타	43,295		자본		
대출채권	245,302	18.4%	자본금	1,000	
투자부동산	7,259	0.5%	자본잉여금	61	
유형자산	43,977	3.3%	기타포괄손익누계액	59,488	
기타자산	62,233		이익잉여금	60,779	
특별계정자산	195,364		자본총계	121,328	
자산총계	1,330,450	100.0%	부채 및 자본총계	1,330,450	

삼성생명 (개별) 손익계산서
제54기 (2009년 4월 1일 ~ 2010년 3월 31일)

영업수익	256,952	100.0%
보험료수익	145,147	
이자수익	49,291	
기타	62,515	
영업비용	248,465	
책임준비금전입액	44,850	
지급보험금	115,858	
사업비	13,395	
기타	87,757	
영업이익	8,488	3.3%
영업외수익	4,306	
영업외비용	1,104	
법인세비용차감전순이익(손실)	11,689	
법인세비용	2,628	
당기순이익	9,601	3.5%

삼성생명 (개별) 현금흐름표
제54기 (2009년 4월 1일 ~ 2010년 3월 31일)

영업현금흐름	(14,400)
투자현금흐름	(4,733)
재무현금흐름	(400)
현금의 증가(감소)	(19,533)
기초의 현금	34,526
기말의 현금	14,994
현금 및 예치금 비중(책임준비금 대비)	3.9%
유가증권 비중(책임준비금 대비)	80.5%
대출채권 비중(책임준비금 대비)	26.7%
지급여력비율	332.8%
영업이익률	3.3%
총자산이익률	0.68%
사업비율	9.23%

■ 삼성생명의 재무제표 (K-GAAP 기준)

(단위: 억원)

대출채권★★

보험사의 자산총계에서 유가증권 다음으로 높은 비중을 차지하고 있는 계정과목이다. 보험사도 기업이나 가계에 대출을 함으로써 이자수익을 낸다는 사실을 알 수 있다. 삼성생명의 대출금(대출채권) 운용내역을 살펴보면 개인(78.9%), 중소기업(12.2%), 대기업(8.9%) 순이다.

책임준비금★★★★

보험사의 경영활동의 출발점은 책임준비금이다. 책임준비금이란 보험사가 고객으로부터 받은 보험료 가운데 장래에 지급할 보험금, 환급금, 계약자배당금 및 이에 관련되는 비용에 충당하기 위하여 적립해두는 돈을 말한다.

책임준비금은 보험사 입장에서 많을수록 좋다. 왜냐하면 책임준비금은 실제로 지급되기 전까지 보험사가 재량껏 운용할 수 있기 때문이다. 이런 의미에서 책임준비금을 'FLOATS(유동자금)'라고도 한다. 책임준비금은 고객이 보험상품에 많이 가입할수록, 보험료를 보험사에 많이 낼수록 증가한다.

책임준비금을 구성하는 여러 계정과목 가운데 가장 큰 비중을 차지하는 것은 보험료적립금이다. 보험료적립금이란 보험료의 일정 부분을 앞으로의 위험에 대비해 적립하는 돈을 말한다.

이밖에 지급준비금, 미경과보험료적립금, 계약자배당준비금, 계약자이익배당준비금, 재보험료적립금 등이 있다. 지급준비금은 대차대조표일 현재 보험금 등의 지급사유가 발생한 계약에 대하여 보험사가 지급해야 하거나 지급해야 할 것으로 추정되는 금액 중 아직 지급하지 않은 금액을 말한다. 미경과보험료적립금이란 회계연도 말 이전에 회수기일이 도래한 보험료 중 차기 이후의 기간에 해당하는 보험료를 말한다. 계약자배당준비금이란 법령이나 약관 등에 의하여 계약자배당(이차배당, 장기유지특별배당, 위험률차배당 등)에 충당할 목적으로 적립하는 금액을 말한다. 계약자이익배당준비금이란 장래에 계약자배당에 충당하거나 계약자이익배당준비금 이외의 책임준비금을 추가적으로 적립할 목적으로 법령이나 약관에 의해 영업성과에 따라 총액으로 적립하는 금액을 말한다. 재보험료적립금은 재보험료의 일부분을 위험에 대비해 적립하는 금액을 말한다.

계약자지분조정

계약자지분조정이란 매도가능증권 평가손익과 피투자회사의 당기순손익과 전기이월미처분이익잉여금을 제외한 자본의 증가(감소)분 가운데 계약자의 지분을 말한다. 다시 말해 보험사는 매도가능증권 평가손익과 피투자회사의 당기순손익과 전기이월미처분이익잉여금을 제외한 자본의 증가(감소)분에 의해 계상되는 지분법자본변동액을 계약자지분과 구분하고, 이 가운데 계약자지분에 해당하는 금액을 계약자지분조정으로 계상해야 한다.

2. 손익계산서

영업수익

보험사의 영업수익에서 압도적으로 높은 비중을 차지하는 것은 보험료 수익이다. 보험료 수익이란 보험사가 고객에게 보험 상품 계약을 맺고 나서 받는 보험료를 말한다. 보험사의 수익은 보험 상품의 판매가 큰 영향을 미친다는 사실을 보여준다. 다음으로 큰 비중을 차지하는 영업수익은 이자수익이다. 이는 보험사가 보유한 유가증권의 하나인 채권에서 나오는 이자를 말한다. 보험사의 수익이 채권 운용에 의해 좌우될 수 있다는 사실을 보여준다.

영업비용

보험사의 영업비용에서 가장 높은 비중을 차지하는 계정과목은 지급보험금인데, 이는 보험사가 고객에게 지급한 보험금을 말한다. 이밖에 환급금비용, 책임준비금전입액, 신계약상각비 등이 있다.

환급금비용이란 고객이 보험계약을 해지하거나 보험 계약 기간이 만기에 이르렀을 경우 고객에 돌려주는 금액을 말한다. 또한 책임준비금전입액은 보험계약으로 적립된 금액 가운데 책임준비금으로 전입한 것을 말한다. 책임준비금전입액이 증가하면 그만큼 이익이 감소한다.

책임준비금을 적립했을 경우 분개를 해보면 이렇게 된다.

(차) 책임준비금전입액(비용의 발생) / (대) 책임준비금(부채의 증가)

3. 재무비율 분석

보험사의 안정성을 체크하는 데 유용한 지급여력비율을 살펴보자. 이 회사의 지급여력비율은 332.8퍼센트로 안정적인 수준이다(지급여력비율은 보험사 사업보고서의 '사업의 현황'에 나와 있다).

- 지급여력비율

	제54기	제53기	제52기
지급여력(A)	18,118,851	12,439,930	14,540,599
지급여력기준(B)	5,444,492	5,225,627	4,992,476
지급여력비율(A/B)	332.8	238.1	291.3

(주) 지급여력비율 = 지급여력/지급여력기준×100

(단위: 백만 원, %)

다음으로 이 회사의 수익성을 살펴보자. 이 회사의 영업이익률(3.3%)은 한자릿수인데, 보험사의 영업이익률은 일반적으로 낮다. 총자산이익률은 0.68퍼센트로 마찬가지로 높지 않다. 효율성을 나타내는 지표인 사업비율은 9.231퍼센트이다.

증권사, 브로커리지를 주목하라
증권사의 재무제표 : 키움증권

1. 재무상태표(대차대조표)

대출채권

증권사의 자산총계에서 예치금을 제외하고 가장 높은 비중을 차지하는 계정과목이다. 증권사의 대출채권은 은행의 대출채권과는 성격이 다르다. 증권사의 대출채권의 대부분은 신용공여금이다. 신용공여금이란 고객(주식 투자자)에게 주식 매수 자금으로 융자해주는 돈을 말한다. 흔히 개인 투자자들이 '미수를 쓴다'고 할 때의 돈을 말한다.

키움증권은 주식 투자자들에게 신용융자금을 제공하면서 돈을 번다. 다시 말해 증권사는 주식 투자자가 미수를 많이 쓸수록 돈을 번다. 미수금은 담보가 확고하고 이자율도 높다는 장점이 있다. 2009년 3월 현

키움증권의 재무제표(K-GAAP 기준)

키움증권 (개별) 재무상태표
제11기 (2010년 3월 31일)

자산

항목	금액	비율
현금 및 예치금	12,312	
현금 및 현금성자산	1,256	50.0%
예치금	11,056	
유가증권	4,359	44.9%
파생상품	3	
대출채권	6,018	17.7%
신용공여금	5,736	
기타	283	
유형자산	1,062	24.4%
기타자산	888	
자산총계	**24,642**	**100.0%**

부채

항목	금액	비율
예수부채	13,426	75.9%
투자자예수금	13,350	
기타	76	
차입부채	3,425	19.5%
기타부채	739	
부채총계	**17,590**	

자본

자본금	1,217
자본잉여금	2,759
자본조정	12
기타포괄손익누계액	29
이익잉여금	3,034
자본총계	**7,052**

부채 및 자본총계	**24,642**	**100.0%**

키움증권 (개별) 손익계산서
제11기 (2009년 4월 1일~2010년 3월 31일)

항목	금액	비율
영업수익	4,656	100.0%
수수료수익	1,841	
파생상품거래이익	1,219	
이자수익	668	
유가증권처분 및 평가이익	597	
인수 및 주선수수료	88	
기타	243	
영업비용	3,491	
수수료비용	414	
파생상품거래손실	1,018	
유가증권평가 및 처분손실	417	
판매비와 관리비	1,379	
기타	262	
영업이익	1,165	25.0%
영업외수익	61	
영업외비용	52	
법인세차감전순이익(손실)	1,174	
법인세비용	298	
당기순이익(손실)	876	18.8%

키움증권 (개별) 현금흐름표
제12기 (2009년 4월 1일~2010년 3월 31일)

영업현금흐름	(2,671)
투자현금흐름	(394)
재무현금흐름	2,608
현금의 증가(감소)	(456)
기초의 현금	1,652
기말의 현금	1,196

항목	비율
영업용순자본비율	603.7%
영업이익률	25.0%
총자산이익률	3.6%
판관비율	29.6%
현금 및 예치금비중(예수부채대비)	91.7%
유가증권비중(예수부채대비)	32.5%
대출채권비중(예수부채대비)	44.8%

(단위: 억 원)

재 키움증권의 신용공여금을 이용하는 개인 투자자는 9~12퍼센트의 연이자율을 부담해야 하고, 최장 90일 이내에 이 금액을 상환해야 한다.

또한 개인 투자자는 융자금의 140퍼센트에 상당하는 유가증권이나 현금을 담보로 설정해야 한다. 담보가 융자금의 140퍼센트에 미달하는 경우에는 그 미달액 이상을 현금 또는 유가증권으로 담보를 추가 제공해야 하고, 담보가 부족하거나 상환일을 초과하면 담보유가증권이 반대 매매되면서 융자금을 날리게 된다.

유가증권

증권사가 대출채권 다음으로 많이 보유하고 있는 계정과목이다. 다시 말해 증권사는 고객으로부터 조달한 자금을 다시 고객에게 신용공여해 돈을 버는 한편, 주식, 채권 등 유가증권를 매입해 수익을 낸다. 키움증권의 사업보고서를 찾아 유가증권 내역을 살펴보면 채권(55.9%)이 가장 많고, 다음으로 어음(32.9%), 기타(11.1%), 주식(8.1%) 순이다. 이는 증권사가 투자 대상으로 채권을 주식보다 선호하고 있음을 보여준다. 고객에게는 주식 투자를 권유하면서(실제 증권사들은 미수를 권한다) 정작 자신들은 채권을 선호하는데, 이것을 어떻게 봐야 할까?

예수부채

증권사 영업활동의 출발점은 예수부채이다. 이는 은행, 보험 등 여타 금융회사와 동일하다. 예수부채의 사실상 전부를 차지하고 있는 계정과목은 투자자예수금이다. 투자자예수금이란 주식 투자자가 주식 투자를 위해 키움증권에 맡겨놓은 돈으로 흔히 '고객 예탁금'으로 불린다.

이는 증권사가 고객이 주식 투자를 위해 돈을 맡겨야 수익을 낸다는 것을 보여준다.

2. 손익계산서

영업수익

증권사의 영업수익에서 가장 큰 비중을 차지하는 것은 수수료수익이다. 수수료수익이란 주식 투자자가 주식을 매매할 때 증권사에 내는 수수료를 말한다. 주식 투자자가 주식을 빈번하게 거래할수록 증권사는 돈을 번다는 사실을 확인할 수 있다. 주식 투자자여, 거래를 남발하지 말라. 증권사 좋은 일만 시키는 셈이다.

수수료수익에 이어 파생상품거래이익, 이자수익, 유가증권 처분 및 평가이익, 인수 및 주선 수수료가 증권사의 영업수익을 구성하고 있다. 이자수익은 증권사가 보유한 채권에서 발생하는 이자를 말한다. 유가증권처분 및 평가이익이란 증권사가 유가증권을 매도했을 때 발생하는 차익이나 유가증권의 시장 가격이 상승해 얻는 이익을 말한다. 인수 및 주선 수수료란 글자 그대로 고객의 요청에 따라 기업의 인수합병(M&A), 유가증권 발행 업무를 수행하면서 얻는 수수료를 말하는데, 이게 많아야 선진국형 증권사이다. 인수 및 주선 수수료는 한국의 증권사 영업수익에서 미미한 비중을 차지하고 있는데, 이는 개선점으로 지적되고 있다.

영업비용

증권사의 영업비용에서 가장 큰 비중을 차지하고 있는 계정과목은 판매비와 관리비이다. 이는 경상적으로 발생하는 비용인데, 일단 증가하면 줄이기가 쉽지 않다는 특징을 갖고 있다. 판매비와 관리비에 이어 수수료비용, 파생상품거래손실, 유가증권 평가 및 처분손실 등이 있다. 수수료비용이란 자기 돈으로 주식을 사거나 팔 때 발생하는 비용이다.

3. 재무비율 분석

증권사의 안정성 지표인 영업용순자본비율을 살펴보자. 키움증권은 529.2퍼센트로 양호한 수준이다(증권사의 영업용순자본비율은 전자공시시스템 http://dart.fss.or.kr의 사업보고서에서 '사업의 내용'을 보면 대부분 나와 있다).

- 자본적정성 및 재무건전성
  영업용순자본비율

구분	제11기	제10기	제9기
영업용순자본(A)	452,913	356,883	275,737
총 위험액(B)	85,580	66,374	55,388
영업용순자본비율(A/B)	529.2	537.7	497.8

(주)영업용순자본비율=영업용순자본/총위험액×100

(단위: 백만 원, %)

다음으로 영업이익률(25.0%)과 총자산이익률(3.6%)을 보면 대단히 우량하다는 사실을 확인할 수 있다. 판관비율(29.6%) 역시 상당히 양호한 편이다.

부실 저축은행 쉽게 찾아내는 법
저축은행의 재무제표 : 삼화상호저축은행

저축은행은 '서민의 금융기관'으로 불린다. 자영업자, 직장인, 주부가 한 푼이라도 더 많은 이자를 얻기 위해 예금을 맡기는 곳이 저축은행이다.

2010년 1월 현재 전국에는 105곳의 저축은행이 있는데, 이들 은행과 거래하고 있는 고객 숫자는 491만 명에 달한다. 한국의 경제활동인구 다섯 명 가운데 한 명꼴로 저축은행을 찾고 있는 셈이다. 1972년 서민과 중소기업의 금융 편의를 도모하기 위해 전국 각지의 지역을 기반으로 설립된 저축은행이 이제 확고하게 뿌리를 내렸음을 보여준다. 그런데 이따금씩 터지는 저축은행 금융 사고가 예금자들을 불안하게 한다. 이 경우 예금자는, 이자는 물론이고 원금도 떼이는 경우가 있다. 안전한 저축은행과 그렇지 않은 저축은행을 구별하는 방법은 없을까?

상호저축은행 (개별) 재무상태표
제40기 3분기 (2010년 3월 31일)

자산			부채		
현금 및 예치금	2,048	13.8%	예수부채	13,624	94.9%
현금	21		차입금	255	1.8%
예치금	2,027		기타부채	473	3.3%
유가증권	1,374	9.3%	부채총계	14,353	100.0%
대출채권	10,596	71.6%	자본		
유형자산	399	2.7%	자본금	135	
기타자산	388	2.6%	자본잉여금	64	
			기타포괄손익누계액	(51)	
			이익잉여금	305	
			자본총계	452	
자산총계	14,805	100.0%	부채 및 자본총계	14,805	

상호저축은행 (개별) 손익계산서
제40기 3분기 (2009년 7월 1일 ~ 2010년 3월 31일)

영업수익	957	100.0%
이자수익	718	
유가증권평가 및 처분이익	16	
수수료수익	214	
기타	8	
영업비용	1,121	
이자비용	573	
대출채권평가 및 처분손실	322	
판매비와관리비	107	
기타	119	
영업이익(손실)	(163)	-17.1%
영업외수익	18	
영업외비용	32	
법인세비용차감전순이익(손실)	(178)	-18.4%
법인세비용	2	
당기순이익(손실)	(178)	

상호저축은행 (개별) 현금흐름표
제40기 3분기 (2009년 7월 1일 ~ 2010년 3월 31일)

영업현금흐름	(2,200)
대출채권의 증가	(1,649)
투자현금흐름	(1,341)
금전신탁의 증가	1,400
재무현금흐름	2,394
예수부채의 증가	2,299
현금의 증가(감소)	(1,147)
기초의 현금	1,776
기말의 현금	628
BIS비율	6.65%
무수익여신비율	9.75%
PF비율	22.13%
총자산이익률	-1.19%
영업이익률	-17.07%
판관비율	11.18%
예대율	77.77%
현금 및 예치금비중(예수부채 대비)	15.0%
유가증권비중(예수부채 대비)	10.1%
대출채권비중(예수부채 대비)	77.8%

■ 상호저축은행의 재무제표(K-GAAP 기준)

(단위: 억 원)

2011년 초 신문과 방송을 장식했던 삼화(상호)저축은행 사태를 보면 이 궁금증에 대한 해답의 실마리를 찾을 수 있다. 이 저축은행은 2011년 1월 중순 금융위원회에 의해 영업정지(경영개선 명령) 조치가 내려진 직후 고객들의 '뱅크런(예금 인출 사태)' 사태가 벌어졌다. 앞서 2010년 말 금융감독원이 삼화저축은행의 경영진과 대주주가 특정업체에 신용공여한도(자기자본의 25% 이내)를 넘겨 대출해준 혐의가 있다며 이들을 검찰에 고발한 것이 사태의 시발점이었다. 40년의 역사를 갖고 있는 저축은행이지만 한순간에 문제가 벌어질 수 있음을 보여준다.

이 저축은행이 영업 정지 조치를 받기 전인 2011년 5월 17일에 공시한 분기 보고서를 살펴보자.

먼저, 은행의 안정성을 파악할 때 유용한 BIS비율과 무수익여신비율을 체크해보자. 저축은행에 예금을 할 때는 해당 저축은행이 '8·8클럽'에 속하는지를 체크하는 것이 가장 먼저 해야 할 일이다. '8·8클럽'이란 BIS비율 8퍼센트 이상, 무수익여신비율 8퍼센트 미만인 저축은행을

─ BIS기준 자기자본비율

구분	2010년 03월 말	2009년 06월 말	2008년 06월 말	2007년 06월 말	2006년 06월 말
BIS자기자본비율	6.65%	8.73%	8.08%	7.52%	8.78%
기본자본비율	3.45%	5.87%	6.78%	6.22%	7.50%
보완자본비율	3.20%	2.87%	1.30%	1.30%	1.28%
위험가중자산합계	1,190,201	1,011,850	874,058	829,199	644,197
자기자본	79,186	88,374	70,605	62,375	56,583

(주) BIS(Bank for International Settlements : 국제결제은행) 기준 자기자본비율
  = 자기자본 / 위험가중자산 × 100

(단위: 백만 원, %)

말한다. 2010년 9월말 기준 경영공시한 25개 저축은행 중 '8·8클럽'에 속하는 저축은행은 열네 곳이다. BIS비율이 높은 곳은 대구의 대백저축은행(15.03%), 경기솔로몬저축은행(12.3%), 부산솔로몬저축은행(12.21%), 경기저축은행(11.98%)순이었다. 한국, 진흥, 경기, 영남 등 한국계열 저축은행 네 곳은 모두 '8·8클럽'에 속해 있다.

삼화저축은행의 BIS비율은 6.65퍼센트라고 나와 있다. 저축은행의 BIS비율은 8퍼센트를 넘어야 안전하다는 점을 고려하면 이 저축은행은 안정성이 떨어진다는 사실을 쉽게 짐작할 수 있다.

다음으로 이 회사의 무수익여신비율을 보면 9.75퍼센트라고 나와 있다. 저축은행의 무수익여신비율은 8퍼센트 미만이어야 안전하다는 점을 고려하면 이 저축은행의 안정성이 상당히 떨어진다는 사실을 다시 한 번 확인할 수 있다.

― 삼화저축은행의 무수익여신 등 현황 (무수익여신 증감현황)

2010년 3월		2009년 6월		2008년 6월		비고	
무수익여신잔액	비율	무수익여신잔액	비율	무수익여신잔액	비율		
109,785	9.75%	69,105	7.13%	68,105	7.76%		

(단위: 백만 원, %)

다만, 이 회사는 PF대출비율(22.13%)이 금감원 권고 기준 30퍼센트 미만을 충족시키고 있는데, 이 사실을 사업보고서에 유별나게 기재하고 있다. BIS비율과 무수익여신비율이 안정적이지 않은 상태에서 PF대출비율만 금융 당국의 기준을 충족시키는 것이 어떤 의미가 있을까?

- 부동산 기획대출 한도관리 시행(금감원 권고기준비율 30% 미만)
2010년 03월 말 현재 PF여신비율은 22.13%로 감독원권고기준을 충족하고 있으며,
향후에도 여신상환, 자산매각, 유동화를 통하여 지속적으로 줄여나갈 계획임

구분	2010년 3월	2009년 12월	2009년 9월	2009년 6월	2009년 3월
분기별 PF잔액	249,283	227,790	201,915	203,774	215,503
PF비율	22.13	21.87	20.45	21.02	23.07

(단위: 백만 원, %)

정리해보면 이 저축은행은 BIS비율도 무수익여신비율도 안전하지 않다.

다음으로 은행의 수익성을 파악할 때 유용한 지표인 총자산이익률과 영업손익률을 살펴보자(104쪽 표 참조). 이 저축은행의 총자산이익률(-1.195%)과 영업손익률(-17.07%)은 각각 마이너스를 기록하고 있다. 이 말은 수익성이 나쁘다는 뜻이다. 끝으로 이 회사의 판관비율(11.18%)은 두자릿수를 기록하고 있는데, 이것 역시 효율적이라고 말하기 어렵다.

- 자금조달 및 운용실적
  자금조달실적
  [은행계정]

구분	조달항목	제40기 3분기		제39기 연간		제38기 연간	
		평균잔액	이자율	평균잔액	이자율	평균잔액	이자율
원화자금	예수금	1,191,977	6.29	1,057,074	7.05	859,268	6.19
외화자금	–	0	0	0	0	0	0
기타	차입금	0	0	0	0	0	0
	사채	19,523	8.50	351	8.50	0	0
	콜머니	0	0	4,467	5.57	0	0
합계		1,211,500	–	1,061,892	–	859,268	–

(단위: 백만 원, %)

이 저축은행의 예금이자율은 6.29퍼센트로 시중 일반은행의 평균 금리 3퍼센트보다 높은 편이다. 그렇기 때문에 고객들은 이 저축은행을 찾았을 것이다.

그러나 저축은행에 예금을 가입할 때는 금리에 앞서 BIS비율과 무수익여신비율을 반드시 체크해야 한다. 이런 사항은 사업보고서에 나와 있다. 전자공시시스템에 들어가 해당 은행의 사업보고서를 살펴보면 금방 확인할 수 있는 정보들이다. 참고로 삼화저축은행은 2011년 2월 우리금융지주에 인수되어 '우리금융저축은행'으로 상호가 변경되었다.

제조업,
현금성자산에
주목하라

제조업은 인간의 눈에 보이는 유형의 제품을 대량 생산한다. 제조기업은 우리에게 친숙하다. 한국 상장기업의 70퍼센트가량이 제조기업이고, 우리가 흔히 접하는 현대자동차, 삼성전자, 포스코 역시 모두 제조기업이다. 우리가 일상적으로 접하는 재무제표가 실은 제조기업의 재무제표이다. 제조기업의 안정성을 파악할 때 부채비율을 우선적으로 떠올리는 이유도 실은 이 비율이 제조기업에 유용한 지표이기 때문이다.

득도 되고 독도 되는 제조업의 유형자산

한반도 동남단의 울산시 북구 양정동. 이곳에는 단일 공장으로는 세계 최대인 현대자동차 울산공장이 있다. 서울 여의도 면적의 1.5배(500만m²)인 이 공장에서는 3만 4,000여 명의 임직원들의 근무를 지원하기 위해 자체 소방서, 순찰차, 의료 시설이 운영되고 있고, 자동차 수출을 원활하게 하기 위해 전용 부두도 설치돼 있다. 규모로 봐서 공장이라기보다는 도시에 가깝다. 이 공장에서 만들어내는 자동차는 하루에만 5,600대. 껌 5,600통이 아니라 자동차를 1초에 4대꼴로 쏟아내는 셈이다. 자동차를 대량생산하면 현대자동차는 어떤 이점이 있을까?

대량생산의 이점은 의외로 상당하다. 제품을 대량생산하면 기업은 제조원가를 낮출 수 있고, 이에 따라 제품 가격도 낮출 수 있다. 다시 말해 기업은 대량생산 방식을 도입하면 원재료의 저가 매입, 물류비의 감소, 더욱 세분화된 분업화 등을 통해 제품을 싸게 만들어 팔 수 있다. 독일의 경제학자 K. 뷔허(K. Bücher)는 1910년 이를 대량생산의 법칙(Law of Mass Production)이라고 명명했다.

이 법칙에 따르면 대규모 경영방식을 도입한 기업의 제조원가는 생산량의 증가에 따라 낮아지는데, 생산량이 일정량을 상회할 때 비로소 소규모로 경영할 때보다 저가가 된다. 대규모 경영이 소규모 경영보다 유리해지는 이 한계를 유효시점이라 하며, 이 시점은 고정비용이 총제조원가에서 차지하는 비율이 크면 클수록 높아진다. 유효시점을 상회하면 제조원가는 생산량의 증가에 따라 감소된다. 이에 따라 기업은 제품을 고객에게 싸게 판매할 수 있다.

제품을 고객에게 싸게 팔 수 있는 기업은 시장에서 경쟁사를 물리칠 수 있다. 이 원리를 증명한 선구자는 '자동차 왕' 헨리 포드(Henry Ford, 1863~1947)였다. 대중을 위한 세계 최초의 자동차인 'T자형 자동차'를 개발한 그는 1917년부터 28년까지 11년에 걸쳐 미국 미시간 주 디어본에 '포드자동차 종합 공장'(Ford River Rouge Complex)을 건설했다. 포드자동차 종합 공장도 공장이라기보다는 도시라는 표현이 적합했다. 이 공장은 380만 제곱미터의 면적에 자체 철도, 전력 생산 시설을 갖추고 10만 명의 임직원들이 고용돼 자동차를 대량생산했다. 이른바 '포드 시스템'으로 불리는 컨베이어벨트 체제, 제품의 표준화와 규격화가 이 공장에서 행해졌다.

이런 대량생산 방식으로 만들어진 'T형 자동차'는 판매 가격이 1908년 발명 당시 825달러였지만 440달러(1914년), 345달러(1916년)로 낮아졌고, 급기야 1920년에는 1908년 가격의 3분의 1(250달러)로 낮아졌다.

경쟁 업체들은 포드자동차의 이런 가격인하를 당해낼 재간이 없었다. 경쟁업체들이 포드자동차와 경쟁할 수 있는 방법은 대량생산 방식을 도입하는 것이었다. 대량생산 방식을 도입하기 위해서는 대규모 자본이 필요했다. 그런데 제품이 팔리지 않으니 대규모 자본을 조달하기가 사실상 불가능했다. 악순환에 빠진 경쟁 업체들은 결국 줄도산했다.

1920년대 후반이 되자 'T형 자동차'는 미국 자동차 시장의 96퍼센트를 장악했다. 포드 이전까지만 해도 기업 경영자들은 대량생산의 장점을 확실하게 파악하지 못했는데, 이를 계기로 기업 경영자들은 대량생산의 위력을 절감하기 시작했다.

현대자동차와 포드자동차의 사례는 제조기업(Manufacturing Company)의 경영원리와 특징을 잘 보여준다. 제조기업이란 인간의 눈에 보이는 유형의 제품을 대량으로 만들어내는 기업을 말한다. 여기서는 '대량으로'라는 사실이 중요하다. 대량생산이란 규격화된 제품을 기술과 기계를 사용하여 많게는 수천 개, 수만 개를 대량으로 생산하는 체제를 말한다. 제품을 대량으로 만들어내지 못하는 기업은 현대 자본주의 사회에서의 기업으로 분류하기 어렵다. 자동차는 현대인의 필수품으로 자리잡은 대표적인 제조업이며, 이밖에 철강, 정유, 석유화학, 반도체를 비롯한 정보기술 및 전기전자, 의류, 제약업이 이에 속한다.

제조기업의 이런 특징은 재무제표에 그대로 드러난다. 제조기업은 재무상태표(대차대조표)에서 유형자산이 차지하는 비중이 높다. 제조기업은 대량생산을 위해 공장(Factory)을 보유하고 있는데, 이 공장이 바로 재무상태표에는 유형자산으로 기록되기 때문이다. 유형자산이란 기업이 영업활동을 위해 보유하는 실물자산을 말하는데, 공장의 기계장치,

공구, 부지는 유형자산의 대표 계정과목이다.

공장은 오로지 제조기업에만 존재하며, 원재료가 가공을 거쳐 제품으로 변화되는 일종의 드라마를 연출하는 장소이다. 공장에는 높은 담장이 에워싸여 있으며, 정문에는 딱딱한 표정의 경비원이 지키고 있다. 외부인이 보기에는 무슨 일이 벌어지는지 알기 어려운 블랙박스와도 같은 장소인데, 실제로 공장은 '별 볼일 없는' 원재료를 고부가가치의 제품으로 만들어내 제조기업에 이윤을 창출해주는 신비스러운 공간이다. 공장은 제조기업의 생존을 보장하며, 인간으로 치면 심장과도 같은 곳이다.

제조기업은 유형자산을 보유함으로써 강점을 갖게 된다. 무엇보다도 제조기업은 유형자산을 활용해서 대량생산을 할 수 있다. 대량생산을 해야만 기업의 제품 가격을 낮출 수 있고, 소비자를 끌어들일 수 있다. 제조기업의 대량생산은 신규 경쟁자의 시장 진입을 막는 진입 장벽의 역할을 한다. 신규 경쟁자가 기존 메이저 기업과 경쟁하기 위해서는 대량생산 시스템을 도입해야 하고, 그러기 위해서는 대규모 자본이 필요한데, 신규 경쟁자에게는 이것이 진입 장벽으로 작용하는 것이다. 예를 들어 2010년 12월 기준으로 현대자동차 울산 공장이 보유하고 있는 기계장치, 구축물, 부지 등의 장부가액은 4조 4,000억 원인데, 어느 신규 경쟁자가 이런 공장을 만들 수 있는 자본을 마련할 수 있을까? 유형자산이 막대하게 소요되는 자동차, 철강, 정유산업에서 메이저 기업은 독점적 지위를 갖게 된다.

그런데 유형자산은 제조기업에 문제점도 가져다준다. 제조기업은 유형자산의 비중이 높다 보니 고정비 지출이 많고, 이에 따라 수요 변화에 대응하기 쉽지 않다. 이는 상식적으로도 금방 이해할 수 있다. 고정비란 매출액의 증감과 관계 없이 고정적으로 발생하는 비용을 말하는데, 유형자산이 많아지면 인건비, 이자비용 등이 많이 발생할 수밖에 없다. 구체적으로 판매비와 관리비, 영업외비용의 합계액에 제조원가 가운데 재료비, 노무비, 경비의 일정 부분을 합친 금액이 고정비이다.

제조기업이 이러한 고정비를 완전히 해소하려면 제품이 충분히 팔려서 손익분기점(BEP, Break Even Point)에 도달해야 하는데, 제조기업의 손익분기점은 소매유통기업이나 서비스기업에 비교하면 높은 수준이다. 이는 제조기업이 불경기에 취약하다는 의미와 일맥상통한다. 다시 말해 제조기업은 불경기가 닥치면 높은 고정비 때문에 적자폭이 확대되며, 유동성이 급격히 나빠진다. 제조기업은 경기가 나빠져도 설비를 탄력적으로 줄이기 어렵기 때문이다.

그래서 유형자산은 제조기업을 몰락시키는 원인이 되기도 한다. 호황기가 닥치면 제조기업은 늘어나는 수요에 대응하기 위해 설비 증설

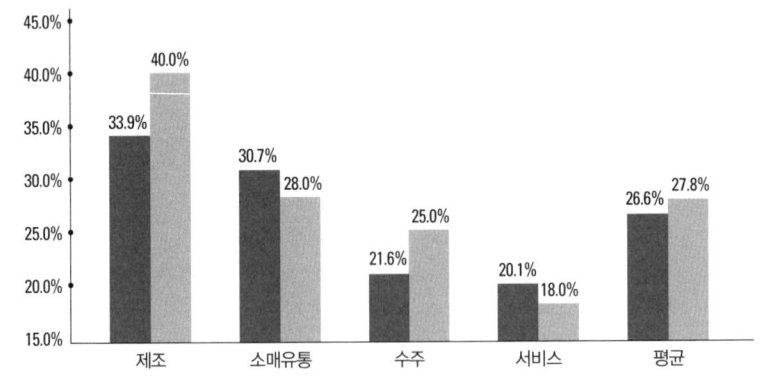

■ 5대 업종별 유형자산과 고정비 비중 (각사 종합, 2010년 대기업 기준)

과 공장 신축을 하는데, 공장의 신축과 완공에는 시차가 존재한다. 제조기업이 막대한 투자비를 들여 공장을 새로 완공했는데, 수요가 당초 예상과 부합하지 않는다면 금융부담을 이기지 못해 파국으로 치달을 수 있다. 특히 설비투자가 많아 진부화가 빠르게 진행되는 기업은 주의할 필요가 있다. 반도체나 정보기술기업이 여기에 해당한다.

이런 이유 때문에 제조기업의 재무제표를 살필 때는 해당 기업이 보유한 현금이 유동성 위기를 극복할 수 있을 정도로 충분한지를 우선적으로 체크해야 한다. 유동성비율, 부채비율, 순이자보상비율은 제조기업의 안정성을 체크할 때 유용한 지표이다.

제조기업의
재무제표 읽는 법

　제조기업의 재무제표는 5대 재무제표 가운데 기본이 되는 재무제표이다. 제조기업에 이어 나오는 수주, 소매유통, 서비스기업의 재무제표는 제조기업의 재무제표를 근간으로 하고 있다.

　제조기업의 재무상태표에서 핵심이 되는 계정과목은 매출채권, 재고자산, 매입채무이다. 다시 말해 제조기업은 판매를 위해 제품을 비롯한 재고자산을 제조하는데, 여기에 필요한 원재료를 현금보다는 외상으로 매입하는 경우가 대부분이며, 이때 매입채무가 나타난다. 또한 제품도 현금으로 판매하기보다는 외상으로 판매하는 경우가 많은데, 이게 매출채권이다.

　K-IFRS에서는 재무상태표 내에 있는 항목들의 표시 순서를 규정하고 있지 않다. 재무제표의 항목들의 순서가 기업에 따라 다르게 배열될

○○공업 (연결) 재무상태표 제○○기 (2010년 12월 31일)		○○공업 (연결) 포괄 손익계산서 제○○기 (2010년 1월 1일~2009년 12월 31일)		○○공업 (연결) 현금흐름표 제○○기 (2010년 1월 1일~2009년 12월 31일)	
자산	부채	매출액	1,546,303	영업현금흐름	238,268
유동자산	유동부채	매출원가	1,026,668	투자현금흐름	(239,849)
현금및현금성자산	매입채무	매출총이익	519,635	재무현금흐름	(1,523)
단기금융상품	단기차입금	연구개발비	90,994	외화환산 현금변동	(481)
단기매도가능금융자산	미지급금	판매비와관리비	262,431		
매출채권	유동성장기부채	기타영업수익	17,554	현금의 증가(감소)	(3,585)
재고자산	충당부채	기타영업비용	10,799	기초의 현금	101,499
	비유동부채	영업이익	172,965	기말의 현금	97,914
비유동자산		지분법이익	22,671		
유형자산	자본	금융수익	74,651		
무형자산	지배기업소유주지분	금융비용	77,001		
장기매도가능금융자산	자본금	법인세비용차감전순이익	193,287		
	주식발행초과금	당기순이익	161,465		
	이익잉여금	지배기업소유주지분	157,990		
	기타자본	비지배지분	3,475		
	비지배지분				
	자본총계	연결기타포괄손익	11,415		
		매도가능금융자산평가손익	9,324		
		관계회사 및 조인트벤처 투자평가	3,875		
		해외사업환산손익	(1,784)		
		연결충당기포괄이익	172,880		
		지배기업소유주지분	16,901		
자산총계	부채및자본총계	비지배지분	3,869		

(단위: 억 원)

■ 제조기업의 재무제표 (K-IFRS 연결 기준)

수 있다는 뜻이다. 2009년 K-IFRS에 의해 재무제표를 조기 작성한 기업 14곳 가운데 8곳은 재무상태표에서 자산·자본-부채, 비유동-유동 순서로 항목을 표시했다. 나머지 여섯 개 회사는 자산·부채·자본, 유동·비유동의 순서로 표시했다.

1. 재무상태표

매출채권, 고객에게 외상으로 판매한 금액

제조기업은 제품을 현금으로 판매하는 경우도 있지만 실제로는 외상 판매가 더 빈번하다. 제조기업이 외상 판매를 일반적인 방식으로 채택하게 된 배경에는 고객(매입자)과의 관계가 장기적이고 지속적이라는 사실과 관련이 있다. 예를 들어 삼성전자는 미국의 전자양판점 베스트바이에 제품을 외상 판매함으로써 관계를 지속적으로 유지한다.

제조기업이 제품을 외상 판매하면 이 기업의 재무제표에는 매출채권(T/R, Trade Receivable)이라는 계정과목으로 기재된다. 매출채권은 다시 외상매출금(A/R, Account Receivable)과 받을어음(Notes Receivable)으로 나뉘는데, 외상매출금이란 제품을 외상으로 팔고 어음을 받지 않는 것을 말하고 받을어음이란 어음을 받는 것을 말한다. 실무에서는 두 가지가 구분되어 쓰이지만 재무제표에서는 두 가지를 합쳐 그냥 매출채권으로 표기한다. 다시 말해 기업 실무에서는 외상매출금과 받을어음을 구분해서 기장했다가 결산 시에 합쳐서 표시하고 있다. 매출채권은 원칙적으로 결제 기간이 6개월 이내이고 결제일에 전액 상환되어야 한다.

재고자산★★**, 판매 대기중인 실물 자산**

재고자산이란 제조기업이 판매를 목적으로 보유하는 실물자산을 말한다. 재고자산은 다시 제품(Finished Goods), 반제품(Semi-finished Goods), 재공품(Work-in Progress), 원재료(Raw Materials)로 나뉘는데, K-IFRS에 의해 작성된 재무상태표에서는 이런 세부 계정과목이 나와 있지 않다. 이런 세부 계정과목을 확인하려면 주석을 찾아봐야 한다.

제품이란 제조기업이 만들어낸 최종 생산품이고, 반제품은 최종 상품을 위해 제조한 중간 제품과 부분품을 말한다. 재공품은 제품 또는 반제품의 제조를 위하여 재공 과정에 있는 것이다. 원재료란 원료, 재료, 매입부분품, 미착원재료 등을 말한다. 이밖에 부산물(By-Products), 미착품(Goods in Transit)도 재고자산으로 분류된다. 예를 들어 농심이 공장에서 최종적으로 생산한 농심라면은 제품이고, 라면을 만들기 위해 창고에 보관되어 있는 밀가루는 원재료이다. 제품, 원재료, 재공품, 저장품, 반제품은 제조기업과 수주기업에서 볼 수 있는 계정과목이다. 금융업, 소매유통업, 서비스업에서는 이런 계정과목들이 원칙적으로 존재하지 않는다.

재고자산 회계처리 방법으로는 일정기간 동안에 변화된 가격의 평균치를 구해서 이를 원가로 책정하는 평균법(Average Cost Method), 창고에 먼저 입고된 재고자산을 판매된 물건으로 계산하는 선입선출법(FIFO, First In First Out), 창고에 나중에 들어온 재고자산을 먼저 판매된 것으로 계산하는 후입선출법(Last In Last Out) 등이 있는데, K-IFRS는 후입선출법을 배제하고 있다. 그러므로 K-IFRS 체제에서 기업은 선입선출법, 평균법 등으로 재고자산을 회계 처리해야 한다.

유형자산, 기업의 영업용 실물자산

기업이 영업활동을 위해 보유하고 있는 영업용 자산을 말하며, 구체적으로 토지(Land), 건물(Buildings), 구축물(Structures), 기계장치(Machinery), 차량 운반구(Vehicles and Transportation Equipment), 비품

(Office Equipment), 건설 중 자산(Construction in-Progress) 등이 여기에 해당한다. 제조기업은 유형자산의 비중이 높다.

유형자산은 양면성이 있다. 유형자산은 경기가 호황이고 매출액이 클 경우에는 지렛대의 효과를 발휘해 이익을 늘려주지만, 불황기에 매출액이 줄어들면 그만큼 손해도 확대시킨다. 또한 영업이나 생산에 직접적인 도움을 주지 못하는 유형자산은 기업의 효율성을 떨어뜨린다.

일반적으로 토지를 제외한 유형자산은 시간이 지나면 가치가 떨어지기 때문에 장부상 가치의 일부를 비용화시키는데, 이를 감가상각이라고 한다. 유형자산을 감가상각하는 방법에는 해마다 동일한 금액을 깎아나가는 정액법과 해마다 일정 상각률에 따라 상각하는 정률법이 있다. 종전의 K-GAAP 방식에서는 대부분의 기업이 정률법을 채택했는데, K-IFRS 방식에서는 경제적 실질에 부합하는 정액법을 채택하는 기업이 늘어날 것으로 보인다. K-IFRS를 조기 시행하고 있는 삼성전자도 정액법을 채택했다.

또한 IFRS에서는 기업이 유형자산을 실거래가 기준으로 재무제표에 기재하는 것을 허용하고 있다. 이를 재평가모형이라고 한다. 그간 K-GAAP에서는 원칙적으로 기업이 유형자산을 최초의 매입 가격으로 기재하도록 해왔는데 이를 원가모형이라고 한다. 이에 따라 기업이 부동산 등의 유형자산을 실거래가로 재평가하는 것을 자산 재평가라고 하며, 이 과정에서 발생하는 차익이 자산재평가 차익이다. 기업이 자산재평가를 실시하면 자산과 자본이 증가하기 때문에 부채비율을 낮춰주는 효과가 발생한다. IFRS는 기업이 유형자산을 두 가지 가운데 하나를 선택할 수 있지만 한 번 재평가모형을 선택하면 다시 원가모형으로 변경할 수 없도록 규정하고 있다.

매입채무, 거래처에 갚아야 할 외상값

제조기업은 제품 제조에 필요한 원재료나 물품을 외상으로 매입하는 경우가 많다. 이렇게 기업이 원재료 등을 외상으로 매입하면 재무상태표에 매입채무(T/P, Trade Payable)로 기록된다. 매입채무는 다시 외상매입금(A/P, Account Payable)과 지급어음(Notes Payable)으로 나뉘는데, 지급어음은 대금 지급날짜와 금액을 기재한 어음이고, 외상매입금은 그렇지 않은 것이다. 이 두 가지는 순환 관계를 맺고 있다. 다시 말해 어느 기업이 원재료를 외상으로 매입하면 일단 외상 매입금으로 계상됐다가, 이 기업이 원재료를 검수해 거래 기업에 어음을 보내면 외상 매입금이 지급어음이라는 계정과목으로 전환된다.

매입채무는 과다하더라도 기업이 정상적으로 영업활동을 하고 있다면 별다른 문제가 되지 않는다. 매입채무는 기업이 경영활동을 지속하는 기간에는 상환이 자동 연장되는 비이자성 부채이다.

지배(기업소유주)지분, 비지배(기업소유주)지분

K-IFRS 연결 재무제표의 자본 항목에서 가장 눈에 띄는 계정과목이 지배지분과 비지배지분이다. 비지배지분이란 글자 그대로 지배기업의 주주가 지배하지 않는 지분이며 K-IFRS 별도 재무제표에는 이런 항목이 없다. K-IFRS 연결 재무제표에서만 이런 항목이 나오는 이유가 있다.

다시 말해 K-IFRS 연결 재무제표에는 지배기업의 자산, 부채, 자본뿐만 아니라 지배기업이 지분 50퍼센트를 초과하고 있거나, 실질적 지배력이 있는 종속기업의 자산, 부채, 자본도 합쳐서 기록되는데, 이 가운데 자산, 부채는 지배기업과 종속기업의 것을 구분하지 않는다. 하지만 자본은 지배기업의 주주의 몫(지배 지분)과 비지배기업의 주주의 몫(비지배 지분)을 구분해 기록한다. 우리에게 그간 친숙한 K-GAAP (개별) 재무제표에 나오는 자본총계는 K-IFRS (연결) 재무제표의 지배지분과 개념이 유사하다. 지배지분은 해당 기업의 자기자본이익률(ROE)을 계산할 때 기준으로 쓰인다.

2. 연결 포괄손익계산서

매출액, 계산법은 'P×Q'(판매단가 × 판매량)

제조기업의 매출액은 'P×Q(판매단가 × 판매량)'로 계산된다. 이는 수주기업이 공사진행률(혹은 완성가액)로 매출액을 계산하는 것과 차이가 있다. 제조기업의 매출액 계산법이 'P×Q'라는 사실은 제조기업이 매출액을 늘릴 수 있는 방법으로 제품가격(판매단가)을 높이거나 판매량을 늘리는 것의 두 가지가 있음을 암시한다. 문제는 두 가지가 상충관계에 있다는 사실이다. 일반적으로 판매단가를 높이면 판매량은 감소하고 판매단가를 낮추면 판매량은 증가한다. 판매단가를 높이면서도 판매량을 적정 수준으로 유지시킬 수 있는 기업은 그야말로 환상의 기업이다. 해자를 가진 기업, 필수 소비재를 판매하는 기업 등이 여기에 해당한다.

제조기업의 매출액은 어느 정도여야 우량할까? 제조기업의 매출액은 자산총계보다 많으면 원칙적으로 우량하다고 볼 수 있다. 예를 들어 어느 기업의 자산총계가 100억 원인데, 매출액이 120억 원이었다면 자산을 효율적으로 활용하고 있는 기업이라고 볼 수 있다.

K-IFRS 연결 포괄손익계산서에 나오는 매출액은 지배기업의 매출액과 종속기업의 매출액을 합친 금액이다. 물론 이 과정에서 지배기업과 종속기업 간의 내부거래 등은 상계되지만 그럼에도 K-IFRS (연결)에 의한 매출액은 우리에게 그간 친숙한 K-GAAP (개별)에 의한 매출액보다 증가하게 된다.

매출액을 연결 기준으로 한다는 것은 앞으로 어느 기업 집단의 경영 목표가 지배기업의 매출액은 물론이고 종속기업의 매출액이 모두 합쳐진 것의 극대화가 되어야 한다는 것을 의미한다.

비용

K-GAAP에서는 매출원가, 판매비와 관리비와 같이 정해진 양식에 따라 비용을 분류했다. 이 같은 방식을 '기능에 따른 분류'라고 한다. K-IFRS에서는 기능에 따른 분류법 외에 성격에 따른 분류도 가능하다.

성격에 따른 분류란 원재료 사용액, 종업원 급여처럼 비용을 유사한 성격별로 통합해 기록하는 방식을 말한다. 예를 들어 K-GAAP에서는 공장의 생산직 직원에게 지급하는 급여는 매출원가, 행정, 관리직 부서의 직원에게 주는 급여는 판매비와 관리비로 구분해 기재했지만 성격에 따른 분류에서는 종업원 급여로 통합해 분류할 수 있다.

또한 K-GAAP에서는 판매비와 관리비의 세부 내역을 기재했지만 K-IFRS에서는 세부 내역을 기재할 필요가 없다. K-IFRS에서는 판매비와 관리비, 매출원가를 합쳐서 영업비용으로 한꺼번에 기록하기도 하므로 종전 비용과 비교하려면 주석을 확인해야 한다.

영업이익(손실)

일반적으로 '기업이 영업활동을 통해 벌어들인 이익'을 영업이익이라고 하는데, K-IFRS에서의 영업이익은 기존의 K-GAAP에서의 영업이익과 차이가 있다는 사실을 유의해야 한다. K-IFRS에서 무엇을 영업이익에 포함시킬 것인가는 기업에게 재량권이 상당히 부여돼 있다. 기존의 K-GAAP에서 영업이익의 범위가 명확히 규정돼 있는 것과 대조적이다. 예를 들어 K-IFRS에서는 외화환산이익, 유형자산처분이익은 영업이익으로도 분류될 수도 있고 영업외이익으로 분류될 수 있다. 이 두 가지는 K-GAAP에서는 영업외이익(혹은 손실)으로 분류되어 왔다. 그러므로 K-IFRS 재무제표에 나오는 영업이익을 분석할 때는 주석을 통해서 영업이익에 구체적으로 무엇이 포함되어 있는지를 확인해야 한다.

이렇게 기업마다 영업이익의 범위가 다르다 보니 K-IFRS에서의 영업이익은 비교 가능성이 현저히 떨어진다. 그래서 일부 전문가들은, K-IFRS에서는 영업이익보다 당기순이익(혹은 손실)을 더 주의깊게 살펴봐야 한다고 지적하고 있다. K-IFRS에서 영업이익은 기업의 의무 기재사항은 아니다. 그러나 금융 당국은 영업이익이 투자자, 채권자 등의 재무제표 이용자들의 관심이 집중되는 계정과목이라는 점을 감안해 기업들에게 이를 공시할 것을 권유하고 있다.

당기순이익(손실)

매출액에서 이런저런 모든 비용을 공제하고 최종적으로 기업에게 남는 이익이다. 기업이 실적을 발표할 때 우선적으로 주목 받는 계정과목이다. 그런데 K-IFRS 연결 재무제표에서는 당기순이익이 다시 '지배기업 소유주 지분'과 '비지배기업 소유주 지분'으로 나뉘어 기재돼 있다는 점을 주의해야 한다. 이는 그간 우리에게 친숙한 K-GAAP (개별) 재무제표에는 볼 수 없었던 계정과목이다. 지배기업 소유주 지분이란 지배기업에 귀속되는 순이익을 말하며, 주가수익비율(PER), 자기자본이익률(ROE) 등을 계산할 때 이를 기준으로 하는 것이 합리적이다.

기타포괄손익

(연결)기타포괄손익은 종전의 K-GAAP (개별)에서는 나오지 않았지만 실은 사실상 존재했던 항목이다. 기타포괄손익은 K-GAAP (개별) 재무제표에서는 자본총계의 기타자본에 포함됐던 계정과목이다. K-IFRS에서는 이를 손익계산서에도 기록해 분기마다 증감 내역을 공시하도록 하고 있다. (연결)기타포괄손익에 포함되는 계정과목으로는 매도가능금융자산 평가손익, 지분법자본변동, 보험수리적손익, 해외사업환산손익, 유형자산재평가손익 등이 있다.

3. 현금흐름표

손익계산서가 기업의 장부상 이익을 보여주는 데 반해 현금흐름표는 기업의 실제 현금을 보여주는 표이다. 국내에서는 1994년부터 현금흐름표 공시가 의무화됐는데, 이는 대차대조표, 손익계산서 등에 비해 가장 늦은 편이었다. 현금흐름표는 K-IFRS와 K-GAAP 사이에 별다른 차이가 없다. IFRS 연결 현금흐름표는 지배기업의 현금흐름은 물론이고 해외법인이나 특수목적법인 등 모든 종속법인의 현금흐름을 합친 금액이다.

현금흐름표는 영업활동으로 인한 현금흐름(영업현금흐름), 투자활동으로 인한 현금흐름(투자현금흐름), 재무활동으로 인한 현금흐름(재무현금흐름)의 세 가지로 나뉘는데, 작성법은 각기 다르다.

영업활동으로 인한 현금흐름은 일반적으로 간접법으로 작성한다. 간접법이란 당기순이익(혹은 손실)에서 현금 유출이 없는 비용 등의 가산, 현금 유입이 없는 수익 등의 차감, 영업활동으로 인한 자산부채의 변동을 더하고 빼는 방식으로 구하는 방법을 말한다. 투자활동으로 인한 현금흐름과 재무활동으로 인한 현금흐름은 직접법으로 작성한다. 직접법이란 현금 유입을 주요 원천별로 분류하고 현금 유출은 주요 용도별로 분류하여 표시하는 방법이다.

직접법이 간접법보다 현금흐름 분석이 용이하다는 의견이 있다. 그럼에도 직접법은 실무에서 수용되지 않는데, 이는 직접법으로 현금흐름표를 작성하는 것이 간접법보다 복잡하고 기존 회계장부를 변경해야 하는 불편함이 따르기 때문이다.

영업활동으로 인한 현금흐름

흔히 영업활동으로 인한 현금흐름을 '기업이 영업활동으로 벌어들인 현찰다발(현금흐름)'로 이해한다. 이 말도 틀린 것은 아니지만 영업현금흐름을 더 정확히 정의하면 '투자활동으로 인한 현금흐름과 재무활동으로 인한 현금흐름을 제외한 모든 현금흐름'이다. 예를 들어 어느 기업이 외부 자선단체에 기부금을 제공했다면 그것은 '영업활동으로 인한 현금흐름'이다. K-IFRS에서는 영업현금흐름을 기업의 주요 수익활동, 그리고 투자활동이나 재무활동이 아닌 기타의 활동에서 창출된 현금흐름으로 정의하고 있다.

영업현금흐름에는 현금 유출 없는 비용인 감가상각비가 합산되므로 영업이익보다 큰 것이 일반적이다. 하지만 불황기에는 영업현금흐름이 영업이익보다 줄어들거나 마이너스가 나는 경우가 발생한다. 제품이 팔리지 않아 재고자산이 증가하고, 거래처의 매출채권이 증가해 영업현금흐름은 줄어드는데, 이런 재고자산과 매출채권 증가는 영업이익에 반영되지 않기 때문이다. 부도가 난 기업을 조사해보면 영업이익은 플러스인데 영업현금흐름은 마이너스인 경우가 적지 않다.

투자활동으로 인한 현금흐름

기업이 미래를 위해 장비나 기계를 매입하거나 부동산을 구입하는 것 같은 유무형자산의 취득과 처분에 관련된 현금흐름을 말한다. K-IFRS에서는 투자활동으로 인한 현금흐름을 장기성자산 및 현금성자산에 속하지 않는 기타 투자자산의 취득과 처분에 관련된 현금흐름으로 정의하고 있다. 기업은 영속적 존재이므로 미래를 위해 항상 투자를 해야 한다. 그러므로 이 항목은 정상적인 기업이라면 마이너스로 기록된다(기업이 돈을 외부로 지출하면 장부에는 마이너스로 기록된다).

재무활동으로 인한 현금흐름

기업이 금융기관으로부터 돈을 빌리거나 갚는 것을 말한다. K-IFRS에서는 재무활동으로 인한 현금흐름을 '기업의 납입자본과 차입금의 크기 및 구성 내용에 변동을 가져오는 현금흐름'으로 정의하고 있다.

기업이 금융기관에 돈을 갚으면 마이너스가 된다. 기업 입장에서 볼 때 기업 외부로 돈이 나가는 것이기 때문이다. 반대로 기업이 금융기관에서 돈을 빌려오면 플러스가 된다. 재무활동으로 인한 현금흐름은 마이너스가 돼야 기업에 유리할 것이다. 기업이 돈을 갚으면 이자 부담이 줄어들기 때문이다.

영업활동으로 인한 현금흐름은 플러스, 투자활동으로 인한 현금흐름은 마이너스, 재무활동으로 인한 현금흐름도 마이너스이면 이상적인 기업이다. 이를 해석하면 영업활동을 통해서 현금을 벌어들여서(+), 미래 투자를 위해 돈을 지출했고(-), 금융기관에서 빌린 돈을 갚았다(-)는 뜻이다.

운전자본을 알아야
기업 유동성이 보인다

다음 쪽의 표는 선창산업이라는 판재류 제조기업의 2010년 K-GAAP (개별) 재무상태표의 일부이다. 선창산업은 뉴질랜드, 호주 등에서 원목 (침엽수)을 수입해 합판, MDF(Medium Density Fireboard, 중질섬유판) 같은 판재류를 생산한다.

재무상태표를 보면 이 회사는 언뜻 유동성 위기를 겪고 있는 것처럼 보인다. 우선 이 회사가 곧바로 현금화할 수 있는 현금성자산은 383억 원이다('현금 및 현금성자산' 162억 원 + 단기금융상품 221억 원 + 단기투자자산 6,700만 원). 그런데 이 회사가 조만간 갚아야 할 부채는 888억 원이다 (매입채무 212억 원 + 미지급금 14억 원 + 단기차입금 513억 원 + 유동성장기부채 49억 원 + 유동성신주인수권부사채 100억 원). 다시 말해 이 회사가 보유하고 있는 현금성자산이 당장 갚아야 할 부채에 크게 미치지 못하고 있다. 이

과목	제53기	과목	제53기
자산		부채	
유동자산	145,830,788,249	유동부채	90,858,552,661
당좌자산	105,157,117,811	매입채무(주14, 21)	21,209,912,946
현금 및 현금성자산(주14)	16,272,466,877	미지급금(주21)	1,407,198,800
단기금융상품(주3)	22,146,800,000	선수금	153,299,610
단기투자자산(주4)	67,570,000	예수금	142,238,849
매출채권(주14, 21)	66,461,969,612	부가세예수금	1,252,674,416
대손충당금	(3,244,090,576)	미지급법인세	64,461,420
미수금	10,832,470	미지급비용	1,031,507,714
미수수익	419,736,689	단기차입금(주9, 14)	51,321,792,314
선급금	74,051,710	유동성장기부채(주9, 14)	4,908,971,235
선급비용	486,295,686	유동성신주인수권부사채(주11)	10,000,000,000
단기대여금(주21)		유동성사채할인발행차금	(45,131,219)
파생상품자산(주22)	69,464,026	신주인수권조정	(645,804,108)
미수법인세환급액	367,830,050	파생상품부채(주22)	57,430,684
유동성이연법인세자산(주13)	2,024,191,267	비유동부채	39,010,943,014
재고자산(주7)	40,673,670,438	장기차입금(주9, 14)	31,346,340,940

(단위: 원)

■ 선창산업 재무상태표(대차대조표) 제53기 (2010년 12월 31일)

회사는 유동성 위기를 겪고 있는 걸까?

  이 질문에 해답을 얻기 위해서는 운전자본(Working Capital)이라는 개념을 알아야 한다. 운전자본은 제조기업은 물론이고 수주, 소매유통, 서비스기업의 유동성을 파악할 때에도 반드시 알아야 할 개념이다. 운전자본에 대해 알아보자. 기업은 원재료를 매입하느라 돈을 쓰고, 물품을 제조하느라 돈을 쓰고, 이를 외상으로 판매하느라 돈이 잠긴다(돈이 잠기는 것도 엄밀히 말하면 돈이 소요되는 것이다. 돈이 잠기면 다른 부문에 돈을 쓸 수 없게 되고, 결국 돈을 조달해야 한다). 또한 물품 제조의 일부를 하청업체에 맡기면서 미리 자금을 주느라 돈을 쓰기도 한다(하청업체는 대개

자본력이 부족하기 때문에 대기업은 하청업체에 자금을 미리 지원한다. 이 금액은 대기업의 재무상태표에 선급금으로 기록된다).

이런 금액은 적을수록 기업에게 좋다. 이런 금액이 많으면 기업은 무거운 짐을 지고 등산을 하는 것과 같다. 기업은 이런 금액을 줄이는 방법이 있을까? 이 질문에 대한 해답은 '그렇다'이다. 예를 들어 기업이 원재료를 외상으로 결제하면 그만큼의 현금지출이 발생하지 않는다. 게다가 원재료를 외상으로 매입하는 것에는 이자가 붙지 않는다. 이는 기업이 원재료를 외상으로 매입하면 자금을 외부에서 무이자로 차입하는 것과 동일한 효과를 얻는다는 것을 의미한다. 또한 고객과 물품 공급 계약을 맺으면서 계약금(선수금)을 받는다면 오히려 그만큼의 현금이 유입되는 셈이다. 운전자본이란 기업이 일상적인 영업활동을 수행하는 과정에서 소요되는 금액을 말하는데, 다음과 같은 공식에 의해 결정된다.

운전자본 = 기업이 영업활동을 수행하는 과정에서 소요되는 금액(A) - 기업이 영업활동을 수행하는 과정에서 현금 지출을 감소시키는 금액(B)

주의할 점은 운전자본에 해당하는 계정과목들은 기업의 유동성을 계산할 때 빼고 생각해야 한다는 것이다. 운전자본에 해당하는 계정과목들은 기업이 문을 닫지 않는 한 영업활동을 하면서 필연적으로 사용해야 하는 것들이다. 운전자본은 인간으로 치면 심장박동에 해당한다. 환자가 몸이 아파 신체의 기능을 최소한으로 유지할 필요가 있다고 해서 심장박동까지 중지시킬 수는 없다.

선창산업의 경우 매입채무(212억 원), 단기차입금(513억 원)이 운전자본이며, 이 두 가지는 선창산업의 유동성을 계산할 때 제외해야 합리적이다. 그러므로 선창산업의 유동성을 계산할 때 '당장 갚아야 할 것'으로 계산해야 하는 계정과목은 유동성장기부채(49억 원), 미지급금(14억 원), 유동성신주인수권부사채(100억 원) 이렇게 세 가지이다. 이 세 가지의 합계액은 163억 원인데, 이 회사의 현금성자산은 383억 원(현금 및 현금성자산 162억 원+단기금융상품 221억 원)으로 충분히 해결 가능한 금액이다. 이런 이유로 선창산업의 유동성에는 별다른 문제가 없다고 판단할 수 있다. 실제로 이 회사는 한신평정보를 비롯한 신용평가기관으로부터 A플러스(A+) 혹은 BB플러스(BB+) 등급을 받고 있다.

여기에서 단기차입금이 왜 운전자본에 해당되는가를 놓고 고개를 갸우뚱할 수 있을 것이다. 흔히 단기차입금은 1년 이내에 갚아야 하는 악성채무로 알려져 있다. 그런데 선창산업의 단기차입금은 이런 악성채무가 아니라 원재료 수입 과정에서 발생하는 유전스(Usance)이다.

유전스라는 생소한 용어가 등장했는데, 이에 대해 알아보자. 유전스란 기업이 해외에서 원재료나 물품을 매입할 때 현금 대신 결제하는 일종의 환어음인데, 선창산업은 유전스를 사용함으로써 운전자본을 감소시키는 효과를 얻고 있다. 이는 선창산업에 좋은 것이다. 어느 기업의 단기차입금이 유전스인지 그렇지 않은지는 사업보고서에 나와 있다.

이제 운전자본이 무엇이고, 이것이 유동성과 어떤 관련을 맺고 있는지가 이해됐을 것이다. 정리해보면 운전자본이란 기업이 영업활동을 수행하는 과정에서 소요되는 금액을 말하며, 여기에 해당하는 계정과목들은 기업의 유동성을 계산할 때 제외하는 것이 합리적이다. 운전자본

―당기 및 전기말 현재 단기차입금의 내역은 다음과 같습니다

구분		차입처	당기말현재이자율(%)	당기	전기
<원화단기차입금>					
일반대출		한국수출입은행	―	―	14,000,000
		원화단기차입금계		―	14,000,000
<외화단기차입금>					
Usance		산업은행	1.30~1.64%	8,037,495	15,022,177
		우리은행	1.33~1.63%	15,131,921	8,473,738
		국민은행	1.31~1.61%	3,907,932	4,445,916
		하나은행	1.25~1.64%	2,343,389	854,049
		농협	1.29~1.60%	17,690,992	12,896,353
		시티은행	1.34~1.64%	3,410,022	9,143,429
		한국수출입은행	―	―	329,128
		신한은행	1.36%	800,041	―
		외화단기차입금계		51,321,792	51,164,790
		단기차입금계		51,321,792	65,164,790

(단위: 천 원)

에 해당하는 계정과목들은 다음과 같다.

> 운전자본 = 매출채권 + 재고자산 + 미수금(수출 유전스인 경우) + 선급금 ― 매입채무 ― 단기차입금(수입 유전스인 경우) ― 선수금 ― 상품권

기업의 운전자본을 구하는 것이 생각보다 복잡하다는 사실을 알 수 있다. 게다가 이 공식이 전부가 아니다. 수주업인 건설업의 경우에는 분양 미수금, 공사 미수금을 추가해야 한다. 공식을 일부러 외우려 하기보다는 해당 기업의 주된 영업활동이 무엇이고, 이 과정에서 어떤 계

정과목이 주된 영업활동에 관련되는지를 생각해보는 것이 효과적이다. 그런데 K-IFRS가 도입되면서 기업의 유동성과 운전자본을 파악하기가 더욱 어려워졌다. K-IFRS가 기업에게 재무제표 작성의 재량권을 폭넓게 부여하다 보니 기업들이 K-IFRS를 도입하면서 계정과목을 통합 축소하고 있기 때문이다. 예를 들어 LG화학은 2008년 K-GAAP 개별 영업현금흐름을 50개 항목으로 기재했으나 2010년 K-IFRS 반기보고서에서는 이를 다섯 개 항목으로 90퍼센트나 줄였다. K-IFRS 도입으로 발생하고 있는 이런 문제에 대한 보완책이 필요하다는 지적이 제기되고 있다.

유전스(Usance)의 원리

　유전스란 일반적으로 수입 유전스를 말하는데, 기업이 해외에서 원재료나 물품을 매입할 때 사용하는 일종의 어음이다. 예를 들어 한국의 A 기업이 제품 제조에 필요한 원재료를 해외의 B 기업에게 주문했다고 하자. A 기업은 부산의 항구에서 원재료를 인수할 때 원재료 대금을 B 기업의 은행계좌로 곧바로 보내는 경우는 거의 없다. 대신 A 기업은 미국의 B 기업이 개설한 은행이 제시한 어음을 인수만 하고, 결제는 만기일에 한다. 만기까지의 기간은 일반적으로 30일 혹은 60일이다.

　A기업은 30일 혹은 60일 동안 현금지급을 유예받는 셈인데, 이는 만기까지 자금을 융통하는 것과 같은 의미이다. A 기업은 만기 이전에 원재료로 제품을 제조 판매해 창출한 현금으로 어음을 결제할 수 있다. 미국의 B 기업 입장에서는 유전스 기간만큼 대금회수가 늦어지지만 적기에 상품을 수출할 수 있고 대개의 경우 대금 회수에 어려움이 없기 때문에 이런 방식을 받아들인다.

　수입 유전스는 다시 뱅커스 유전스(Banker's Usance)와 시퍼스 유전스(Shipper's Usance)로 나뉘는데, 전자는 은행이 어음 결제를 해주는 방

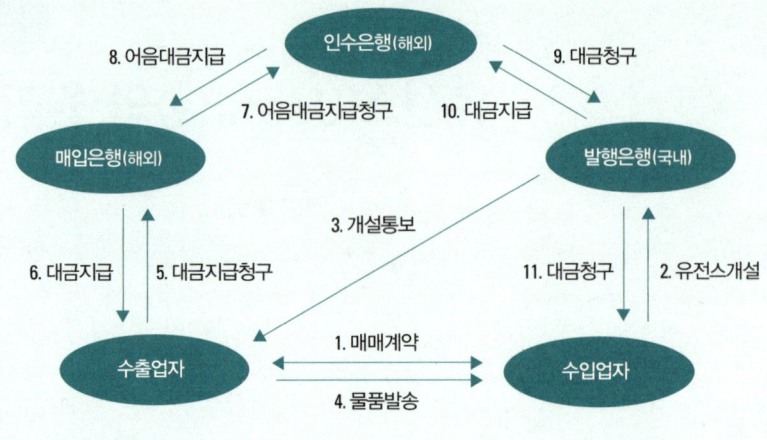

■ 유전스(Usance) 흐름도

식을 말하고, 후자는 현지 업자가 어음 결제를 해주는 방식을 말한다. 흔히 알려진 유전스는 뱅커스 유전스이며, 이 방식을 이용하는 수입 업자는 이자를 지급해야 한다. 시퍼스 유전스는 이자 부담이 없어 수입업자에게 더 유리하다.

 유전스는 기업의 상거래 과정에서 발생한 채무라는 점에서 매입채무나 다름없다. 다시 말해 해외로부터 원재료나 물품 매입이 빈번한 기업의 유전스는 매입채무로 봐야 합당하다. 당연히 운전자본에 포함시켜야 한다. 주의할 점은 유전스가 재무상태표(대차대조표)에서 단기차입금으로 분류돼 있다는 사실이다. 기존 K-GAAP에서는 유전스를 1년 이내에 갚아야 하는 부채라는 사실 때문에 이를 단기차입금으로 분류하고 있다.

사야 할 제조기업,
사지 말아야 할 제조기업

다음은 제조기업을 분석할 때 유용한 재무비율이다. K-GAAP 개별 기준이며 K-IFRS 기준 적정 재무비율은 달라질 수 있다.

	재무비율	계산법	안전	위험
안정성	유동성비율(%)	• 현금/(단기차입금+유동성 관련 부채)×100 • 현금성자산이 사용 제한돼 있는지 체크할 것 • 단기차입금이 운전자본에 포함되면 유동성비율을 계산할 때 제외할 것	100% 이상	100% 미만
	순이자보상비율(%)	• 영업이익/(이자비용-이자수익)×100	100% 이상	100% 미만
	부채비율(%)	• 부채총계/자본총계×100	100% 미만	200% 이상
수익성	영업이익률(%)	• 영업이익/매출액×100	8% 이상	4% 미만
	자기자본이익률(%)	• 당기순이익/자본총계×100 • 시중 은행 예금(1년만기) 금리보다 높아야 함	8% 이상	4% 미만
효율성	총자산회전율(%)	• 매출액/자산총계	80% 이상	60% 미만

■ 제조기업의 재무비율 가이드라인

1. 안정성

유동성비율

제조기업의 안정성을 체크할 때 우선적으로 살펴볼 필요가 있는 지표는 유동성비율이다. 유동성비율이란 제조기업의 보유하고 있는 현금성자산이 단기차입금과 유동성 관련 부채의 합계액보다 많은지 적은지를 보여주는 지표이다. 여기에서 현금성자산이란 '현금 및 현금성자산' '단기매매증권', '단기투자자산' 등 현금과 유사한 성격을 가진 계정과목들을 말하는데, 주의할 점은 이 가운데 금융권에 담보로 잡혀 있는 계정과목은 현금성자산에서 제외해야 한다는 사실이다. 담보로 잡혀 있는 단기매매증권, 단기투자자산, 정기예금 등은 기업이 상환에 사용할 수 없다. 또한 단기차입금의 경우 운전자본에 포함돼 있는 것이라면 제외해야 합리적이다. 결국 계산하는 것이 복잡해지는데, 유동성비율이 몇 퍼센트인지를 계산하려 하기보다는 '이 수주기업이 보유하고 있는 현금성자산이 당장 갚아야 할 부채를 상환할 만큼 충분한가?'라는 질문을 던져보는 게 효과적이다. 예를 들어 어느 제조기업이 보유하고 있는 현금성자산이 100억 원인데, 유동성 사채 1,000억 원이 있다면 상식적으로 유동성에 문제가 있을 것이라고 짐작할 수 있다.

순이자보상비율

순이자보상비율은 제조기업의 안정성을 파악할 때 반드시 체크해봐야 할 지표이다. 순이자보상비율이 100퍼센트 미만인 제조기업은 기업으로 유지하기에 무리가 있다고 봐도 무방하다.

부채비율

한국은행의 조사에 따르면 1999~2009년 10년 동안 철강, 정유, 자동차(완성차), 반도체, 의류, 제약 등 5대 제조업의 평균 부채비율은 143.3퍼센트였다. 제조기업의 안정성을 체크할 때 쓰이는 또 다른 지표는 차입금인데, 이는 기업이 실제로 이자를 지불해야 하는 정도를 보여주는 지표이다. 차입금비율이 50퍼센트가 넘는 기업은 특별히 위험성을 체크해야 할 필요가 있다. 한국은행의 조사에 따르면 철강, 정유, 자동차(완성차), 반도체, 의류, 제약 등 5대 제조업의 평균 차입금비율([총차입금/자본총계]×100)은 32.4퍼센트였다. 차입금비율이 10퍼센트 미만인 기업은 안정적이고 우량한 기업일 가능성이 높다. 해당 업종의 생태계의 상층부에 있는 대기업의 차입금비율(15%)이 그 정도 수준이다. K-IFRS 연결 기준을 채택하면 부채비율은 상대적으로 높아지는 경향이 있다. 연결 재무제표를 작성하면 지배회사와 비지배회사의 투자자산보다 종속회사의 자본이 서로 상계되면서 단순 합산 때보다 감소하기 때문이다.

2. 수익성

영업이익률

제조기업의 수익성을 확인할 때 유용한 지표는 영업이익률이다. 영업이익률이 두자릿수를 유지하는 제조기업이 우량기업이다. 어느 제조기업의 영업이익률이 낮은 한자릿수라면 경영에 문제가 있는 기업이라고 봐도 무방하다. 한국은행의 조사에 따르면 철강, 정유, 자동차(완성차), 반도체, 의류, 제약 등 5대 제조업의 1999~2009년 10년간 평균 영업이익률은 7.0퍼센트였다. 해당 업종의 생태계의 상층부에 있는 대기업의 평균 영업이익률은 이보다 높은 18.7퍼센트이다. 영업이익률이 높은 기업이 우량기업임을 알 수 있다. K-IFRS 연결 기준을 채택하면 영업이익률은 상대적으로 낮아지는 경향이 있다.

자기자본이익률(ROE)은 적어도 시중은행 이자율(1년 만기 기준)을 초과해야 한다. 주주(투자자)는 은행예금보다는 높은 리스크를 안고 기업에 투자하기 때문이다. K-IFRS 연결 기준으로 자기자본이익률을 계산할 경우 당기순이익은 지배기업지분을 사용해야 합리적이다. 나머지 영업이익률, 총자산회전율 등은 비지배지분이 포함된 전체 금액을 사용하는 것이 합리적이다.

만약 어느 제조기업의 자기자본이익률이 15퍼센트가 넘는다면 투자가치가 있는 기업이다. 금융감독원의 조사에 따르면 철강, 정유, 자동차(완성차), 반도체, 의류, 제약 등 5대 제조업의 1999~2009년 10년간 평균 자기자본이익률은 8.1퍼센트였다. 해당 업종의 생태계의 상층부에 있는 대기업의 평균 자기자본이익률은 이보다 높은 13.2퍼센트였다. 자기자본이익률이 높은 기업이 좋은 기업이라는 사실을 알 수 있다. 자기자본이익률이 낮은 한자릿수인 제조기업은 시중은행 이자보다 못한 이익을 낸다는 의미이며, 주주에게 손해를 가져다주는 기업이라고 봐도 무방하다.

3. 효율성 및 기타 지표

총자산회전율

매출액을 자산총계로 나눈 값이 총자산회전율인데, 1을 넘는 기업이 우량기업일 가능성이 높다. 총자산회전율이 1이라는 것은 매출액이 자산총계보다 많다는 의미로, 자산을 잘 활용하고 있다는 의미이다. 금융감독원의 조사에 따르면 자동차(완성차), 반도체, 의류, 제약 등 5대 제조업의 1999~2009년 10년간 평균 총자산회전율은 0.9였다. 5대 업종의 상층부에 있는 대기업의 평균 총자산회전율은 이보다 높은 1.2였다. 총자산회전율이 높은 기업이 우량 기업일 가능성이 높다는 사실을 알 수 있다.

기타 지표

이밖에 다음에 해당하는 기업은 투자 대상 등에서 제외하는 게 낫다.

❶ 영업현금흐름이 마이너스인 기업
❷ 매출액과 영업이익이 장기간에 걸쳐 제자리인 기업
❸ 대주주지분율이 30퍼센트 미만인 기업
❹ 거래처가 대기업 한 곳으로 한정된 기업
❺ 종속회사가 너무 많거나 너무 다양한 사업을 하는 기업
❻ 배당금은 미미한데, 이사 보수가 지나치게 많은 기업

운전자본은 적을수록 좋다

    기업에게 운전자본은 적을수록 좋다. 운전자본이 적다는 것은 기업이 제품을 만들어내서 현금화하기까지 소요되는 금액이 적다는 것을 의미하기 때문이다. 운전자본이 과다한 기업은 제품을 제조해 현금화하기까지 자금이 과다하게 소요된다는 것을 의미하며, 나쁜 비즈니스 모델을 갖고 있다고 봐도 된다. 무거운 짐을 지고 산을 오르는 등산객을 상상해보라. 이런 등산객은 목표 지점에 도달하기도 어렵고, 최악의 경우 중간에 등산을 포기해야 하는 상황을 맞을 수도 있다. 운전자본이 과다한 기업은 장부상 흑자를 내더라도 제품이 현금으로 유입되기까지 자금 부족으로 부도를 맞는 경우가 많다. 1979년 시장 가치가 무려 10억 달러였던 석유재벌 차터(Charter) 그룹이 1984년 파산보호신청(Chapter 11)을 한 것은 현금흐름 관리에 실패했기 때문이었다.

    운전자본이 마이너스이면 기업 입장에서는 환상적이다. 운전자본이 마이너스라는 것은 기업이 제품을 제조해 현금화하는 과정에서 여유자금이 공짜로 생긴다는 것을 의미하기 때문이다. 이런 기업은 외부에서 무이자로 자금을 차입한 것과 다름없다. 기업은 어떻게 하면 운전자본을 적게 하거나 마이너스로 유지할 수 있을까. 운전자본의 구성요소를 보면 이 질문에 대한 해답이 보인다.

> 운전자본 = 기업이 영업활동을 수행하는 과정에서 소요되는 금액(A) -
> 기업이 영업활동을 수행하는 과정에서 현금 지출을 감소시키는 금액(B)

영업활동을 수행하는 과정에서 소요되는 금액(A)을 줄이거나, 기업이 운전자본을 적게 하거나 마이너스로 유지하기 위해서는 영업활동을 수행하는 과정에서 현금지출을 감소시키는 금액(B)을 늘리면 된다. 매출채권을 줄이거나 재고자산을 줄이는 것은 (A)에 해당한다. 예를 들어 어느 기업의 매출채권이 1,000만 원에서 600만 원으로 감소했다면 운전자본이 400만 원이 감소했다는 의미이다. 그리고 어느 기업의 재고자산이 1,000만 원에서 600만 원으로 감소했다면 위와 마찬가지로 이 기업의 운전자본이 400만 원 감소한 것이다.

매입채무를 늘리는 것은 (B)에 해당한다. 매입채무가 증가하면 기업의 운전자본은 그만큼 감소한다. 예를 들어 어느 기업의 매입채무가 1,000만 원에서 1,600만 원으로 증가했다고 하면, 이는 현금 600만 원이 기업 외부로 유출돼야 하는데, 그대로 기업 내부에 남아 있다는 말과 동일하다. 이는 기업의 현금흐름을 풍부하게 해준다. 왜 기업이 거래 업체에 원재료를 매입하고 대금을 외상으로 결제하려는지 이해될 것이다.

현금흐름표도
분식회계가 가능하다

재무제표 이용자들은 현금흐름표가 기업의 진실을 보여준다고 믿는다. 기업은 현금흐름표만큼은 분식회계를 할 수 없으며, 현금흐름표가 기업이 진짜로 벌어들인 '현찰다발(현금흐름)'의 내역을 보여주기 때문에 이 표를 주의깊게 살펴야 한다는 것이다. 그러나 이 말은 절반 정도만 맞는 말이다. 현금흐름표가 손익계산서나 재무상태표에 비해 비교적 깨끗한 것은 사실이지만 현금흐름표도 완벽하지는 않다.

2001년 미국 월드컴(Worldcom)의 현금흐름표 분식회계가 대표적인 케이스이다. 월드컴은 미국 2위 장거리 통신회사였는데, 회계부정 사건이 터지기 전까지만 해도 고속성장을 하는 기업으로 평가를 받았고, 이 회사의 창업자 겸 최고경영자(CEO) 버나드 에버스는 미국 시사주간지인 〈타임〉의 표지인물로 실릴 정도로 주목받았다. 그런데 알고 보니

이 회사의 재무제표가 분식회계투성이였던 것으로 밝혀져 미국 사회에 충격을 가져다주었다. 미국 증권거래위원회(SEC)가 밝힌 월드컴의 분식회계 규모는 38억 달러(약 4조 원)로 이전의 미국 사상 최대 스캔들이었던 엔론의 경우보다 컸다.

이로 인해 버드나 에버스는 2006년 미국 법원에서 감형 없는 25년형을 선고받았다. 그의 나이 64세

월드컴 현금흐름표 2001년1월1일~12월1일	
영업현금흐름	11,005
당기순이익	4,013
순현금흐름 조정(Adjustments)	6,992
유선방송장비설치금액의 증가(−)	(300)
투자현금흐름	(9,555)
투자활동으로 인한 현금유입액	
투자활동으로 인한 현금유출액	
유선방송장비설치금액의 증가	(300)
재무현금흐름	(2,080)
환율변동분	(221)
현금의 증가(감소)	(851)
기초의 현금	1,727
기말의 현금	876

■ 월드컴의 현금흐름표 (단위: 100만 달러)

의 일이었는데, 그가 2031년 89세의 나이로 자연수명을 유지하며 교도소 문을 나설 수 있을지 궁금하다. 월드컴은 재무제표의 곳곳에 걸쳐 다양한 분식회계를 저질렀는데, 이 가운데 하나가 현금흐름표의 분식회계였다.

월드컴은 유선방송 장비설치와 관련된 인건비를 '투자활동으로 인한 현금유출액'으로 계상했다. 월드컴이 유선방송 장비설치와 관련된 인건비를 '영업활동으로 인한 자산부채의 변동'으로 처리했을 경우 영업현금흐름이 감소하는 효과가 발생했을 것이다. 그런데 월드컴이 이를 '투자활동으로 인한 현금유출'로 처리함으로써 영업현금흐름은 증가하고 투자현금흐름의 마이너스가 증가되는 결과를 낳았다. 다시 말해 월드컴은 영업활동을 통해 현금을 많이 벌고, 투자를 더 집행한 것으로 보이게 하는 분식회계를 저질렀다.

유선방송 장비설치와 관련된 인건비를 투자활동으로 인한 현금유출로 처리하는 것은 당시 미국의 상당수 유선방송 회사들의 회계처리 방식이었다. 월드컴은 이를 악용해 적정 수준을 훨씬 초과하는 금액을 투자활동으로 인한 현금유출로 처리했다. 월드컴의 유선방송 장비설치와 관련된 인건비는 '영업활동으로 인한 자산부채의 변동'으로 계상돼야 적정하다는 것이 미국증권거래위원회의 입장이었다. 미국의 또 다른 방송 장비업체인 아델피아(Adelphia)도 유사한 방식의 분식회계를 저질렀다가 적발됐다.

현금흐름표를 악용한 분식회계는 미국에서 종종 발견되고 있다.

미국의 정보기술기업 타이코는 독립적으로 활동하는 딜러들과 8억 달러(약 8,000억 원)의 경비용역 계약을 체결했는데, 이들로부터 받은 경비용역 대금은 영업현금흐름으로 기록하고, 외부 관계자에게 지출한 경비용역 계약금액은 투자활동으로 인한 현금유출로 계상했다. 이는 결

회사명	분식회계 방법
월드컴, 아델피아	• 유선방송 장비 설치와 관련된 인건비를 투자현금흐름으로 계상 • 이로 인해 현금흐름표의 영업현금흐름이 증가하는 효과 발생
타이코(Tyco)	• 독립적인 딜러들로부터 경비 용역 계약을 구입하고 이를 투자현금흐름의 현금유출로 기록. 반면, 계약 상대방이 지불하는 경비용역 대금은 영업현금흐름으로 기록. 결과적으로 영업현금흐름이 증가하는 효과 발생 • 최고 경영진에게 거액의 대여금을 제공하고 이를 투자현금흐름으로 분류. 이후 경영진에 대한 급여와 대여금을 상계함으로써 영업현금흐름이 증가하는 효과 발생
다이너지 (DYNERGY)	• 동종 업계의 다른 회사와 동일한 규모의 천연 자원을 같은 가격, 같은 시기에 구매하고 판매하는 쌍방향 거래(Round Trip Trade)를 하면서 판매를 매출액으로 계상하고, 구매는 비용이 아닌 투자활동현금유출로 기록. 결과적으로 영업현금흐름이 증가하는 효과 발생

■ 미국 기업의 현금흐름표 분식회계 방법

과적으로 이 회사의 영업현금흐름이 증가하는 효과를 가져왔다. 또한 이 회사는 최고 경영진에게 거액의 대여금을 제공하고 이를 투자현금흐름으로 분류했다. 아울러 경영진에 대한 급여와 대여금을 상계함으로써 영업현금흐름을 늘렸다.

또한 미국의 에너지 기업 다이너지는 쌍방향 거래(Round-Trip Trades)라는 거래 방식을 악용했다. 쌍방향 거래란 동종업계의 다른 회사와 동일한 규모의 천연자원을 동일 가격, 동일 시기에 구매하고 판매하는 거래를 말하는데, 다이너지는 이 거래의 판매는 매출로 계상한 반면, 구매는 비용이 아닌 투자현금흐름으로 기록했다. 이 결과 이 회사의 영업현금흐름이 증가했다.

이처럼 이들 사례를 보면 기업이 영업현금흐름을 감소시키는 거래를 투자활동으로 인한 현금유출로 기재하는 방법이 즐겨 사용됐다는 것을 알 수 있다. 결국 기업이 분식회계를 마음먹는다면 안전지대가 없다는 사실을 미국의 분식회계 케이스는 보여준다. 기업이 도덕성을 중요하게 생각하는 문화를 갖고 있는지, 최고경영자의 평판이 실제와 부합하는지를 따져봐야 하는 이유가 여기에 있다.

모든 부채가 나쁜 부채는 아니다

흔히 부채는 기업에게 무조건 나쁜 것으로 알려져 있다. 그런데 알고 보면 기업 입장에서 부채는 좋은 부채, 그저그런 부채, 나쁜 부채로 나뉜다. 좋은 부채의 대표적인 케이스는 선수금이다. 선수금은 기업이 고객으로부터 제품 공급을 약속하면서 받는 계약금인데, 기업 입장에서 많을수록 좋은 것이다.

그저 그런 부채도 있다. 기업이 이자를 지급할 필요가 없는 비이자성 부채가 여기에 해당하는데, 구체적으로 매입채무, 미지급금, 미지급비용, 퇴직급여충당금 등이 있다. 그저 그런 부채를 적절하게 활용하는 기업은 오히려 '똑똑한 재무 정책을 수행하는 기업'으로 보는 게 합리적이다. 특히 매입채무는 기업의 유동성을 풍부하게 해주는 마술을 부린다. 다시 말해 매입채무는 기업에게 오히려 무이자로 자금을 조달하는 효과를 가져다준다.

부채 가운데 기업에게 문제가 되는 것은 기업에게 '나쁜 부채'인데, 만기가 1년 이내인 유동부채가 특히 위험하다. 단기차입금(유전스 제외)이 여기에 해당한다. 만기가 1년이 넘는 비유동부채는 기업에게 나쁜 부채이기는 하지만 부담이 덜하다. 기업에게 시간은 대단히 중요하다. 기업이 만기가 1년이 넘는 부채를 조달하면 제품을 만들어 시장에 내다 팔아 이익을 내고, 이를 바탕으로 부채를 갚을 수 있다.

부채 가운데는 재무상태표에 기록되지 않는 '부외부채(Off-balance Sheet Liabilities)'도 있다. 운용리스, PF대출보증, 지급보증이 부외부채이다. 부외부채는 재무상태표에 나타나지 않지만 기업의 안정성을 떨어뜨린다. K-IFRS에서는 부외부채의 상당수 항목을 재무제표에 기재하도록 규정하고 있다. 이에 따라 부외부채가 많은 기업의 부채비율이 증가하는 현상이 나타나고 있다.

재무제표만으로 우량 제조기업 고르는 법

제조업은 재무상태표(대차대조표)에서 유형자산이 차지하는 비중이 높다. 대량생산을 위해 공장(Factory)을 보유하고 있는데, 이 공장이 바로 재무상태표에는 유형자산으로 기록되기 때문이다. 유형자산은 기업이 영업활동을 위해 보유하는 실물자산을 말하는데, 제조기업은 유형자산을 보유함으로써 강점을 갖게 된다. 그런데 이 유형자산이 제조기업의 문제가 되기도 하는데, 수요 변화에 대응하기가 쉽지 않기 때문이다. 따라서 제조기업의 재무제표를 살필 때는 해당 기업에게 현금성자산이 충분한지 검증해야 한다.

자동차기업의
숨겨진 이익을 찾아라
자동차(완성차)기업의 재무제표 : 현대자동차

1. 재무상태표(대차대조표)

매출채권★★

현대자동차는 미국, 중국, 유럽 각국의 현지법인을 통해 완성차를 판매한다. 이때 현지법인은 딜러 등에게 자동차를 외상으로 판매하는데, 이것이 현대자동차의 재무상태표에 매출채권으로 기록된다. 또한 현대자동차는 정부 기관이나 대량 구매 업체 등에 대해 완성차를 외상으로 판매하는데, 이 경우에도 매출채권이 발생한다. 매출액 대비 매출채권이 많아지면 현대자동차는 현금이 잠기는 등 좋을 게 없다. 완성차업체가 매출채권 부담을 줄이는 방법의 하나는 리스회사와 연계해 자동차를 고객에게 할부 판매하는 것이다. 현대자동차는 자동차 외상 판매 대

현대자동차 (개별) 재무상태표 제43기 (2010년 12월 31일)			
자산			
당좌자산	115,913		
현금 및 현금성자산	17,728	89,962	
단기금융상품	69,178	34,288	25.0%
매출채권	20,742	4,850	3.5%
미수금	3,613	18,702	13.6%
기타	4,652	9,580	7.0%
재고자산	16,429	6,514	
투자자산	157,191	16,028	
유형자산	97,424	47,247	
무형자산	19,233	137,209	100.0%
기타비유동자산	4,487		
4.3%		**부채**	
5.1%		유동부채	
		매입채무	
		단기차입금	
		미지급금	
4.0%		판매보증충당부채	
38.3%		유동성장기부채	
23.7%		기타	
4.7%		비유동부채	
1.1%		부채총계	
		자본	
		자본금	14,890
		자본잉여금	59,673
		자본조정	(9,182)
		기타포괄손익누계액	9,724
		이익잉여금	198,363
		자본총계	273,468
자산총계	410,677	부채 및 자본총계	410,677
100.0%			

유동성 관련 계정과목
운전자본에 포함되는 계정과목

현대자동차 (개별) 손익계산서 제43기 (2010년 1월 1일~12월 31일)		
매출액	367,694	100.0%
국내매출	155,993	
수출매출	211,702	
매출원가	278,504	75.7%
기초재고액	6,803	
당기매입액	2,783	
당기제조원가	284,355	
기말재고액	(8,408)	
기타	(5,809)	
매출총이익	89,190	24.3%
판매비와 관리비	56,924	
영업이익	32,266	8.8%
영업외수익	39,047	
이자수익	3,743	
영업외비용	8,234	
이자비용	1,645	
법인세비용차감전순이익	63,079	
법인세비용	10,409	
당기순이익	52,670	14.3%
유동성비율		369.0%
순이자보상비율		-6.5%
부채비율		50.2%
영업이익률		8.8%
자기자본이익률		19.3%
총자산회전율		89.5%

현대자동차 (개별) 현금흐름표 제43기 (2010년 1월 1일~12월 31일)	
영업현금흐름	50,707
감가상각비	8,891
판매보증충당부채전입액	8,990
매출채권의 감소	296
미수금의 감소	1,161
재고자산의 증가	(4,181)
매입채무의 감소	(8,135)
미지급금의 증가	4,931
투자현금흐름	(48,069)
재무현금흐름	(7,507)
현금의 증가(감소)	(4,869)
기초의 현금	22,598
기말의 현금	17,728
운전자본	(1,967)
운전자본의 증감	(5,927)
운전자본비중	-0.5%
현금비중	2.4%
재고자산비중	4.5%
매출채권비중	5.4%
매입채무비중	23.6%
유형자산비중	24.6%

■ 현대자동차의 재무제표(K-GAAP 기준)

(단위: 억 원)

금을 현대캐피탈 등 자동차 리스회사에 넘기는 대신 현금을 회수하고, 할부채권의 관리 및 회수는 자동차 리스회사가 부담한다.

유형자산

자동차 산업은 대량생산, 표준화가 대표적으로 적용되는 산업이며, 이에 따라 유형자산의 비중이 높다. 현대자동차의 유형자산이 자산총계에서 차지하는 비중은 25퍼센트 수준이다. 이렇게 높은 유형자산 비중은 신규 진입자의 진입을 막는 장벽 역할을 한다. 현대자동차는 울산, 전주, 아산, 남양에 공장을 운영하고 있다.

재고자산★★★

완성차업체는 재고자산을 최소화하는 것이 매우 중요하다. 그래야 운전자본이 감소하고, 현금유동성이 좋아지기 때문이다. 완성차업체가 실시하는 JIT(Just In Time)는 이런 노력의 일환이다. '재고 최소화 시스템' 정도로 번역되는 JIT 시스템이란 완성차업체가 재고자산을 최소화하면서 그때그때 필요한 원재료나 부품을 외부의 부품업체로부터 받아 생산활동을 하는 시스템을 말한다. 완성차업체는 부품업체와 유기적 관계를 맺고 있어 재고를 최소화하기에 유리하다. 재고자산은 연말과 연초에 연중 최고치를 나타내는 것이 일반적이다.

판매보증충당금(판매보증충당부채)★★★★

완성차업체의 판매보증충당금은 '숨겨진 이익'이라는 점에서 주목할 필요가 있다. 판매보증충당금이란 출고한 자동차와 관련해 미래에 경상적 부품수리 및 비경상적인 부품개체, 수출제품의 하자로 인한 사고 보상, 환경부담금 같은 애프터 서비스(A/S)와 관련한 금액이 발생할 것에 대비해 완성차업체가 미리 설정해둔 금액이다. 판매보증충당금은 대차대조표에 판매보증충당부채라는 계정과목으로 계상된다.

판매보증충당금은 완성차업체의 이익에 직접적인 영향을 미친다. 다시 말해 완성차업체가 판매보증충당금을 과다하게 설정하면 해당 금액만큼 순이익이 감소하는 효과가 발생한다. 반대로 판매보증충당금이 필요 이상으로 많다고 판단되면 완성차업체는 이를 감소시키는데 이를 '대손충당금 환입'이라고 한다. 대손충당금을 환입하면 이번에는 해당 금액만큼 완성차업체의 순이익이 증가하는 효과가 발생한다.

현대자동차는 2003년 유럽지역 환경정책에 따라 쌓아두었던 '폐차처리(ELV, End of Life Vehicle)충당금(판매보증충당금의 일종)'을 설정했으나 이듬해 관련 규정이 바뀌어 충당금을 설정할 필요가 없어지면서, 이 금액을 전액 영업외수익으로 환입했다. 이에 따라 현대자동차의 이익이 증가하는 효과가 발생한다. 이런 이유로 증권사나 신용평가사는 완성차업체의 영업이익과 판매보증충당금의 합산 금액을 완성차업체의 실질적인 영업이익으로 활용하기도 한다.

매입채무★★

자동차 한 대에는 2만여 가지의 부품이 필요한데, 완성차업체는 이 가운데 엔진을 비롯한 핵심부품만 자체 제작하고 나머지 대부분은 부품 공급업체로부터 조달받고 있다. 이 과정에서 완성차업체는 부품대금을 외상으로 결제하는 경우가 많은데, 이 외상대금이 완성차업체의 재무상태표에 매입채무로 기록된다.

매입채무는 완성차업체의 운전자본 부담을 줄여주는 효과가 있지만 부품업체에게는 유동성 위기를 가져온다. 2000년대 후반까지만 해도 완성차업체는 부품을 공급받고 부품사에 6개월 어음으로 결제하는 경우가 많았다. 하지만 이 경우 부품사가 자금난에 시달리게 되고, 부품의 품질에도 문제를 초래해 결국 완성차업체에게도 문제를 가져다준다. 그래서 완성차업체는 현금결제의 비중을 늘려 매입채무를 줄이는 모습을 보이고 있다. 현대자동차는 3차 협력사에서 공급한 부품이 2차와 1차 협력사를 거쳐 전달되면 1차 협력사에 곧바로 현금으로 결제를 함으로써 2, 3차 업체에도 현금이 결제되는 방식을 채택하고 있다.

2. 손익계산서

매출액

현대자동차의 매출에 영향을 미치는 변수는 환율이다. 현대자동차의 매출액 가운데 60퍼센트 정도가 수출에서 발생하는 반면 매출원가의 약 10퍼센트는 외화로 지출되고 있기 때문이다. 수출의 경우 일부 국가에서 현지 통화로 매출이 발생하지만 대부분 지역이 달러로 결제된다. 조사에 따르면 현대자동차는 환율이 10원 하락하면 영업이익이 약 1,200억 원, 기아차는 800억 원가량이 감소한다.

제조원가

완성차업체는 제조원가의 비중이 높은 편이다. 현대자동차의 매출액 대비 매출원가의 비중은 75.7퍼센트이다. 이렇게 제조원가의 비중이 높은 것은 인건비 때문이다. 자동차 산업은 공장 자동화를 하는 데 한계가 있으며, 인력 숙련도에 따라 생산성 및 품질 수준이 다르게 나타난다. 특히 조립 공정은 자동화율을 높이기가 대단히 어렵고 그러다 보니 공장 라인이 숙련 작업자들을 중심으로 조직화되는 경향이 나타난다. 따라서 완성차업체는 협력적 노사관계의 구축이 생산성 개선 및 안정적 실적 유지를 위한 중요한 과제가 되고 있다.

3. 재무비율 분석

먼저 안정성 지표인 유동성비율, 순이자보상비율, 부채비율을 차례로 살펴보자. 유동성비율을 체크하려면 이 회사의 단기차입금의 성격을 확인할 필요가 있다. 사업 보고서를 보면 이 회사의 단기차입금은

―당기말과 전기말 현재 단기차입금의 내용은 다음과 같습니다

구분	차입처	연이자율(%)	금액	
		당기	당기말	전기말
당좌차월	신한은행	–	–	80,000
Banker's usance	국민은행 외	Libor + 0.8~1.0	485,009	373,037
계			485,009	453,037

(단위: 백만 원)

자동차 제조에 필요한 냉연, 열연 등을 수입하는 과정에서 발생하는 유전스임을 알 수 있다.

유전스는 유동성비율을 계산할 때 제외하는 것이 합리적이다. 다시 말해 현대자동차의 단기차입금(유전스)은 과다하더라도 별다른 문제가 발생하지 않으며, 오히려 이 회사의 운전자본 부담을 줄이는 효과를 가져다준다(이 회사의 운전자본은 '매출채권 + 미수금 + 재고자산 - 매입채무 - 단기차입금'으로 계산하는 것이 합리적이다).

이 회사의 유동성에 문제가 되는 계정과목은 사실상 유동성장기부채(6,514억 원)가 전부인데, 현금성자산 8조 6,906억 원(현금 및 현금성자산 1조 7,728억 원 + 단기금융상품 6조 9,178억 원)으로 해결할 수 있는 수준이다. 또한 이 회사는 이자수익(3,743억 원)이 이자비용(1,645억 원)보다 많다. 그래서 순이자보상비율이 마이너스 값을 나타내고 있다. 부채비율도 50퍼센트 수준으로 양호하다. 정리해보면 이 회사는 안정성지표인 유동성비율, 순이자보상비율, 부채비율이 모두 양호하다는 것을 확인할 수 있다. 다음으로 수익성을 살펴보자.

이 회사의 영업이익률은 높은 한자릿수이지만, 투하자본이 많이 소요되는 굴뚝산업이라는 특성을 감안하면 양호한 편이다. 자기자본이익률(ROE)은 20퍼센트에 근접하고 있다. 끝으로, 효율성의 경우 이 회사의 총자산회전율은 80퍼센트가 넘는 모습을 보여주고 있다.

정보기술기업, 유형자산을 주목하라

정보기술(반도체)기업의 재무제표 : 삼성전자

1. 재무상태표(대차대조표)

매출채권

삼성전자 매출채권의 상당 부분은 서킷시티 등 미국, 유럽의 대형 유통업체에 제품을 외상으로 판매하는 과정에서 발생한다. 삼성전자가 매출채권을 현금화하는 데 통상 6주(1.5개월)가량이 소요된다. 삼성전자는 경기침체나 금융위기가 닥치면 매출채권에 대한 대손충당금설정비율을 높인다. 이 회사는 2009년 1분기에 글로벌 금융위기가 진정되지 않자 매출채권에 대한 대손충당금 설정 비율을 4.15퍼센트로 전분기 1.35퍼센트에 비해 3배 이상 높였다.

삼성전자의 재무제표 (K-IFRS 기준)

삼성전자 (연결) 재무상태표
제42기 (2010년 12월 31일)

자산			
유동자산	614,026		
현금 및 현금성자산	97,914		7.3%
매출채권	191,531		14.3%
재고자산	133,645		10.0%
기타	190,935		
비유동자산	728,862		
관계회사 및 조인트벤처	83,353		
유형자산	529,646		39.4%
무형자산	27,794		2.1%
기타	88,068		
자산총계	**1,342,887**		**100.0%**

부채			
유동부채	399,447		20.4%
매입채무	91,487		
단기차입금	84,297		18.8%
충당부채	29,179		6.5%
유동성장기부채	11,239		2.5%
기타	183,245		
비유동부채	49,949		
부채총계	449,397		100.0%
자본			
지배기업소유주지분	855,896		
자본금	8,975		
주식발행초과금	44,039		
이익잉여금	850,146		
기타자본	(47,264)		
비지배지분	37,595		
자본총계	893,491		
부채 및 자본총계	**1,342,887**		

삼성전자 (연결) 포괄손익계산서
제42기 (2010년 1월 1일~12월 31일)

매출액	1,546,303	100.0%
매출원가	1,026,668	
매출총이익	519,635	33.6%
연구개발비	90,994	
판매비와 관리비	262,431	
기타영업수익	17,554	
기타영업비용	10,799	
영업이익	172,965	11.2%
지분법이익	22,671	
금융수익	74,651	
금융비용	77,001	
법인세비용차감전순이익	193,287	
당기순이익	161,465	10.4%
지배기업소유주지분	157,990	
비지배지분	3,475	
연결기타포괄손익	11,415	
매도가능금융자산평가손익	9,324	
관계회사 및 조인트벤처 투자평가	3,875	
해외사업환산손익	(1,784)	
연결총당기포괄이익	172,880	
지배기업소유주지분	16,901	
비지배지분	3,869	

삼성전자 (연결) 포괄현금흐름표
제42기 (2010년 1월 1일~12월 31일)

영업현금흐름	238,268
투자현금흐름	(239,849)
재무현금흐름	(1,523)
외화환산 현금변동	(481)
현금의 증가(감소)	(3,585)
기초의 현금	101,499
기말의 현금	97,914
유동성비율	123.8%
순이자보상비율	-0.7%
부채비율	50.3%
영업이익률	11.2%
자기자본이익률	18.5%
총자산회전율	115.1%

(단위: 억 원)

재고자산

삼성전자의 자산총계 대비 재고자산 비중(4.4%, K-IFRS 별도 기준)은 낮은 수준인데, 이는 재고자산(반도체)의 진부화가 빠르다는 사실과 관련 있다. 삼성전자의 재고자산은 시간이 흐르면 가치가 급격히 떨어지기 때문에 가급적 빨리 판매해서 현금화하는 것이 유리하다. 이 회사의 주력 D램이 변경되는 기간을 살펴보면 16MB(1996) → 64MB(1999) → 128MB(2001) → 256MB(2003) → 512MB(2006) → 1GB(2008) → DDR2(2008) → DDR3(2009)으로 갈수록 라이프 사이클이 짧아지고 있음을 알 수 있다. 삼성전자의 재무상태표에 기재되는 재고자산 금액은 원가와 순실현가능가치 중 작은 금액으로 표시되고 있다. 이 회사가 재고자산을 보수적으로 평가하고 있음을 알 수 있다.

유형자산★★★

반도체 제조기업의 자산총계에서 유형자산이 차지하는 비중은 높은 편이다. 삼성전자의 자산총계의 여러 항목 가운데 유형자산이 차지하는 비중(36%, K-IFRS 별도 기준)은 가장 높다. 이렇게 반도체 제조기업의 유형자산 비중이 높은 것은 반도체 사업이 막대한 투자비가 요구되는 장치산업이라는 사실과 관련이 있다. 반도체 라인 한 개를 설치하는데 4조 원가량이 소요된다.

이렇게 비중이 높은 유형자산은 신규 경쟁자가 새로 시장에 진입하는 것을 막는 장벽 역할을 한다. 3조 원, 4조 원을 투입해서 이 시장에 투입했다가 실패를 할 경우 손실을 만회할 방법이 사실상 없다. 그런데 이런 막대한 유형자산 때문에 기존 반도체기업의 시장 퇴출이 늦어지는 경향도 나타난다. 다시 말해 반도체기업은 퇴출 코스트(Exit Cost)가 워낙 크기 때문에 구조조정이 신속히 이루어지지 않으며, 이에 따라 공급 과잉이 상당 기간 지속되는 특성을 보인다. 대만의 반도체기업들의 경우 자사의 반도체 제품 가격이 원가 이하로 내려가는 상황에서도 정부 지원에 의해 버티는 모습을 보이고 있는 것도 바로 이 때문이다.

판매보증충당금(판매보증충당부채)★★

삼성전자는 제품의 판매 과정에서 일정 기간 제품보증을 하고 있다. 삼성전자는 실제 보증을 위해 소요될 것으로 예상되는 금액을 미리 산정해 충당금을 설정하고 있다. 판매보증충당금은 이 회사의 이익에 직접적인 영향을 미친다. 다시 말해 삼성전자가 판매보증충당금을 늘리면 이익이 감소하며, 반대로 판매보증충당금을 줄이면 이익이 증가한다.

매입채무

삼성전자의 매입채무는 반도체, 스마트폰 등의 제품 제조에 필요한 원재료를 외상으로 매입하는 과정에서 발생한다. 삼성전자는 협력업체와의 협상력에서 절대적으로 우위에 있기 때문에 매입채무를 충분히 늘릴 수 있다. 그러나 삼성전자의 매입채무가 증가한다는 것은 협력업체를 상대로 외상결제를 많이 한다는 의미이며, 반도체 산업 생태계에 악영향을 미친다.

삼성전자는 매입채무를 가급적 줄인다는 의지를 표명해왔다. 2010년 12월 삼성전자는 340여 개의 1차 협력사와 협약식을 맺고 2013년까지 현금결제를 시행한다고 발표했다. 60일 이상의 어음을 조기에 없애고,

2012년에는 60일 미만의 어음까지 퇴출시킨 뒤, 2013년부터 가능한 한 현금으로만 결제할 계획이라고 밝혔다. 2010년 12월 현재 삼성전자는 1차 협력업체를 상대로 현금결제 비중을 절반가량으로 유지하고 있다. 이에 따라 삼성전자의 매입채무는 감소하고 운전자본의 부담은 증가할 전망이다.

2. 손익계산서, 현금흐름표

매출액

반도체 제조기업은 매출액 변동성이 크다. 반도체는 제품 개발시점, 투자시점, 양산시점에 상당한 시차가 존재하며, 이에 따라 가격 예상이 어렵기 때문이다. 대규모 투하 자본이 소요되는 산업 특성상 생산량 조절이 힘든 관계로 수급 불균형이 크게 발생한다는 것도 매출액 변동성을 높이는 요인의 하나다. D램 가격은 연중 최저 가격과 최고 가격이 3배가량 차이가 난 적도 있을 정도로 심한 등락을 보이고 있다.

영업이익

삼성전자의 영업이익과 영업현금흐름은 밀접한 상관관계를 보이고 있다. 유통망을 관리하는 제조기업은 유통망 관리를 위해 현금이 소요되기 때문에 영업이익과 영업현금흐름의 차이가 발생한다.

3. 재무비율 분석

K-IFRS 방식이 도입되면서 기업의 재무비율을 어떻게 구해야 하는 가를 놓고 혼선이 빚어지고 있다. 이런 혼란이 빚어지는 가장 큰 이유는 K-IFRS의 주 재무제표가 연결 재무제표라는 것에서 비롯된다. 연결 재무제표는 지배기업과 종속기업의 자산, 부채, 자본, 매출액 등을 합산해 보여준다. 종전의 K-GAAP의 경우, 주 재무제표인 개별 재무제표를 기준으로 재무비율을 계산하던 것에 익숙하다 보니 연결 재무제표가 낯설게 다가오는 것이다.

결론적으로 유동성비율이나 순이자보상비율 같은 안정성 지표는 K-IFRS 별도 재무제표를 기준으로 계산하는 것이 합리적이고, 부채비율, 영업이익률, 자기자본이익률, 총자산회전율 등은 K-IFRS 연결 재무제표를 기준으로 계산하는 것이 합리적이다. 왜냐하면 안정성이 훼손되어 문을 닫거나 도산하는 대상은 법적 실체로서의 개별 기업이기 때문이다. 반면 수익성과 효율성의 극대화는 경제적 실체를 기준으로 생각해야 합리적이다. 이런 점들을 감안해 안정성 지표인 유동성비율, 순이자보상비율, 부채비율을 살펴보자.

이 회사의 유동성비율을 파악하기 위해서는 K-IFRS 별도 재무제표에 나와 있는 단기차입금의 성격을 규명해야 한다. 삼성전자의 단기차입금은 유전스가 아니라 운영 자금 조달을 위한 담보부차입금이다. 그러므로 삼성전자의 단기차입금은 유동성을 계산할 때 포함하는 것이 합리적이다.

―차입금
보고기간종료일 현재 회사의 차입금 내역은 다음과 같습니다.

종별	차입처	연이자율(%) 당기	금액(백만 원)		
			당기말	전기말	전기초
담보부차입금	우리은행 외	1.1~1.4	4,415,095	3,579,760	3,488,144

다만 삼성전자의 담보부차입금은 이자율이 시중 금리보다 낮다. 이는 삼성전자의 높은 신용도 덕분이다. 이 회사는 저금리의 차입금을 조달해 재무 안정성을 높이고 있는 셈이다. 이 회사의 현금성자산 12조 7,570억 원(현금 및 현금성자산 1조 8,264억 원+단기금융상품 10조 9,307억 원)은 유동성 관련 부채의 합계액 10조 3,081억 원(단기차입금 4조 4,151억 원+미지급금 5조 8,930억 원)보다 많다(이 회사의 운전자본은 '매출채권+재고자산-매입채무'로 계산하는 것이 합리적이다).

반도체기업은 유동성을 충분히 보유하고 있는 편이다. 이유는 반도체기업의 높은 경기 변동성 때문이다. 다시 말해 반도체기업은 불황이 닥칠 경우 탄력적으로 대응해야 하기에 여타 산업에 비해 높은 수준의 재무 안정성을 필요로 한다. 삼성전자가 현금성자산을 충분히 유지하고 있는 이유가 여기에 있다. 그러고 보면 반도체 산업은 투자자에게 그다지 매력적이라고 보기 어렵다. 한신정평가는 반도체(메모리) 산업의 산업 위험도를 해마다 '높은(불리한) 수준'으로 분류하고 있다.

삼성전자의 순이자비용도 문제가 없는 수준이다. 금융비용과 금융수익이 유사하며 영업이익이 14조 9,242억 원이다. 또 K-IFRS 연결 재무제표를 기준으로 이 회사의 부채비율을 계산해보면 34퍼센트에 불과하다. 정리해보면 삼성전자는 안정성의 3대 지표인 유동성 비율, 순이자보상비율, 부채비율의 모든 측면에 별다른 문제가 없다.

다음으로 K-IFRS 연결 재무제표를 기준으로 이 회사의 수익성을 계산해보자. 이 회사의 영업이익률과 자기자본이익률은 지속적으로 두자릿수를 유지하고 있다. 삼성전자의 매출총이익률은 30퍼센트 이상으로 유지되고 있는데, 이는 경쟁사인 마이크론(15%), 엘피다(9%)에 비해 월등히 앞서 있다. 삼성전자의 이익률이 이렇게 높은 이유는 반도체사업의 핵심 관건인 공정 미세화 기술과 대구경 웨이퍼 설비 구축에서 앞서 있기 때문이다. 공정 미세화 기술이란 한장의 웨이퍼에서 보다 많은 반도체를 생산해내는 기술을 말하는데, 이 회사는 2010년 3분기부터 35나노미터 양산을 시작했고, 4분기부터 46나노미터, 35나노미터의 제품 비중을 60퍼센트 수준으로 유지하고 있다. 2011년 하반기에는 3X나노미터 초반 제품을 양산할 예정이다. 경쟁사인 마이크론과 엘피다의 공정 미세화는 각각 50나노미터, 63나노미터 수준이다.

대구경 웨이퍼란 웨이퍼의 지름이 가능한 길다란 것을 의미한다. 삼성전자는 300밀리미터를 표준 웨이퍼로 쓰고 있다. 삼성전자는 이렇게 앞선 기술력을 바탕으로 이익을 늘리고 있고, 여기서 확보된 자금을 대규모 투자에 활용하는 선순환 체제를 구축하고 있다. 반대로 경쟁사들은 기술력을 따라 잡지 못해 이익이 축소되고 있고, 이에 따라 대규모 투자를 하지 못하며 이익이 더욱 축소되는 악순환을 겪고 있다.

마지막으로 총자산회전율이다. 이 회사의 총자산회전율은 100퍼센트가 넘는다. 삼성전자는 안전성, 수익성, 효율성의 모든 측면에서 우량하다.

철강사, 원자재 상승이 투자 기회인 이유

철강기업의 재무제표 : 포스코(POSCO)

1. 재무상태표(대차대조표)

매출채권

포스코의 매출액 가운데 내수 비중은 70퍼센트가량인데, 매출채권은 주로 내수에서 발생한다.

포스코는 열연, 냉연 등의 제품을 생산해 윈스틸 등의 포스코 대리점이나 동국제강, 동부제철 등 대형 철강사(중간재 수요처)에 공급하며, 현대중공업그룹(현대미포조선, 삼호중공업 포함), 현대기아차그룹, GM대우자동차, 현대하이스코, 포스코강판, 세아제강, 유니온스틸, 대우조선해양, LG전자, 삼성중공업처럼 수요량이 많은 기업에는 직접 판매한다. 그런데 이런 거래는 건당 금액이 1,000억 원을 넘는 경우가 적지 않기

■ 포스코의 재무제표(K-GAAP 기준)

(단위: 억 원)

	POSCO (개별) 재무상태표 제43기 (2010년 12월 31일)			
자산			**부채**	
당좌자산	70,199	14.6%	유동부채	58,236
현금 및 현금성자산	6,724	1.4%	매입채무	13,109
단기금융상품	23,767	4.9%	미지급금	7,286
매출채권	33,323	6.9%	미지급비용	2,095
기타	6,385		선수금	332
재고자산	59,888	12.4%	단기차입금	
제품	6,982		11,191	
반제품	14,313		유동성장기부채	17,797
원료	17,048		기타	24,224
연료 및 저장품	5,241		비유동부채	72,845
미착품	16,248		부채총계	131,081
기타	55			
투자자산	161,250	33.5%	**자본**	
유형자산	185,479	38.5%	자본금	4,824
무형자산	1,726	0.7%	자본잉여금	44,212
기타비유동자산	3,360		자본조정	(24,033)
			기타포괄손익누계액	11,291
			이익잉여금	314,528
			자본총계	350,822
자산총계	481,902	100.0%	부채 및 자본총계	481,902

유동성 관련 계정과목
운전자본에 포함되는 계정과목

	POSCO (개별) 손익계산서 제43기 (2010년 1월 1일~12월 31일)		
매출액	325,820		100.0%
매출원가	260,183		79.9%
기초제품재고액	11,915		
당기제품제조원가	26,514		
기말제품재고액	(21,345)		
기타	3,734		
매출총이익	65,637		20.1%
판매비와관리비	15,167		
영업이익	50,471		15.5%
영업외수익	15,807		
이자수익	2,305		
영업외비용	14,777		
이자비용	3,186		
법인세비용차감전순이익	51,501		
법인세비용	9,473		
당기순이익	42,028		12.9%
운전자본	68,578		
운전자본의 증감	(26,802)		
운전자본비중	21.0%		
현금비중			0.5%
재고자산비중			12.5%
매출채권비중			7.0%
매입채무비중			12.9%
유형자산비중			39.6%

	POSCO (개별) 현금흐름표 제43기 (2010년 1월 1일~12월 31일)	
영업현금흐름	36,053	
감가상각비	22,674	
매출채권의 증가	(6,449)	
재고자산의 증가	(29,930)	
매입채무의 증가	5,720	
미지급금의 감소	(2,591)	
투자현금흐름	(57,606)	
재무현금흐름	22,009	
현금의 증가(감소)	456	
기초의 현금	6,268	
기말의 현금	6,724	
유동성비율	112%	
순이자보상비율	2%	
부채비율	37%	
영업이익률	15%	
자기자본이익률	12%	
총자산회전율	68%	

때문에 외상 판매가 관행으로 자리잡고 있다.

매출채권이 증가하면 현금흐름이 나빠지기 때문에 포스코 입장에서는 매출채권 관리가 중요하다. 글로벌 금융위기가 한창이던 2008년 12월 포스코는 매출채권 규모가 3조 원으로 전년 동기 대비 두 배 가까이 급증하기도 했다. 주요 거래처인 철강업체들이 글로벌 경기 침체로 경영이 악화되자 차일피일 현금 지급을 미뤘기 때문이다. 그렇지만 포스코가 거래 기업을 상대로 무작정 매출채권 회수에 나서기는 쉽지 않다. 포스코가 판매하는 제품은 공공재의 성격이 강하고, 경제 전반에 미치는 파급효과가 크기 때문이다. 2009년 중순 포스코는 경기 악화를 고려해 동국제강, 동부제철 등 일부 중간재 수요처들의 매출채권 만기를 연장해주기도 했다. 이 경우 포스코는 매출채권의 '떼일 위험'을 방지하기 위해 거래 기업으로부터 현금성자산을 비롯한 담보를 제공받는 것을 원칙으로 하고 있다. 수출의 경우 현금결제 위주여서 매출채권의 문제가 그다지 발생하지 않는다. 수출 국가를 살펴보면 일본, 중국, 동남아의 비중이 높다.

재고자산

포스코의 재무상태표에서 재고자산*이 차지하는 비중은 높은 편이다. 2010년 12월 기준 포스코의 재고자산이 자산총계에서 차지하는 비

---

* 포스코는 철강이라는 제품을 제조하기 위해 우선 철광석, 원료탄 및 유연탄을 투입해 일차적으로 쇳물 형태의 반제품을 만든다. 다시 말해 철광석과 원료탄, 유연탄을 높이 약 100미터의 고로에 넣은 뒤 섭씨 1,200도 정도의 뜨거운 바람을 불어 넣으면 원료탄이 타면서 나오는 열에 의해 철광석이 녹아 쇳물이 된다. 이를 제선공정이라고 한다. 그런 다음 이런 쇳물에서 탄소(C), 유황(S)같은 불필요한 물질을 빼내 '순수한 쇳물(용강)'로 만드는데 이를 제강공정이라고 한다. 이 순수한 쇳물이 연주, 압연이라는 두 공정을 거치면 열연, 냉연 등의 제품(Finished goods)으로 만들어진다.

중은 두자릿수(12.4%)인데, 이는 여타 제조기업에 비해 높은 편이다.

포스코의 재고자산은 진부화의 문제가 사실상 발생하지 않기 때문에 과다하더라도 특별히 문제가 되지 않는다. 오히려 포스코는 원재료(철광석) 생산지의 기상 이변이나 수급 불균형 사태에 대비해 원재료를 일정 물량 미리 확보해두고 있다. 포스코가 쌓아두는 철광석은 일반적으로 2개월치 분량이다. 포스코의 철광석 구매처의 60퍼센트가량은 호주, 브라질이고, 나머지 40퍼센트는 캐나다, 중국, 인도네시아 등이다. 원재료 매입 가격이 상승하면 포스코는 이를 제품 가격에 반영하며, 포스코의 수익성은 개선된다.

유형자산★★

철강산업은 자본집약적 장치산업으로 초기에 막대한 설비투자가 요구된다. 또한 초기투자 이후에도 제품의 생산성 유지 및 향상을 위한 경상적 투자와 더불어 경제성장에 따른 수요증가에 대응하기 위한 생산능력 확대 투자가 주기적으로 수반되어야 한다.

이런 특성 때문에 철강사의 재무상태표에서 유형자산이 차지하는 비중은 높다. 포스코의 유형자산이 자산총계에서 차지하는 비중은 40퍼센트에 육박한다. 구체적으로 포스코는 경북 포항과 전남 광양에 고로를 갖고 있으며, 고로 운영을 위한 용해로, 압연기, 전단기 등 각종 부속 설비와 장치를 보유하고 있다. 또한 토지, 건물, 차량운반구, 공구와 기구, 비품 등을 보유하고 있는데, 이런 것들이 유형자산에 속한다.

매입채무, 미지급금, 미지급비용

포스코는 원재료 수송, 제철소 시설 개보수 등과 관련해 다양한 중소기업 및 일반기업들로부터 용역이나 서비스를 제공받고 있다. 여기서 중소기업이란 당국이 규정한 중소기업 기준에 의해 등록된 기업을 말하고, 일반기업이란 여기에 해당하지 않는 기업을 말한다. 포스코가 거래 중인 중소기업만 해도 3,500여 곳에 이른다. 이 과정에서 포스코는 이들 기업에 대해 외상결제를 하는 경우가 있는데, 이것이 포스코의 재무상태표에는 매입채무, 미지급금, 미지급비용으로 기록된다. 이런 계정과목은, 포스코 입장에서는 이자를 지급하지 않는 부채이며, 그만큼의 현금을 확보하는 셈이 된다. 그러나 포스코의 매입채무, 미지급금, 미지급비용은 상대 거래 기업의 유동성을 악화시킨다. 최악의 경우 거래 기업의 부도를 초래하기도 한다. 대기업의 매입채무는 협상력 우위를 악용한 거래 관행이라는 지적을 받고 있으며, 정부는 현금결제를 유도하고 있다.

이에 포스코는 매입채무, 미지급금, 미지급비용을 줄이겠다는 의지를 표명하고 있다. 중소기업과의 거래 규모는 연간 3조 원에 이르는데, 전액 현금결제를 하고 있다. 또한 포스코는 일반기업에 대해서는 5,000만 원 미만의 대금에 한해서 현금으로 지급하고, 5,000만 원을 초과하는 경우에 50퍼센트는 현금으로, 나머지 금액은 구매카드로 40일 이후에 지급하도록 하고 있다. 구매카드란 기업이 거래은행에서 전용카드를 만들어 납품대금을 어음이 아닌 전용카드로 결제하면 납품업체가 지급 대행 은행으로부터 대금을 지급 받는 방식이다.

선수금

포스코는 주문생산을 원칙으로 하고 있으며, 이 과정에서 계약금(선수금)을 받는다. 그렇지만 선수금의 금액은 크지 않다.

2. 손익계산서

매출액

철강 제품은 건설사, 자동차 업체, 조선사 등 대형 실수요자 대상의 직거래가 70퍼센트를 차지하고, 나머지 30퍼센트는 '철강 서비스 센터'(SSC, Steel Service Center)로 불리는 일종의 판매 대리점을 통해 실수요자에게 공급된다. 포스코는 SCC에 대해 절대적으로 협상력 우위에 있다. SSC는 대리점 역할과 더불어 절단 공정이 포함되는 2차 가공 기능을 수행하고 있으며, 철강 공급이 부족할 경우 보유 재고물량을 소화함으로써 시장을 안정화시키는 기능도 수행한다.

3. 재무비율 분석

안정성 지표인 유동성비율, 순이자보상비율, 부채비율을 살펴보자. 유동성비율을 파악하자면 이 회사의 단기차입금의 성격을 규명할 필요가 있다. 사업보고서의 주석을 살펴보면 이 회사의 단기차입금은 대부분 유전스(외화대부)라는 사실을 알 수 있다. 이 유전스는 포스코가 철강 원재료인 철광석(Iron Ore)과 원료탄을 리오틴토(Rio Tinto), 발레(Vale) 같은 해외 철광석 메이저 사로부터 매입하는 과정에서 활용되는 외화 결제 수단이다. 유전스의 연이자율(0.88~1.64%)은 시중 금리보다 낮다. 그러므로 포스코의 단기차입금(유전스)은 유동성비율을 계산할 때 제외하는 것이 합리적이다(포스코의 운전자본은 '매출채권 + 재고자산 - 매입채무 - 선수금 - 단기차입금'으로 계산하는 것이 합리적이다).

- 단기채무
당기말과 전기말 현재 당사의 단기채무의 내역은 다음과 같습니다.

구분	차입처	연이자율(%)	통화	제43(당)기		제42(전)기		상환방법
				통화별금액	원화환산액	통화별금액	원화환산액	
<단기차입금>								
외화대부	ING 외	0.88~1.64	USD	982,589,470	1,119,071	369,055,984	430,910	만기일시상환
	소계		USD	982,580,470	1,119,071	369,055,984	430,910	

(단위: 백만 원)

결국 이 회사의 유동성에 관련되는 계정과목은 미지급금, 미지급비용, 유동성장기부채인데, 이 세 가지의 합계액(2조 7,178억 원)은 현금성자산 3조 491억 원(현금 및 현금성자산 6,724억 원 + 단기금융상품 2조 3,767억 원)으로 충분히 상쇄된다. 포스코의 순이자보상비율(2%)과 부채비율(37%)도 안전성의 조건을 충족하고 있다.

다음으로 알아볼 것은 수익성이다. 이 회사의 영업이익률(15%)과 자기자본이익률(12%)은 우량기업 수준이다. 2000~2009년까지 평균 20퍼센트에 육박하는 영업이익률을 기록했는데, 이는 아르셀로 미탈, NSC 등 해외 메이저 철강사들의 평균 영업이익률 9.8퍼센트를 상회하는 수준이다. 철강 업황이 크게 저조했던 2009년에 이들 해외 메이저 철강사는 영업 손실을 기록하거나 낮은 한자릿수 영업이익을 냈음에도 포스코는 두자릿수 영업이익률(15%)을 기록했다.

경쟁사를 압도하는 이런 수익성은 포스코의 탁월한 원가 경쟁력 덕분이다. 1일 동안 고로 1입방미터에서 생산해낼 수 있는 용선(쇳물)의 양을 의미하는 출선비를 살펴보면 포스코가 입방미터당 2.6톤인데, 해외 메이저 고로 업체는 입방미터당 2.2~2.4톤 수준이다. 포스코는 제선 원료인 철광석과 원료탄의 투입단가를 낮출 수 있는 기술력도 뛰어나다. 포스코의 연간 1조 원 이상의 원가 절감 규모 중 80퍼센트는 이러한 재료비 투입원가 효율성에서 창출되는 것으로 분석되고 있다.

끝으로 효율성을 살펴보자. 이 회사의 총자산회전율(68%)은 낮은 편인데, 이는 포스코가 전형적인 굴뚝기업이라는 사실과 관련 있다.

정유사의 재고자산, 많아도 문제없다
정유사의 재무제표 : 에쓰오일(S-OIL)

1. 재무상태표(대차대조표)

매출채권

한국의 정유사는 수출과 내수의 비중이 엇비슷한데, 어느 경우든 외상 판매가 관행이다. 에쓰오일도 사정은 마찬가지이다. 수출의 경우를 보면 에쓰오일은 아시아, 호주, 유럽, 미국 등 각국에 직수출을 하기도 하고, 정유거래회사(Trading Company)를 통한 간접 수출을 하기도 한다. 이밖에 입찰 참여를 통한 수출 등이 있는데, 어느 방식이든 외상판매가 국제 상거래로 인정받고 있다. 에쓰오일의 매출채권의 상당 부분이 미국 달러 등 외화로 기재돼 있는 이유가 여기에 있다.

내수 판매의 경우 에쓰오일은 주유소 등에 정유제품을 공급하거나,

에쓰오일 (개별) 재무상태표
제36기 (2010년 12월 31일)

자산			부채		
당좌자산	30,578		유동부채	45,924	32.8%
현금 및 현금성자산	8,526	8.5%	매입채무	17,981	
단기투자자산	422		미지급금	6,038	11.0%
매출채권	17,741	17.7%	미지급비용	83	
기타	3,888		단기차입금	19,361	35.3%
재고자산	29,468	29.5%	기타	2,461	
제품	7,752		비유동부채	8,862	
반제품	2,785		부채총계	54,787	100.0%
원재료	18,049		자본		
기타	882		자본금	2,915	
투자자산	1,889	1.9%	자본잉여금	17,992	
유형자산	36,301	36.3%	자본조정	(19)	
건설중자산	16,989		기타포괄손익누계액	5,940	
기타	19,312	0.2%	이익잉여금	18,400	
무형자산	156		자본총계	45,228	
기타비유동자산	1,624	1.6%			
자산총계	100,015	100.0%	부채 및 자본총계	100,015	

■ 유동성 관련 계정과목
■ 운전자본에 포함되는 계정과목

에쓰오일 (개별) 손익계산서
제36기 (2010년 1월 1일~12월 31일)

매출액	205,295	100.0%
국내매출액	86,783	
수출액	118,512	
매출원가	192,591	
매출총이익	12,705	6.2%
판매비와 관리비	4,571	
영업이익	8,133	4.0%
영업외수익	7,599	
이자수익	272	
외환차익	5,690	
파생상품거래이익	655	
기타	1,254	
영업외비용	7,039	
이자비용	268	
외환차손	5,803	
파생상품거래손실	687	
기타	549	
법인세비용차감전순이익	8,694	
법인세비용	1,643	
당기순이익	7,051	3.4%
유동성비율		146.2%
순이자보상비율		0.0%
부채비율		121.1%
영업이익률		4.0%
자기자본이익률		15.6%
총자산회전율		205.3%

에쓰오일 (개별) 현금흐름표
제36기 (2010년 1월 1일~12월 31일)

영업현금흐름	7,322
감가상각비	1,836
매출채권의 증가	(3,344)
재고자산의 증가	(3,712)
매입채무의 증가	7,255
미지급금의 감소	(4,426)
미지급비용의 증가	1,391
투자현금흐름	(4,953)
재무현금흐름	(2,056)
단기차입금의 감소	4,009
현금의 증가(감소)	314
기초의 현금	8,213
기말의 현금	8,526
운전자본	3,828
운전자본의 증감	(6,845)
운전자본비율	1.9%
감가상각비비중	0.9%
현금비중	6.5%
재고자산비중	29.5%
매출채권비중	17.7%
유형자산비중	36.3%

■ 에쓰오일의 재무제표 (K-GAAP 기준)

(단위: 억 원)

대형 수요처에 직거래를 하는데, 이 경우에도 외상판매가 행해진다. 대형 수요처란 한국남동발전, 한국남부발전, 수협중앙회, 대한항공, 아시아나항공, 한국공항, 해양경찰청, 주한미군 등을 말한다. 외상판매는 유동성 위기를 가져올 수 있는데, 일부 정유사는 이 문제를 해결하기 위해 매출채권을 기초 자산으로 자산유동화증권(ABS)을 발행해 현금화하기도 한다.

재고자산★★★

정유사는 재고자산이 자산총계에서 차지하는 비중이 상당히 높다. 정유사가 이렇게 재고자산을 풍부하게 보유하는 이유는 철강사가 철강제품(재고자산)을 풍부하게 보유하는 것과 원리가 동일하다. 정유사의 정유제품은 재고가 과다하더라도 문제가 되지 않는다. 다시 말해 정유사의 재고자산은 경유, 항공유, LPG, 휘발유, 나프타(납사), 아스팔트, 벙커C유 등으로 진부화의 문제가 발생하지 않는다. 오히려 정유사의 재고자산은 인플레이션이 진행되면 오히려 가치가 상승한다. 에쓰오일의 재고자산 가운데 가장 많은 비중을 차지하고 있는 것은 원재료(원유)인데, 이는 유가 폭등이나 중동 산유국의 정정 불안에 대비한 비축용이다.

유형자산

에쓰오일의 자산 가운데 가장 높은 비중(36.3%)을 차지하고 있는 항목은 유형자산이다. 에쓰오일의 유형자산이란 대부분 울산, 온산에서 운영하고 있는 정제공장을 말한다. 또한 이 회사는 인천, 영천, 동해에 저유소(원유 저장소)를 보유하고 있다. 이런 설비는 완료되기까지 막대한 자금과 기간이 소요되며, 설비투자 기간에 정유사의 실적은 나빠진다. 그러다 일단 설비가 완료되면 정유사의 실적은 장기간에 걸쳐 우량한 모습을 보이게 된다.

매입채무, 단기차입금★★★

한국의 정유사는 중동 산유국에서 원유를 매입하는데, 이 과정에서 매입채무와 단기차입금(유전스)이 발생한다. 한국의 정유사가 중동 산유국에서 원유를 매입하는 과정에서 이뤄지는 분개는 다음과 같다.

1) 정유사가 사우디아라비아 등 산유국 현지에서 원유를 매입할 때
 (차) 원재료(혹은 미착품) ○○○ / 매입채무(혹은 지급어음) ○○○
  [자산의 증가]   [부채의 증가]

2) 은행이 원재료 가격을 대지급했을 때
 (차) 매입채무(혹은 지급어음) ○○○ / 단기차입금 ○○○
  [부채의 감소]   [부채의 증가]

3) 유전스가 만기가 돼 정유사가 현금결제를 했을 때
 (차) 단기차입금   ○○○ / (대) 현금 ○○○
   이자비용(혹은 유전스이자) ○○○
  [부채의 감소]   [자산의 감소]
  [비용의 발생]

이런 이유로 정유사의 매입채무와 단기차입금은 미국 달러 등 외화로 기재돼 있다. 정유사는 유전스를 활용해 원유를 수입함으로써 원규 대금의 지급 시점을 4개월(120일)가량 늦추고 있다. 4개월 동안 정유사는 원유를 정제하고 판매해 현금화할 수 있는 것이다. 정유사의 단기차입금(유전스)은 운전자본을 감소시키며, 많더라도 이는 문제가 되지 않는다.

2. 손익계산서

매출액

정유사가 판매하는 정유제품의 특징은 품목별로, 계절별로 수급 불균형이 발생한다는 사실이다. 정유사가 정유 공장에서 원유를 정제하면 벙커C유(41%), 나프타(18%), 경유(15%), 휘발유(13%), 등유(5%), LPG(4%), 기타(4%)가 일정 비율로 생산된다. 정유사는 이들 정유제품 중에서 무엇을 생산하고 생산하지 않을지 선택할 여지가 없다. 그러다 보니 품목별로 수급 불균형이 발생한다. 가장 많이 생산되는 품목은 벙커C유인데, 벙커C유는 다시 고유황유와 저유황유로 나뉜다. 이 가운데 고유황유는 대부분 수출되는 반면 저유황유는 환경규제 때문에 오히려 수입하고 있다. 정유제품 가운데 경유, 휘발유, 등유를 경질유라고 하는데, 경질유의 수요는 지속적으로 증가하고 있다. 정유사들은 저부가 제품인 벙커C유를 분해해 경질유를 생산하는 고도화 설비에 대한 투자를 하고 있다.

제조원가

정유사가 정제 설비를 이용해 원유를 정제하는 석유제품은 대표적인 연산품(Joint Product)이다. 다시 말해 정유사가 원유를 정제하면 휘발유, 경유, 등유, 벙커C유 등이 일정 비율로 생산되는 것이다. 이 말은 어느 것을 생산하고, 어느 것을 생산하지 않을 수가 없다는 뜻이다. 그러다 보니 정유사의 제품별 원가를 산정하거나 제조원가를 정확히 계산하는 것은 쉽지 않다.

일부에서는 정유사가 고의적으로 휘발유 원가를 공개하지 않고 있다고 하지만, 원가회계를 조금이라도 공부해본 사람이라면 휘발유 원가 공개 논란에 대한 진실을 파악할 수 있을 것이다. 휘발유 원가 등 특정 석유제품의 객관적인 원가란 현실적으로 존재할 수 없으며, 휘발유, 등유, 경유, 중유 등 석유제품을 모두 생산·공급하는 정유사의 경우 석유제품들에 대한 총 원가만 유효한 의미를 갖는다.

3. 재무비율 분석

안정성을 파악하는 지표인 유동성비율, 순이자보상비율, 부채비율을 순서대로 살펴보자.

이 회사의 유동성을 파악하기 위해서는 단기차입금의 성격을 파악해야 한다. 에쓰오일의 부채총계에서 단기차입금이 차지하는 비중은 절반에 육박한다. 단기차입금은 에쓰오일의 부채비율을 100퍼센트 이상으로 만드는 주요인이기도 하다. 감사보고서를 살펴보면 이 회사의 단

－2010년과 2009년 12월 31일 현재 단기차입금의 내역은 다음과 같습니다.

구분	차입처	금액(백만 원)	
		2010	2009
유산스차입금	신한은행 외 13개 금융기관	1,936,116	2,370,124

기차입금은 전액 유전스임을 알 수 있다.

에쓰오일은 사우디아라비아 아람코사로부터 원유를 수입하는데, 이 과정에서 현지 은행인 내셔널커머셜뱅크(NCB)와 유전스 계약을 연간 단위로 맺고 있다. 이게 에쓰오일의 재무상태표에 단기차입금으로 계상되고 있는 것이다.

정유사는 원유 도입 계약 건당 수천만 달러의 비용이 드는 데다 판매대금은 계약 이후 6개월이 지나야 들어오기 때문에 유전스가 필수다. 그러므로 에쓰오일의 단기차입금(유전스)은 과다하더라도 별다른 문제가 되지 않는다(에쓰오일의 운전자본은 '매출채권 + 재고자산 － 매입채무 － 단기차입금 － 미지급금'으로 계산하는 것이 합리적이다).

IFRS 방식에서는 정유사의 LIFO(후입선출법)가 금지된다

정유사의 재고자산 평가방법이 논란이 된 적이 있다. 에쓰오일, SK에너지, GS칼텍스, 현대오일뱅크 등 한국의 정유 4사는 2006년까지만 해도 재고자산 평가방법으로 후입선출법(LIFO)을 채택해왔는데, 당시 후입선출법은 한국의 기업 가운데 극소수가 채택하고 있는 평가법이었다.

후입선출법은 최근에 구매한 자산이 가장 먼저 팔린다고 가정하는 평가법이다. 그런데 자본주의 경제는 상시적으로 인플레이션을 겪게 되는데, 인플레이션하에서 후입선출법을 채택하는 기업은 매출원가가 과대 계상되며, 재고자산 및 당기순이익은 과소 계상된다. 당기순이익이 과소 계상되면 일시적인 법인세 절세효과가 발생해 정유사의 현금흐름에 유리한 측면이 있다. 또한 기말 재고자산이 기초 재고자산보다 감소할 경우에는 저가의 재고자산이 원가로 계상되면서 일시적으로 이익이 증가하는 '재고자산의 청산효과'가 발생하는데 이는 회사 입장에서 기말 시점의 재고물량의 조정을 통해 자의적인 이익 변동이 가능함을 의미한다.

이런 문제가 있기 때문에 후입선출법을 채택하는 기업은 극소수이다.

2006년 조사에 따르면 한국의 상장사 가운데 후입선출법을 채택한 기업은 SK에너지, 에쓰오일, 삼성공조 3개사에 불과했다(GS칼텍스와 현대오일뱅크는 당시 비상장사였다).

IFRS는 이런 재고자산 평가 방법으로 후입선출법을 금지하고 있다. 후임선출법이 변경되면서 정유사의 실적은 개선된 것으로 조사되고 있다. 2009년 재고자산 평가방법을 후입선출법에서 IFRS이 인정하는 총평균법으로 변경한 GS칼텍스의 경우 6,237억 원의 재고자산이 늘고 자본 및 당기순이익이 각각 4,865억 원과 2,428억 원이 증가하는 효과를 봤다.

에쓰오일의 경우 GS칼텍스에 비해 증가 효과는 크지 않았지만 2009년 당기순이익이 437억 원이 증가했다. 회계변경이 수익성 및 재무 안정성에 긍정적인 영향을 준 것이다. 그러나 이는 기업의 실질 변화와는 무관한 사안으로 개별 정유사의 신용등급에는 영향을 미치지 않을 것으로 보인다.

에쓰오일의 파란만장한 설비투자의 역사

　에쓰오일은 1976년 쌍용그룹이 한이석유주식회사라는 사명으로 설립했다. 쌍용그룹은 당시 오일쇼크로 벙커C유를 공급받지 못하게 되자 이를 타개하기 위해 이란국영석유공사(NIOC)와 50대 50의 합작으로 에쓰오일을 설립했다.

　쌍용그룹은 첫 사업으로 울산시 울주군 온산읍에 정유공장을 건설하는 사업에 착수했다. 그런데 정유공장 완공 전, 이란에 이슬람 혁명이 발생해 사업에 차질이 빚어지자 쌍용그룹은 이란측 소유 주식을 전량

연도	내용
1991년 1월	제2정제시설(240,000 B/D) 상업가동
1991년 4월	BTX제조시설(900,000 MTA) 상업가동
1995년 1월	제3정제시설(250,000 B/D) 상업가동
1996년 3월	중질유분해시설(수소첨가분해시설 75,000 B/D, 잔사유수첨탈황시설 52,000 B/D)가동
1997년 4월	중질유 분해시설(접촉분해시설 73,000 B/D, 감압잔사유탈황시설 40,000 B/D)가동
1997년 12월	Para-Xylene 생산시설(700,000 MTA) 상업가동
2002년 11월	제2중질유분해탈황시설(No.2 Hyvahl Complex, 57,000 B/D) 상업가동
2002년 12월	VHVI 윤활기유(Ultra-S) 대량생산체제 구축

■ 에쓰오일의 설비 투자

인수하고 1980년에 사명을 쌍용정유주식회사로 변경했다.

쌍용그룹은 1997년 외환위기가 닥치기 전까지 쌍용정유에 대규모 설비투자를 단행했다. 그런데 외환위기가 닥치고 경영난을 겪게 되자 쌍용그룹은 1999년 에쓰오일을 계열분리했다. 결국 쌍용그룹은 거액을 들여 투자만 해놓고 에쓰오일을 내놓는 비운을 맞은 것이다. 에쓰오일의 설비투자는 이후에도 지속됐다.

이렇게 지속적으로 대규모 설비투자를 하다 보니 1999년에 이 회사는 부채비율이 256퍼센트에 이르는 악성 재무제표를 갖게 됐다. 그러나 2000년대에 들어서면서 대규모 설비투자가 끝나자 실적이 개선되었으며, 2002년부터는 국제 유가가 상승해 실적이 대폭 개선됐다. 쌍용그룹은 대규모 투자의 과실을 향유하지 못하고 에쓰오일을 접은 셈이다.

재고자산의 진부화는 의류기업에게 독이다
의류기업의 재무제표 : 한섬

1. 재무상태표(대차대조표)

매출채권★

한섬의 유통 채널을 보면 직영점, 백화점, 대리점 등으로 다원화돼 있다.

어느 경우든 소비자(고객)들은 한섬 의류 브랜드를 대부분 신용카드로 결제하는데, 이 금액은 한섬의 재무상태표에 매출채권으로 기록된다. 백화점, 할인점에 발생하는 매출채권은 100퍼센트 회수율을 보이고 있다. 그런데 대리점은 자본력이 상대적으로 크지 않은 개인사업자가 운영하다 보니 매출채권 회수가 불안정하고 대손이 발생할 가능성이 높은 편이다. 이에 대비해 의류기업들은 대리점 개설 시 보증금, 부

한성 (개별) 재무상태표
제24기 (2010년 12월 31일)

(단위: 억 원)

자산			부채		
당좌자산	1,608		유동부채	627	100%
현금 및 현금성자산	806	12.9%	매입채무	191	30.4%
매출채권	393	6.3%	단기차입금	45	7.2%
미수금	78		미지급금	187	29.8%
단기대여금	200	3.2%	미지급법인세	126	
기타	131		적립금충당부채	23	
재고자산	1,426	22.7%	기타	56	
상품	197		비유동부채	190	
제품	923		부채총계	817	
원재료	227		자본		
기타	79		자본금	123	
투자자산	1,596	25.4%	자본잉여금	1,256	
유형자산	1,473	23.5%	자본조정	(229)	
무형자산	0		기타포괄손익누계액	34	
기타비유동자산	168	2.7%	이익잉여금	4,269	
			자본총계	5,453	
자산총계	**6,270**	**100.0%**	**부채 및 자본총계**	**6,270**	

- 유동성 관련 계정과목
- 운전자본에 포함되는 계정과목

한성 (개별) 손익계산서
제24기 (2010년 1월 1일~12월 31일)

매출액	4,475	100.0%
제품매출액	3,761	
상품매출액	670	
수수료매출	43	
매출원가	1,555	
매출총이익	2,919	65.2%
판매비와관리비	2,096	
급여	179	
수수료	1,514	
광고선전비	70	
기타	333	
영업이익	823	18.4%
영업외수익	176	
이자수익	39	
영업외비용	136	
이자비용	5	
법인세비용차감전순이익	864	
법인세비용	144	
당기순이익	720	16.1%
유동성비율	1776.2%	
순이자보상비율	0.6%	
부채비율	15.0%	
영업이익률	18.4%	
자기자본이익률(ROE)	13.2%	
총자산회전율	71.4%	
매출채권회전기간	32.1	

한성 (개별) 현금흐름표
제24기 (2010년 1월 1일~12월 31일)

영업현금흐름	673
감가상각비	78
재고자산의 증가	86
매출채권의 증가	(71)
미수금의 증가	(1)
재고자산의 증가	(218)
매입채무의 증가	7
투자현금흐름	(36)
재무현금흐름	(123)
현금의 증가(감소)	514
기초의 현금	292
기말의 현금	806
운전자본	1,828
운전자본의 증감	(282)
운전자본비중	40.9%
현금비중	12.9%
감가상각비비중	1.7%
재고자산비중	22.7%
매출채권비중	6.3%
유형자산비중	23.5%

■ 한성의 재무제표 (K-GAAP 기준)

| 재무제표만으로 우량 제조기업 고르는 법 | 189

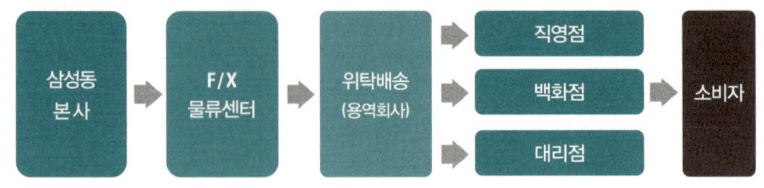

■ 한섬의 유통 채널

동산 담보 등을 확보해두고 있다. 한섬의 매출채권 회수기간은 32일인데, 이는 한국의 대형 의류기업의 매출채권 회수기간 60일보다 짧은 편이다. 이는 이 회사가 매출채권을 상대적으로 빠르게 현금화하고 있음을 보여준다.

단기대여금★★

한국의 대형 의류기업은 자체 공장을 운영하는 대신에 외주업체에 맡겨 제품을 생산하고 있다. 이 과정에서 외주 가공업체의 영세성을 감안해 원재료구입비나 시설운영비를 대여하는 경우가 있는데, 이것이 의류기업의 재무상태표에 단기대여금으로 나타난다. 의류기업의 단기대여금은 영업상 발생한다는 점에서 운전자본에 포함시키는 것이 합리적이다. 한섬의 외주 거래처는 케이디텍스타일, 호혜섬유(이상 니트), 삼도상사, 제일금속(이상 단추, 안감) 등이다. 이런 외주 가공비는 제조원가의 경비로 계상된다.

재고자산★★★★

의류기업의 재무상태표의 계정과목 가운데 가장 세심하게 살펴봐야 할 것이 재고자산이다.

의류기업의 재고자산(의류 제품)은 유행에 민감하며 진부화가 아주 빠르다. 특히 최근 수요 예측을 바탕으로 하는 기획 생산이 의류 생산의 주류가 되면서 '팔리지 않은 제품(이월 재고자산)'이 대량으로 발생하고 있다. 백화점이나 할인점에서 팔리지 않은 의류 제품은 전적으로 의류기업에 전가된다. 이월 재고자산의 가치는 정가의 20~30퍼센트 수준으로 급락하며, 이에 따라 의류기업의 수익성과 자금 흐름은 악화된다. 이 경우 의류기업은 이월 재고자산을 쌓아두기보다는 할인판매를 하는 것이 여러모로 낫다. 비록 할인판매를 할 경우 회사 이미지에 악영향을 초래할 수 있지만 이월 재고자산이 쌓이면서 유동성에 문제가 생기는 것보다는 백배 낫다. 의류기업이 재고자산을 처분했는지에 관한 정보는 현금흐름표의 '영업활동으로 인한 현금흐름'의 '재고자산 처분손실'이라는 계정과목에 나와 있다. 그러나 어느 정도가 적정한 재고자산 처리 규모인지를 파악하기란 쉽지 않다. 그래서 일부 의류기업은 재고자산을 늘리거나 줄이면서 이익을 조절하기도 한다.

유형자산★★

한국의 의류기업 자산총계에서 유형자산이 차지하는 비중은 상대적으로 높지 않다. 한섬의 자산총계 대비 유형자산 비중은 23.5퍼센트이다. 이렇게 의류기업의 유형자산 비중이 낮은 이유는 의류기업이 제품을 자체 생산하지 않고 아웃소싱(외주 임가공)을 하기 때문이다. 의류기업이 이렇게 아웃소싱 방식을 채택한 것은 1990년 후반 인건비가 빠르게 상승하면서부터이다. 이후 한국의 의류기업은 중국, 베트남 등에 생산 공장을 짓거나 국내 기업에 아웃소싱하는 경향을 보이고 있다.

매입채무

의류기업은 폴리에스테르와 나일론 같은 화학섬유를 국내의 화섬업체로부터, 천연섬유는 방적 업체로부터 조달받고 있으며 일부 원재료는 일본, 이탈리아에서 수입하고 있다. 이 과정에서 매입채무가 발생한다.

2. 손익계산서, 현금흐름표, 기타

매출액

의류기업의 매출액은 '점포당 매출액 × 유통망 수'의 함수 관계로 생각해보는 것이 효과적이다. 다시 말해 의류기업은 점포당 매출액이 증가하거나 유통망 수가 증가할 때 매출액이 증가한다.

이 중에서는 점포당 매출액이 증가하는 것이 여러 모로 낫다. 다시 말해 매출 규모가 비슷하다고 하더라도 점포당 매출액이 높은 것이 운영에 있어서 효율적이다. 점포당 매출액이 높으면 개별 판매업자의 이익도 증가하며, 이에 따라 개별 판매업자의 의류기업에 대한 충성도가 높아져 의류기업의 유통망이 확고해진다.

하지만 유통망 수 확대를 통한 매출액 증가는 리스크가 크다. 유통망 수의 확대는 의류기업이 손쉽게 달성할 수 있는데, 이 경우 인테리어 비용을 비롯한 고정비가 커지고 매장 진열을 위한 재고자산이 증가하는 등 비효율성이 커진다. 의류기업이 유통망 수의 확대를 통해 매출액을 늘리면 '앞으로 남고 뒤로 밑지는 장사'를 하게 될 가능성이 크다.

의류기업의 매출액 가운데 정상판매비중이 어느 정도인지를 확인하는 것도 중요하다. 정상판매비중이란 전체 매출액 중에서 할인판매를 하지 않고 판매된 금액의 비중을 의미한다. 정상판매율이 높다는 것은 시즌 기간에 정상 가격을 받고 판매한 매출의 비중이 높다는 뜻이며, 이는 소비자의 취향을 정확하게 예측하여 적정 수준의 물량을 생산하였음을 의미한다. 또한 의류기업의 브랜드 관리가 잘되고 있다는 것을 의미하기도 한다.

판매 수수료

한섬의 손익계산서의 판매비와 관리비 가운데 판매 수수료가 절반 이상을 차지하고 있다. 판매 수수료란 한섬이 백화점에 입점해 자사 제품을 판매할 경우 백화점 측에 납부하는 금액을 말한다. 의류기업이 백화점에 지급하는 공식 판매 수수료율은 30퍼센트 안팎이지만 실제로는 이보다 높다. 의류기업은 백화점 내 자사 매장에 근무하는 직원에게 급여를 별도 지급하고 있으며, 브랜드 관리를 위한 광고 선전비도 부담하고 있다.

감가상각비

의류기업은 자체 공장을 운영하는 대신에 외주생산 방식을 채택하고 있기 때문에 대규모의 설비투자가 일어나지 않으며, 감가상각비 비중이 높지 않은 편이다. 이에 따라 의류기업의 손익계산서의 영업이익과 현금흐름표의 영업현금흐름은 비슷하다.

운전자본

의류기업은 자본적 지출은 크지 않지만, 운전자금 부담이 상당하다. 의류사업은 매출채권과 재고자산이 비교적 과다하고, 하청업체에게 운영자금 용도로 단기대여금을 지급해야 한다. 반면 협상력이 약해 매입채무를 늘리기는 쉽지 않다. 이에 따라 의류기업의 운전자본은 커지는 추세이다. 의류기업의 운전자본은 '매출채권 + 재고자산 + 단기대여금 - 매입채무'로 계산하는 것이 합리적이다.

3. 재무비율 분석

안정성 지표인 유동성비율, 순이자보상비율, 부채비율을 차례대로 살펴보자.

이 회사의 유동성비율을 파악하자면 단기차입금의 성격을 규명할 필요가 있다. 한섬의 단기차입금 가운데는 수입신용장(운전자본)보다는 일

－단기차입금
2008년과 2007년 12월 31일 현재 단기차입금의 내역은 다음과 같습니다

구분	차입처	2008. 12. 31 현재 이자율(%)	금액	
			2008	2007
일반대출	한국외환은행	6.70 ~ 7.14	₩ 5,030,000	₩ －
수입신용장	한국외환은행		2,998,803	－
수입신용장	신한은행		385,701	－
합계			₩ 8,414,504	₩ －

(단위: 천 원)

반대출(금융부채)이 더 많다. 따라서 이 회사의 단기차입금은 유동성을 계산할 때 포함하는 것이 합리적이다.

이 회사의 재무제표에서 볼 수 있듯이 '현금 및 현금성자산' 806억 원은 단기차입금(45억 원)과 미지급금(187억 원)을 충분히 감당할 수 있다. 이 회사의 현금 및 현금성자산은 오히려 지나치다 싶을 정도로 많은 편인데, 이는 의류기업의 실적 변동성이 크다는 것과 관련 있다. 다시 말해 의류기업은 소비자 기호를 예측하고 제품을 생산하지만 예측은 종종 빗나가며, 매출이 4분기에 집중되는 등 계절성(Seasonality)도 강하다. 이런 변동성에 대응하기 위해 의류기업은 현금 및 현금성자산을 과다하다 싶을 정도로 많이 보유하는 경향이 있다.

다음으로 수익성을 살펴보자. 이 회사의 영업이익률(18.4%)과 자기자본이익률(13.2%)은 우량한 수준이다. 이 회사의 총자산회전율(71.4%) 역시 나쁘지 않은 편이다.

매출채권이 과다한 제약사를 주의하라

제약사의 재무제표 : 동아제약

1. 재무상태표(대차대조표)

매출채권 ★★★

한국의 제약사는 매출채권을 만성적으로 많이 갖고 있는 것으로 악명이 높다. 다시 말해 과다한 매출채권 규모는 국내 제약업계의 구조적 특징이다. 2010년 기준 한국 제약사의 평균 매출채권 회전 기간은 111.2일(매출채권회전율 3.28회)이다. 이는 제약사가 매출채권을 현금으로 회수하기까지 111.2일이 걸린다는 뜻인데, 이는 제조업 전체 평균 45.5일(8.01회)에 비하면 매우 높다. 제약업계 1위인 동아제약의 매출채권 회전 기간도 57일(회전율 6.4회)에 불과하다.

이렇게 제약사의 매출채권 비중이 높은 이유는 제약업계에서 외상

동아제약 (개별) 재무상태표
제63기 (2010년 12월 31일)

자산			부채		
자산			부채		
당좌자산	2,646		유동부채	2,221	
현금 및 현금성자산	1,326	11.4%	매입채무	411	9.5%
매출채권	1,323	11.4%	단기차입금	450	10.4%
(대손충당금)	108		미지급금	376	8.7%
기타	1,320		기타	984	
재고자산	1,157	10.0%	비유동부채	2,094	
상품	369		부채총계	4,316	100.0%
제품	245		자본		
재공품	296		자본금	557	
기타	248		자본잉여금	1,998	
투자자산	2,329	20.1%	자본조정	(173)	
유형자산	5,225	45.0%	기타포괄손익누계액	1,607	
무형자산	35	0.3%	이익잉여금	3,300	
기타비유동자산	211	1.8%	자본총계	7,288	
자산총계	11,604	100.0%	부채 및 자본총계	11,604	

■ 유동성 관련 계정과목
■ 순이익분에 포함되는 계정과목

동아제약 (개별) 손익계산서
제63기 (2010년 1월 1일~12월 31일)

매출액	8,468	100.0%
제품매출액	6,715	
상품매출액	1,525	
기타	228	
매출원가	3,456	40.8%
제품매출원가	2,366	
상품매출원가	953	
기타	137	
매출총이익	5,031	59.2%
판매비와 관리비	4,027	
광고선전비	423	
연구개발비	641	
하술비	446	
판매촉진비	519	
기타	1,998	
영업이익	985	11.6%
영업외수익	352	
이자수익	46	
영업외비용	376	
이자비용	143	
법인세비용차감전순이익	961	8.3%
법인세비용	257	
당기순이익	704	

동아제약 (개별) 현금흐름표
제63기 (2010년 1월 1일~12월 31일)

영업현금흐름	1,189
감가상각비	281
매출채권의 증가	(6)
재고자산의 증가	26
매입채무의 증가	103
미지급금의 감소	(63)
투자현금흐름	(985)
재무현금흐름	674
현금의 증가(감소)	878
기초의 현금	448
기말의 현금	1,326
유동성비율	294.6%
순이자보상비율	1011.7%
부채비율	59.2%
영업이익률	11.6%
자기자본이익률	9.7%
총자산회전율	73%
매출채권회전기간	57.0
운전자본	1,693
운전자본의 증감	61
운전자본비중	20.0%
감가상각비비중	3.3%
현금비중	11.4%
재고자산비중	10.0%
매출채권비중	11.4%
유형자산비중	45.0%

■ 동아제약의 재무제표 (K-GAAP 기준)

(단위: 억 원)

거래가 관행으로 굳어져 있기 때문이다. 제약사들이 약국이나 도매상과 거래할 때 현금결제는 20퍼센트 정도에 불과하며, 나머지는 신용카드 또는 만기 3□5개월의 어음 결제가 이뤄지고 있다. 심지어 만기 10개월의 어음 결제가 이뤄지기도 하는 곳이 제약업계다. 매출채권이 과다한 제약사는 운전자본이 증가할 수밖에 없고 현금흐름이 나빠지게 된다. 이는 차입금의 증가로 이어지며, 이자 부담의 증가와 현금흐름을 더 나쁘게 하는 악순환을 만들어내고 있다.

제약사에 이렇게 매출채권의 문제가 발생하는 이유는 제약품의 차별성이 크지 않기 때문이다. 한국의 제약 시장의 점유율을 보면 제네릭(복제의약)이 99퍼센트를 차지하고 있고, 오리지널(신약)은 1퍼센트에 그치고 있다. 제네릭이란 특허가 부여되지 않는 약품을 말하는데, 효능에 차별성이 거의 없다.

제품의 효능이 크게 다르지 않은 상황에서 제약사가 매출을 늘리는 방법은 영업사원을 동원한 판촉 활동이나 외상 판매일 수밖에 없다. 국내 제약사에 매출채권이 과다한 것은 이런 배경을 갖고 있다. 전문의약품(ETC)보다 일반의약품(OTC)의 판매 비중이 높은 제약사일수록, 오리지널보다 제네릭의 비중이 높은 제약사일수록 매출채권의 비중이 높은 이유가 여기에 있다. 다만, 의약 분업 이후 전문의약품 시장 급성장에 따른 일부 제약사의 교섭력 강화, 유통구조의 변화 등으로 일부 제약사의 매출채권회수

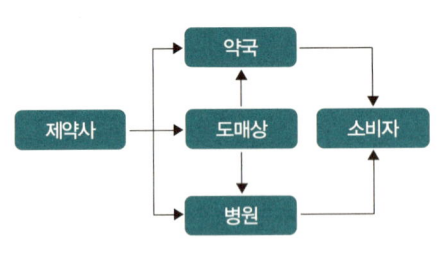
■ 제약품의 유통구조

기간이 짧아지는(매출채권회전율이 높아지는) 추세이다. 한국의 일부 제약사들은 현금유동성을 확보하기 위해 조기 결제에 대해서는 할인을 해주고 있고, 카드 결제를 양성화하기 위해 카드 수수료 대납 등의 정책을 실시하고 있다.

유형자산★★

제약사는 유형자산의 비중이 높은 편이다. 제약사의 핵심 경쟁력은 우수한 약품에 달려 있고, 우수 의약품을 제조하기 위해서는 공장 신설 등 설비투자를 할 수밖에 없기 때문이다. 동아제약의 경우 유형자산이 자산총계에서 차지하는 비중은 45퍼센트이다. 최근 들어 이런 추세는 강화되고 있다. 한국의 매출액 상위 20개 제약사의 2002~2007년 유형자산투자 증가율은 18.7퍼센트로 매출액 증가율을 상회하고 있다. 이는 한미 FTA(자유무역협정) 체결을 계기로 정부 당국이 GMP 규정을 강화하고 있는 것과 관련 있다. 상위 제약사들은 잠재적인 설비투자 부담에 대응할 수 있으나, 규모가 작은 회사들은 설비투자 부담이 증가할 경우 재무 안정성이 저하될 가능성이 있다.

2. 손익계산서

매출원가

제약사의 제조원가 가운데 가장 큰 비중을 차지하는 것은 원재료비로, 제조원가의 70퍼센트가량을 차지한다. 한국의 제약사는 원재료의 일부를 수입하지만 대부분의 원재료가 장기 계약에 의해 공급되고 있어 원재료 가격과 환율 변동이 제약사의 수익에 미치는 영향은 제한적이다.

학술비, 판매촉진비

제약사의 판매비와 관리비에서 볼 수 있는 독특한 계정과목이 학술비와 판매촉진비이다. 학술비란 의학 단체, 병원 등이 개최하는 심포지엄을 비롯한 학술 행사에 제약사가 제공하는 지원금이다. 판매촉진비란 제약사가 병원, 약국, 도매상 등을 상패로 판매를 늘리기 위해 지출하는 접대성 경비를 말한다. 학술비와 판매촉진비는 제약사의 판매비와 관리비에서 4분의 1가량을 차지할 만큼 비중이 적지 않다. 한국의 제약사의 매출액 대비 판매비와 관리비는 45퍼센트가량으로 일반 제조 기업보다 3배가량 많다. 이는 한국의 제약사의 이익률을 떨어뜨리는 요인으로 작용하고 있다. 한국의 제약사는 매출총이익률이 60퍼센트에 이를 정도로 높지만 이게 영업이익률로 연결되지 않는다. 한국의 제약사의 영업이익률은 10~13퍼센트 수준이다. 당국은 이 문제를 해결하기 위해 2009년부터 쌍벌제를 강력하게 실시하고 있고, 효과를 거두고 있는 것으로 조사되고 있다. 쌍벌제란 제약사가 의약기관이나 의사에게 리베이트를 제공할 경우 양쪽을 모두 처벌하는 제도를 말한다.

연구개발비★★

한국의 제약사들은 제약 시장에서 장기적으로 살아남는 방법으로 제약품의 효능과 차별화를 강화하다는 것이라는 사실을 인식하고 있다.

그래서 연구개발비를 늘리는 추세다. 매출액 기준 상위 30개 사의 2002~2007년 연구개발비증가율은 16.8퍼센트로 매출액증가율 12.1퍼센트를 상회하고 있다. 상위권 제약사를 중심으로 신약 개발, 개량 신약 등 신제품 출시를 위해 연구개발투자가 지속적으로 증가하고 있는 추세이다. 향후에도 제약사들은 경쟁력 있는 자체 신약 개발, 개량 신약을 중심으로 연구개발 투자를 확대할 것으로 전망된다. 한미 FTA(자유무역협정) 발효 시 다국적 제약사의 특허권 강화로 연구개발비가 더욱 증가할 것으로 전망된다.

3. 재무비율 분석

안정성을 파악하는 데 유용한 재무비율(지표)인 유동성비율, 순이자보상비율, 부채비율을 체크해보자.

유동성비율을 파악하자면 이 회사의 단기차입금의 성격을 규명할 필요가 있다. 사업보고서에 나와 있는 단기차입금(다음 쪽 표)을 살펴보면 수출입 과정에서 발생하는 무역 금융이 아니라 일반 대출이 대부분이다.

단기차입금은 유동성을 계산할 때 포함하는 것이 합리적이다. 동아제약은 현금 및 현금성자산(1,326억 원)이 단기차입금(450억 원)보다 많다. 즉 유동성을 해결할 수 있다는 말이며 또한 이 회사의 순이자보상비율(1,011.7%) 역시 충분한 수준이고 부채비율(59.2%)도 낮은 편이다. 정리해보면 안정성의 3대 지표인 유동성비율, 순이자보상비율, 부채비율에서 이 회사는 별다른 문제가 없다.

- 장·단기차입금
당기말과 전기말 현재 장·단기차입금의 내역은 다음과 같습니다.

단기차입금

차입처	내역	이자율(%)	당기	전기
수출입은행	무역금융(*1, 2)	4.44	–	8,000,000
SC제일은행	당좌차월(*1, 2)	5.24~8.50	24,906	197,427
SC제일은행	일반대출(*1, 2)	5.38	–	5,000,000
SC제일은행	일반대출(*1, 2)	5.88	–	10,000,000
한국씨티은행	일반대출(*1, 2)	5.46	10,000,000	20,000,000
하나은행	일반대출(*1, 2)	5.75	–	5,000,000
농협중앙회	일반대출(*1, 2)	5.18	10,000,000	10,000,000
농협중앙회	일반대출(*1, 2)	5.18	5,000,000	10,000,000
미쓰이스미토모	일반대출(*1, 2)	4.54	10,000,000	–
미쓰이스미토모	일반대출(*1, 2)	4.72	10,000,000	10,000,000
합계			45,024,906	78,197,427

(*1) 토지, 건물 등이 담보로 제공되어 있습니다.

(단위: 천 원)

다음으로 수익성을 살펴보자. 이 회사의 영업이익률(11.6%)은 두자릿수고, 자기자본이익률(9.7%)은 두자릿수에 근접하고 있다. 이 회사의 총자산회전율(73%)도 특별히 문제되는 수준은 아니다.

07
부적격한 투자 기업 골라내는 법

부도 의류기업의 재무제표 : 쌈지

쌈지는 1993년 '레더 데코'라는 가죽 가방 업체로 설립됐고, 이후 쌈지, 놈, 딸기, 아이삭 같은 개성 있는 브랜드를 잇따라 내놓으며 한때 한국 토종 패션의 대명사로 자리 잡았다. 이 회사는 이를 기반으로 2001년 코스닥에 등록했다. 그런데 2005년부터 해외 유명 브랜드가 한국 시장에 본격 진입하면서 매출이 줄었고, 이를 타개하기 위해 2007년 영화사를 인수하는 등 사업 다각화를 시도했지만 흥행에 실패하면서 재무 상태가 급속히 나빠졌다. 이런 상황에서 2009년 8월 5일 창업주가 외부인에게 경영권을 넘겼고, 12월 1일 만기 도래한 이 회사 어음이 1차 부도가 났다. 이어 12월 28일에 2차 부도가 다시 발생했고 2010년 4월 최종 부도 처리됐다. 2010년 4월 6일 결국 이 회사는 코스닥에서 상장 폐지됐다.

썸지의 재무제표 (K-GAAP 기준)

썸지 (개별) 재무상태표
제17기 3분기 (2009년 9월 30일)

(단위: 억 원)

			비율
자산			
당좌자산		437	
현금 및 현금성자산	1		0.1%
단기금융상품	3		
단기대여금	276		
매출채권	152		16.5%
기타	6		
재고자산		193	21.0%
상품	20		
제품	146		
기타	27		
투자자산		47	5.1%
유형자산		175	19.0%
무형자산		11	1.1%
기타비유동자산		59	6.4%
자산총계		**922**	**100.0%**

			비율
부채			
유동부채		471	
매입채무	91		12.4%
단기차입금	13		15.3%
미지급금	75		10.2%
유동성장기부채	82		11.2%
기타	110		
비유동부채		264	
부채총계		735	100%
자본			
자본금	176		
자본잉여금	155		
자본조정	(35)		
기타포괄손익누계액	(9)		
이익잉여금(결손금)	(100)		
자본총계		187	
부채 및 자본총계		**922**	

유동성 관련 계정과목
운전자본에 포함되는 계정과목

썸지 (개별) 손익계산서
제17기 3분기 (2009년 1월 1일~9월 30일)

매출액	541	100.0%
패션사업부문매출	519	
영상사업부문매출	22	
매출원가	302	55.8%
매출총이익	239	44.2%
판매비와관리비	327	
영업이익(손실)	(88)	
영업외수익	17	
이자수익	2	
영업외비용	29	−16.2%
이자비용	23	
법인세비용차감전순이익	(100)	
법인세비용	0	
단기순이익(손실)	(100)	−18.5%

운전자본	254	
운전자본의증감	87	
운전자본 비중		47.0%
감가상각비 비중		3.2%
현금 비중		0.1%
재고자산 비중		21.0%
매출채권 비중		16.5%
매입채무 비중		12.4%
유형자산 비중		19.0%

썸지 (개별) 현금흐름표
제17기 3분기 (2009년 1월 1일~9월 30일)

영업현금흐름	(217)
감가상각비	17
매출채권의 감소	5
재고자산의 감소	100
매입채무의 감소	(18)
대여금의 증가	(253)
투자현금흐름	(1)
재무현금흐름	212
단기차입금의 차입	203
신주인수권부 사채발생	194
유상증자	110
단기차입금의 상환	(254)
현금의 증가(감소)	98
기초의 현금	6
기말의 현금	104

유동성비율	1%
순이자보상비율	−416%
부채비율	392%
영업이익률	−16%
자기자본이익률	−18%
총자산회전율	59%

이 회사의 자금난이 처음 표면화된 사건은 2009년 12월 1일의 1차 부도인데, 이에 앞선 11월 16일에 공시된 분기 재무상태표를 살펴보자.

먼저 안정성을 파악할 때 유용한 유동성비율, 순이자보상비율, 부채비율을 살펴보자.

이 회사는 유동성이 매우 나쁘다. 이 회사의 '현금 및 현금성자산'은 1억 원인데, 단기차입금(113억 원)과 유동성장기부채(82억 원)가 있다. 단기차입금의 내역을 살펴보면 일반대출을 비롯한 운영자금이 대부분이다.

- 차입금

당분기말과 전기말 현재 단·장기차입금의 내역은 다음과 같습니다

단기차입금

차입처	내역	이자율(%)	제17(당)분기	제16(전기)
국민은행	기업구매자금 외	5.01~9.50	1,214,164	1,811,819
산업은행	산업운영자금대출	-	-	3,700,000
신한은행	기업구매자금 외	10.42	4,233,000	5,270,649
	기업일반대출	6.75	600,000	700,000
외환은행	기업일반대출 외	5.26~11.96	1,272,347	2,807,417
현대스위스Ⅱ 상호저축은행	기업일반대출	14.00	-	1,500,000
주주		9.70~14.90	1,050,000	700,000
합계			8,369,511	16,489,885

(단위: 천 원)

이자율도 두자릿수로 부담이 상당한 수준이다. 이 회사의 '현금 및 현금성자산'은 1억 원으로는 단기차입금의 원리금 상환이 매우 어렵다는 사실을 알 수 있다.

- 최대주주등과의 거래내용
가지급금 및 대여금(유가증권 대여 포함) 내역
당사는 회사의 여유자금을 운영하기 위하여 2009. 09. 25 이사회 결의로 김세만, 박영호, 임진만(이상 가명)의 개인보유 주식((주)쌈지 보통주 10,368,400주)을 담보 제공받고 김세만, 박영호(각각 12,650백만 원)에게 합계 25,300백만 원을 대여하였습니다.

이 회사의 유동성을 더 악화시키고 있는 것은 이 회사가 대주주에게 제공한 단기대여금 253억 원이다.

이 회사는 2009년 9월 25일 '여유자금을 운영하기 위해서'라는 명분으로 대주주에게 253억 원을 대여했다. 이 회사는 여유자금이 없다. 현금흐름표를 보면 이 회사는 단기차입금(254억 원)을 갚기 위해 단기차입금(203억 원)을 끌어다 쓰고 있고, 이것으로도 부족해 신주인수권부사채 발행(194억 원), 유상증자(194억 원)를 하고 있다. 여기에서 조달된 금액의 대부분인 253억 원을 대주주에게 빌려준 것이다. 이것이 이 회사의 12월 1일 1차 부도의 직접적 원인이 된 것으로 보인다. 만약 대주주에게 253억 원을 대여하는 대신에 부채 상환에 썼더라면 이 회사는 부도를 피했거나 연기할 수 있었을 것이다.

이 회사는 영업손실을 기록하고 있는데, 순이자비용은 21억 원이다. 순이자보상비율이 마이너스가 나올 정도로 나쁘다. 부채비율(392%)도 위험한 수준이다. 정리해보면 3대 안정성 지표인 유동성비율, 순이자보상비율, 부채비율의 어느 것을 살펴봐도 불안정하다는 사실을 알 수 있다.

다음으로 수익성을 지표인 영업이익률과 자기자본이익률을 살펴보자. 이 회사는 영업손실, 당기순손실을 기록하고 있기 때문에 영업이익률과 자기자본이익률이 마이너스가 나온다. 수익성이 나쁘다는 사실을 알 수 있다. 이 회사의 총자산회전율(59%)도 불량한 수준이다.

수주업, 선수금에 우량기업이 숨어 있다

수주업은 물품 제조에 앞서 고객의 선주문(Pre-Order)을 필요로 하는 업종을 말하며, 대표적으로 조선업과 건설업이 여기에 속한다. 수주기업은 인간의 눈에 보이는 무언가를 만들어 낸다는 점에서는 제조기업이지만 고객의 선주문을 필요로 한다는 특성 때문에 제조기업과 다른 길을 걷는다. 수주기업의 재무제표상 가장 큰 특징은 선수금이 존재한다는 사실이다. 선수금이 증가하면 수주기업의 부채비율은 높아지지만 이는 수주기업에게 좋은 신호로 인식되어야 한다.

수주업, 고객의 선주문이 필요하다

수주업이란 물품 제조에 앞서 반드시 고객의 선주문(Pre-Order)을 필요로 하는 업종을 말한다. 예를 들어 조선사는 선박을 건조하기에 앞서 고객(선주 혹은 선사)과 이러저러한 배를 만들겠다고 계약을 맺는다. 그러고 나서야 조선사는 선박 건조에 들어간다. 수주업에 속하는 업종으로는 조선업, 건설업, 기계업, 항공기 제조업 등이 있다.

수주업의 특징은 제품 사이즈가 매우 크다는 것이다. 아파트, 선박, 댐, 항공기를 생각해보면 쉽게 이해할 수 있다. 사이즈가 크기 때문에 제품의 단가는 매우 고가이고, 소량 생산을 하며, 제품의 완성까지 많은 시간이 소요되고, 고객은 정부, 기관, 혹은 소수의 자본력 있는 개인으로 한정된다는 특징을 갖는다.

이는 일반 제조업과 대비되는 부분이다. 제조기업은 일반적으로 소비자(고객)로부터 선주문을 받지 않는다. 제조기업은 소비자(고객)의 수요와 기호를 예측할 뿐이며, 이를 기반으로 제품을 대량생산한다. 또한 제조업이 만들어내는 제품의 크기는 상대적으로 작은 편이며, 대량생산을 하고, 제품의 생산 기간이 짧고, 고객은 일반 대중이라는 특징을 갖고 있다. 껌, 의류, 노트북, 스마트폰 등을 생각해보면 제조업의 이런 특징이 쉽게 이해된다. 수주업을 주문생산(MTO, Make To Order) 산업이라고도 하는데, 이는 일반 제조업을 계획생산(MTS, Make To Stock) 산업으로 분류하는 것과 대비된다.

수주업은 열등한 비즈니스 모델이다. 다시 말해 수주기업은 비즈니스 모델의 특성상 공사 시간이 길고 대규모 자금이 소요되기 때문에 유동성 리스크와 저가 리스크를 감수해야 한다. 유동성 리스크란 수주기업이 제품 제조 과정에서 운영자금이나 현금이 부족해 경영상의 위기를 맞을 수 있는 리스크를 말한다. 이는 수주기업이 만들어내는 제품이 장기간이라는 특성에서 발생한다. 조선사의 선박은 주문에서 인도까지 2년가량이 소요된다. 건설사의 경우 아파트나 건물의 공사 기간은 짧게는 1년이며 최근 들어 건물의 대형화가 진행되면서 공사 기간이 늘

	수주업	제조업
생산 방식	주문 생산(MTO, Make To Order)	계획 생산(MTS, Make To Stock)
해당 산업	조선, 건설, 기계, 항공기 제조	철강, 정유, 자동차, 정보기술, 의류, 제약
특징	제품 사이즈가 매우 큼, 제품 단가가 고가, 소량 생산, 제품 완성까지 장기간 소요, 고객이 소수	제품 사이즈가 상대적으로 작음, 제품 단가가 상대적으로 저가, 대량 생산, 제품 제조 기간이 짧음, 고객이 다수
원가계산법	개별원가계산(Job Order Costing)	종합원가계산(Processing Costing)
재무비율의 특징	선수금의 증가에 따라 부채비율이 높게 나타남	

■ 수주업 vs. 제조업

어나는 추세다. 댐 공사는 10년이 걸리기도 한다. 이렇게 공사에 장기간이 소요되면 닥치는 문제가 어느 순간 현금이 부족해지는 유동성 위기다. 2008년 글로벌 금융위기 당시 조선사의 연쇄 부도, 부동산 침체기의 건설사 연쇄 부도가 이런 배경에서 비롯되었다. 조선업과 건설업에서 주기적으로 대규모 워크아웃이 발생하고 구조조정이 벌어지는 이유가 여기에 있다.

다음으로 저가 리스크란 선박이나 건물의 계약 금액(도급 금액)이 실제 공사 금액을 밑돌면서 손실이 발생하는 리스크를 말한다. 이런 일이 벌어지는 이유는 조선사나 건설사가 선박이나 건물의 최종 제조원가를 계약 당시에는 정확하게 예측할 수 없기 때문이다. 조선사나 건설사가 계약 당시에 고객에게 제시하는 선박이나 건물은 아직 만들어지기 전의 상태이며, 최종적으로 제품을 만들 때까지 실제로 소요되는 금액은 예측이 매우 어렵다. 제품 제조 기간에 발생하는 환율 변화, 원자재 가격의 변화 때문이다. 이에 따라 계약 체결 이후 실제 제품 제조 금액이 계약 금액을 초과하면 수주기업은 고스란히 손실을 보게 된다.

수주기업은 원가계산 방식도 일반 제조기업과 다르다. 수주기업은 개별원가계산 방식을 채택한다. 개별원가계산이란 직접비와 간접비를 구분하고 부문별로 계산하는 방식을 말한다. 이에 반해 일반 제조기업은 종합원가계산 방식을 채택하고 있는데, 이는 직접비와 간접비를 구분하지 않고 부문별로 계산하지도 않는 방식을 말한다.

수주업을 대표하는 양대 산업으로 꼽히는 조선업과 건설업을 살펴보자. 조선업과 건설업은 비슷하면서도 다르다.

우선 조선업과 건설업은 공통점이 있다. 조선업이든 건설업이든 큼

	조선업	건설업
특징	인도어 산업(Indoor Industry) 대량생산, 규모의 경제 가능 원가 표준 산정이 비교적 용이	아웃도어 산업(Outdoor Industry) 대량생산, 규모의 경제 어려움 원가표준을 설정하기 어려움
고객	선사(선주), 해운사	정부 기관, 지방자치단체, 국영기업체, 부동산 보유자, 기업체
정부 규제 리스크	사실상 없음	정부의 규제 리스크가 매우 높음 부동산의 공공재적 성격 때문. 인허가, 승인, 감독, 지도를 받아야 함. 이에 따른 불확실성 이 매우 큼
공통점	주문생산(Make To Order), 개별원가계산(Job Order Costing) 하도급에 대한 의존도 높음. 제조 기간이 장기이며, 이에 따라 경기 주기도 장기(5~8년), 체크 포인트는 수주 잔고	

■ 조선업 vs. 건설업

지막한 무언가를 만든다는 점에서는 동일하다. 또한 건설사는 수주를 하면 전문 건설업체에게 공사의 일부를 맡기는데, 조선사도 수주를 하면 기자재 업체에게 건조 공사의 일부를 맡긴다. 또한 조선업과 건설업에는 똑같이 선수금과 선급금이라는 계정과목이 있다.

정주영 현대그룹 창업주가 현대건설을 설립해 큰 성공을 거두고 나서 현대중공업이라는 조선사를 설립해 조선업에 진출한 이유도 두 업종이 공통점이 많다는 사실과 관련 있다. 정주영 창업주의 자전 에세이를 보면 그가 1970년 현대건설 내에 조선 사업부를 설치하고 조선업 진출을 결심하자 주위의 반대가 만만치 않았다고 한다.

"내가 조선사를 만들겠다고 하자 백이면 백 사람 약속이나 한듯이 반대를 합창했다. 건설만 하던 현대그룹이 대양을 항해하는 선박을 만들 수 있겠느냐는 것이다. (그러나) 내 생각은 달랐다. (조선사의) 철판을 잘라 용접하고 엔진을 올려놓고 하는 일은 모두가 건설 현장에서 하던 일

아닌가."

결과적으로 현대건설은 건설업을 수행하면서 쌓은 노하우와 경험을 고스란히 현대중공업에 이전함으로써 큰 성공을 거두었다.

그런데 조선업과 건설업은 최근 들어 서로 다른 길을 걷고 있다. 조선업은 일반 제조업의 대량생산, 표준화를 상당한 정도로 받아들이면서 이익률을 높이고 효율성을 개선하고 있는 데 반해 건설업은 이게 한계에 부딪쳐 어려움을 겪고 있다. 이에 따라 대형 조선사는 영업이익률을 지속적으로 두자릿수로 유지하고 있는데, 대형 건설사는 이게 쉽지 않은 상황이다.

무엇이 조선업과 건설업을 이렇게 갈라 놓는 걸까? 양대 산업에는 넘어설 수 없는 차이가 한 가지 있다. 조선업은 인도어 산업(Indoor Industry)이고 건설업은 아웃도어 산업(Outdoor Industry)라는 점이 그것이다.

인도어 산업이란 제품의 생산이 정해진 공간(공장)에서 이뤄지는 산업을 말하며, 이는 대량생산의 전제 조건이다. 자동차를 필두로 하는 제조기업이 산업혁명 이후 대량생산 방식을 받아들일 수 있었던 것은 이들 기업이 인도어 산업이기 때문이다.

조선사는 인도어 산업이다. 이 때문에 조선사는 일반 제조업과 상당한 정도로 유사해질 수 있다. 조선사는 자동차산업의 특징인 대량생산 방식을 받아들일 수 있고, 표준화가 가능하다. 또한 조선사는 유형자산의 비중이 높다.

반면에 아웃도어 산업이란 제품의 생산이 정해진 공간이 아니라 야외에서 이뤄지는 산업을 말한다. 건설사가 바로 아웃도어 산업이다. 건설사는 건물이나 아파트, 댐을 짓기 위해 도심으로, 바다로, 해변으로 가야 한다. 그리고 그곳에서 공사를 진행해야 한다. 건설사는 이런 아웃도어의 특성에서 발생하는 문제점과 한계를 고스란히 안고 있다. 먼저 아웃도어 산업은 대량생산과 표준화를 하는 데 한계가 있다. 앞서 언급했듯이 건설사의 공사 현장은 여러 곳에 분산돼 있으며, 건설사는 각각의 공사 현장으로 이동해 공사를 진행해야 한다. 건설사의 작업 공간은 분산적이며, 이동성이 강하고, 지속성과 정착성이 없다. 그 다음으로 건설업은 규제 리스크가 크다. 건설사가 건설 공사를 수행하는 장소인 부동산은 공공재적 성격이 강하다. 이에 따라 건설업은 건물의 인허가, 수주 과정에서 정부의 규제를 받게 된다. 이 과정에서 뇌물이 오가고 비자금이 조성될 환경이 구조적으로 조성된다.

건설사가 비자금 조성이 쉽다는 말은 이는 건설업이 원가 산정이 어렵다는 사실과 관련 있다. 똑같은 10층이더라도 지반이 튼튼한 곳에서 짓는 경우와 지반이 허약한 곳에서 짓는 경우의 원가가 다르다. 이 점을 악용해 대기업은 계열 건설사를 비자금 조성 통로로 종종 활용한다. 2007년 국제투명성지수(TI)의 뇌물공여지수(BPI) 조사 결과를 살펴보면 비즈니스 분야 중 부패가 가장 심각한 업종은 건설업이라는 사실이 이를 증명한다. 기계, 기구, 노동력 등의 효율적인 관리와 운영이 상당히 어렵고, 산업 재해와 안전사고가 발생할 위험이 높은 산업이 건설업이다. 이는 건설사의 공사 원가를 높이는 요인으로 작용하고 있다. 한국의 어느 대표적 건설사의 최고 경영자는 건설업의 본질을 이렇게 설명하고 있다

"제조업은 성과물이 집적되는 경향이 있는데, 건설업은 프로젝트 하

나하나가 벤처다. 마치 화전민이 불을 확 지르고 농사를 지은 다음 다른 곳으로 옮겨가는 것과 비슷하다. 제조업은 투입물 대비 산출물을 상당히 정확하게 체크할 수 있는데, 건설업은 이게 어렵다. 철근 하나가 빠졌는지 그렇지 않은지를 확인하기가 어렵다. 일일히 확인하려면 돈이 많이 들고 설령 점검한다고 해도 제대로 알 길이 없다. 사후 정정도 어렵다."

이런 이유 때문에 건설사는 기업 가치를 계산할 때 상당한 정도로 디스카운트를 하는 게 합리적이다. 건설업은 이 세상의 모든 비즈니스 모델 가운데 최악이라고 해도 과언이 아니다. 한국의 신용평가사들이 건설업의 위험을 '높은 수준'으로 평가하고 있는 이유가 여기에 있다.

수주기업의
재무제표 읽는 법

1. 재무상태표

선급금★★, 하도급 업체에 빌려주는 돈

조선사가 건조하는 선박은 '덩치'가 워낙 크기 때문에 조선사 독자적으로 선박의 모든 것을 만들 수 없다. 조선사는 선박의 엔진 등을 기자재 업체(하도급 업체)에 발주한다. 건설사도 사정은 마찬가지다. 건설사는 아파트의 엘리베이터, 조경시설 등을 전문 건설사(하도급 업체)에 발주한다. 이 과정에서 조선사나 건설사는 하도급 업체가 자본력이 열세하다는 점을 감안해 원자재나 물품을 구입할 수 있도록 자금을 지원하는데, 이를 선급금이라고 한다. 선급금은 조선사나 건설사의 운전자본의 규모를 늘리며 유동성 리스크를 높인다.

○○조선 (연결) 재무상태표 제21기 (2010년 12월 31일)		○○조선 (연결) 포괄 손익계산서 제21기 (2010년 1월 1일~2009년 12월 31일)		○○조선 (연결) 포괄 현금흐름표 제21기 (2010년 1월 1일~2009년 12월 31일)	
자산	부채	매출액	98,537	영업현금흐름	19,450
		매출원가	88,113	투자현금흐름	(60,739)
유동자산	유동부채	매출총이익	10,425	재무현금흐름	50,411
현금 및 현금성자산	선수금	영업이익	234		
단기금융상품	비유동부채	법인세차감전순이익(손실)	70	현금의 증가(감소)	9,122
단기매도가능금융자산	부채총계	당기순이익	164	기초의 현금	34,650
매출채권		지배기업소유주지분	150	기말의 현금	43,772
재고자산	자본	비지배지분	14		
	지배기업소유주지분				
비유동자산	자본금	연결기타포괄손익	115		
유형자산	주식발행초과금	매도가능금융자산평가손익	94		
무형자산	이익잉여금	관계회사 및 조인트벤처 투자평가	39		
장기매도가능금융자산	기타자본	연결총당기포괄이익	279		
	비지배지분	지배기업소유주지분	210		
	자본총계	비지배지분	69		
자산총계	부채 및 자본총계				

■ 수주기업의 재무제표 (K-IFRS 기준)

매출채권**, 수주기업의 공사대금 청구액

건설, 조선 등 수주기업의 매출채권은 공사대금을 청구하는 때에 발생한다. 만약 공사 대금을 회수하면 매출채권은 감소한다. 이를 분개해 보면 다음과 같다.

1) 건설사가 공사 수행 과정에서 현금을 지출해 공사 원가가 발생했을 경우

   (차) 미성공사 ○○○ / 현금 및 현금성자산 ○○○

2) 건설사가 시행사에 공사 대금을 청구했을 경우

(차) 매출채권 ○○○ / 공사매출수익 ○○○

3) 건설사가 공사 대금을 회수했을 경우
(차) 현금 및 현금성 자산 ○○○ / (대) 매출채권 ○○○

한편, 매출채권은 회계연도 말에 건설사가 미청구 공사 수익을 계상하는 과정에서도 발생한다. 이를 분개해보면 다음과 같다.

1) 건설사가 미청구 공사 수익을 계상할 경우
(차) 매출채권 ○○○ / (대) 공사매출수익 ○○○

2) 건설사가 공사매출원가를 계상할 경우
(차) 공사 매출원가 ○○○ / 미성공사 ○○○

재고자산, 적어야 좋은 것

조선사나 건설사의 재고자산도 제조기업의 재고자산보다 리스크가 크기는 마찬가지이다. 이론적으로 조선사나 건설사의 재무상태표에 완성주택이나 선박 완제품은 없거나 극도로 미미해야 정상이다. 조선사의 선박이나 건설사의 건물은 애초부터 매입할 상대가 정해진 상태에서 건조나 시공에 들어가기 때문에 완성이 되는 즉시 매출액으로 잡혀야 합리적이다.

만약 조선사나 건설사의 재무상태표에서 (완)제품이 쌓여 있다는 것은 위험 신호이다. 수주기업의 재무상태표에서 (완)제품이 쌓여 있다면 애초에 인수하기로 약속한 고객이 이를 이행하지 못할 사정이 생겼을 수 있다는 것을 의미한다. 건설사의 경우 재무상태표의 재고자산이 완성주택이 분양되지 않고 쌓여 있는 경우 확실한 위험 신호이다. 완성주택은 이미 팔려서 매출액으로 전환돼 있어야 정상이다. 정리해보면 제조기업의 재고자산은 적정 수준을 유지해야 하지만, 수주기업의 재고자산은 적어야 좋은 것이 일반적이다.

유형자산*, 조선사는 비중이 높고, 건설사는 낮다

조선사와 건설사는 동일한 수주기업이지만 사업적 측면에서 차이가 있음을 보여주는 계정과목이 유형자산이다. 조선사는 유형자산의 비중이 높은 편이다. 현대중공업의 자산총계에서 유형자산이 차지하는 비중은 30퍼센트 안팎으로 일반 제조업과 유사한 수준이다. 이는 조선사의 사업적 특성이 설비투자를 바탕으로 대량생산을 하는 제조업에 가깝다는 것을 의미한다.

반면, 건설사는 유형자산의 비중이 낮은 편이다. GS건설과 현대건설의 자산총계에서 유형자산이 차지하는 비중은 각각 15퍼센트, 5퍼센트 수준이다. 이는 건설사가 설비투자를 바탕으로 대량생산을 하기보다는 일회성 사업을 한다는 것을 암시한다.

선수금****, 조선사의 선수금은 좋은 부채

조선, 건설사의 재무상태표의 가장 큰 특징은 선수금(Advances from Customers)이 존재한다는 것이다. 다시 말해 수주기업은 고객의 선주문을 받으면서 계약금을 받는데 이것이 수주기업의 재무상태표에 선수금으로 계상된다. 주의할 점은 선수금이 부채라는 사실이다. 그러다 보니 조선사가 선박 건조를 수주하면 선수금은 증가하게 되고, 이는 수주기업의 부채비율을 높이게 된다. 흔히 부채비율이 높아지면 위험 신호로 해석되는데, 수주기업의 부채 증가는 선수금의 증가에 기인할 경우 오히려 다다익선이다. 수주기업의 재무제표를 해석할 때 주의해야 할 부분이다.

실제로 이런 현상이 오해를 불러 일으킨 적이 있었다. 2000년대 초반부터 2008년 글로벌 금융위기가 닥치기 전까지 한국의 조선사는 초호황이었다. 한국의 조선사들에는 수주가 밀려들어 조선소마다 바쁘게 움직였다. 현금유동성도 풍부해졌다. 그런데 이 기간 조선사의 부채는 오히려 늘기만 했다. 자본총계가 줄어들고 부채비율이 급상승했다. 2008년 기준 조선업의 부채비율은 454.5퍼센트로 대단히 높았다. 초호황을 누리던 빅 3 조선업체의 부채비율은 1,500퍼센트에 이르렀다. 시장에서는 조선사의 부채가 급상승했다는 사실에만 눈을 돌렸다. 조선사의 회사채 금리가 급등했고, 조선사는 대출금 조기상환 압박에 시달렸다. 신용평가도 좋은 결과를 받지 못했다. 그러나 문제는 선수금 때문이었다. 조선사가 선박을 수주할 때마다 선수금이 증가하면서 부채비율을 높였던 것이다.

정리해보면 조선사는 호황기에는 선수금의 유입으로 영업현금 및 잉여현금창출력이 크게 개선되지만 부채비율은 급상승한다. 반대로 불황기의 조선사는 그간 유입된 선수금이 감소하면서 현금창출력이 크게 저하되지만 부채비율은 오히려 안정적으로 나타난다.

2. 손익계산서

매출액★★, 진행 기준에서 완성 기준으로

K-IFRS가 도입되면서 조선, 건설 등 수주기업에게 논란으로 대두되고 있는 부분이 매출액 인식 기준이다. 종전의 K-GAAP에서는 수주기업은 매출액을 계산하는 방식이 일반 제조기업과 다르다. 수주기업의 매출액은 진행률(공정률)을 기준으로 매출액을 계산해왔다.

예를 들어 어느 조선사가 100억 원 규모의 선박을 수주받아 공사를 진행했는데, 어느 회계기간에 20퍼센트의 공정을 진행했다면 매출액은 20억 원(100억 원×0.2)이 된다. 실제의 매출액 계산은 이렇게 단순하지 않지만 원리는 동일하다. 일반 제조기업이 매출액을 'P×Q'(제품단가 × 판매량) 방식으로 계산하는 것과 대비된다.

건설사도 공사진행률을 기준으로 매출액을 계산해왔다. 예를 들어 100억 원 규모의 공사를 진행하고 있는데, 어느 회계기간에 10퍼센트의 공정을 진행했다면 매출액은 10억 원(100억 원×0.1)이 된다. 이런 진행율 방식의 매출 인식은 수주기업이 선박, 건물 등의 제품을 완성하기까지 장기간이 소요된다는 것을 감안해서 만들어졌다. 진행률 방식은 물품이 판매되면 매출로 인식하는 완성 기준 방식과 차이가 있다. 그런데 K-IFRS에서는 건설사가 수행하는 공사가 '건설 계약'의 정의를 충족해야만 진행률을 기준으로 매출을 인식하도록 규정하고 있다. 건설계약이란 구체적으로 합의된 계약을 말하는데, 예를 들어 고객(구매자)이 설계 구조를 지정할 수 있으며, 건설이 진행 중인 상태에서도 건축물의 통제권이 고객에게 이전되어야 한다. 이 경우가 문제가 되는 것은 건설사의 자체 분양 공사이다. 자체 분양 공사의 경우 건설사가 건설 공사를 수행하기 이전에 구매자가 설계 구조를 지정 변경하는 일은 극히 드물다. 고객은 입주 시점에서야 비로소 통제권과 소유권을 이전 받는다.

그래서 K-IFRS에서는 건설사가 자체 분양 공사를 수행할 경우 진행률 기준이 아닌 완성 기준으로 매출액을 인식해야 한다. 자체 분양 공사의 대부분은 아파트 공사이다. 이런 사정은 조선사도 마찬가지이다. 이렇게 되면 수주기업의 실적은 심한 기복을 보일 가능성이 높다. 아파트, 선박 등 제품이 인도되는 시기에 한꺼번에 매출로 인식해야 하기 때문이다. 예를 들어 K-IFRS에서는 건설사가 자체 분양 공사를 할 경우 분양자로부터 받는 계약금과 중도금은 선수금으로 처리되고, 완공 후 주택을 수분양자에게 인도하기 전까지는 건설사가 매출을 인식하지 못하게 된다. 따라서 분양 이익의 감소를 가져오고, 중도금 수령액이 선수금으로 계상돼 부채가 증가하는 결과를 낳는다. 손익과 재무구조에 나쁜 결과를 가져오는 것이다. 실제로 대형건설사 가운데 자체 분양 공사 비중이 높은 현대산업개발의 경우, 2010년 3분기 기준으로 자체 사업 매출이 6,820억 원이다. 이는 전체 매출에서 차지하는 비중이 39퍼센트에 달하고 있다.

따라서 건설 업계는 IFRS의 매출 인식 시점을 기존의 '진행 기준'으로 적용할 것을 요구하고 있다. 그러나 금융당국은 IFRS 원칙 대로 '인도 시점'을 매출액 기준으로 적용해야 한다는 입장이다. 이에 대한 결정은 2011년 6월께 내려질 것으로 보인다.

물론 진행률 기준의 매출액 인식이라고 해서 문제가 없는 것은 아니다. 진행률 기준의 매출액 인식은 수주기업이 자의적으로 매출액을 조절할 수 있는 수단으로 악용되고 있다는 지적을 받아왔다. 다시 말해 진행률 기준에서, 수주기업은 매출액을 늘리기 위해 진행 속도를 과장해서 높이기도 한다. 실제로 S조선은 2008년 선박건조 공정률을 과장해 매출을 1,070억 원 부풀린 8,360억 원으로, 당기순이익을 672억 원 부풀린 988억 원으로 손익계산서에 허위 공시하기도 했다. 회계법인은 이런 문제를 파악하기 위해 수주기업 재무상태표의 매출채권 항목과 제조원가명세서의 외주가공비, 노무비, 원재료비 등을 분석한다. 선박별 공사진행률에 따른 제조원가가 적합한지, 기성 확인서와 세금계산서 발행 내역에는 합리적인지를 따지고 선박마다 사용된 공사원가명세서를 입수해 자재 등이 투입된 상황을 파악하고 있다.

수주기업의 매출액, 영업이익, 당기순이익 비교는 누계 실적을 기준으로 하는 것이 합리적이고, 차선책이 전년 동기 대비 기준이다.

3. 기타 지표

수주잔고★★

수주잔고란 조선사나 건설사의 '남아 있는 일감'을 말한다. 따라서 풍부한 수주잔량(일감)을 확보한 경우에는 일감이 남아 있는 동안 안정적인 매출 및 수익을 실현할 수 있으며, 신규수주를 할 때 선가 등에 대한 선주와의 협상에서 유리한 위치를 점할 수도 있다. 조선사와 건설사의 수주잔고는 대부분 사업보고서의 '사업의 현황'에 나와 있다.

- 수주상황

품목	수주일자	납기	수주총액		기납품액		수주잔고	
			수량	금액	수량	금액	수량	금액
선박	2010. 12. 31까지	-	-	27,006,944	-	9,066,309	-	17,940,635
기타	〃	-	-	31,350,070	-	13,338,872	-	18,011,198
소계				58,357,014		22,405,181		35,951,833

※ 수주총액 : 전기이월 수주잔고 + 당기 수주총액
  기납품 : 당기 매출액임

(단위: 백만 원)

그러나 수주잔고는 조선사나 건설사의 향후 실적과 관련성이 적다. 현대중공업의 수주잔고와 주가를 비교해보면 상관관계가 낮다는 사실을 알 수 있다.

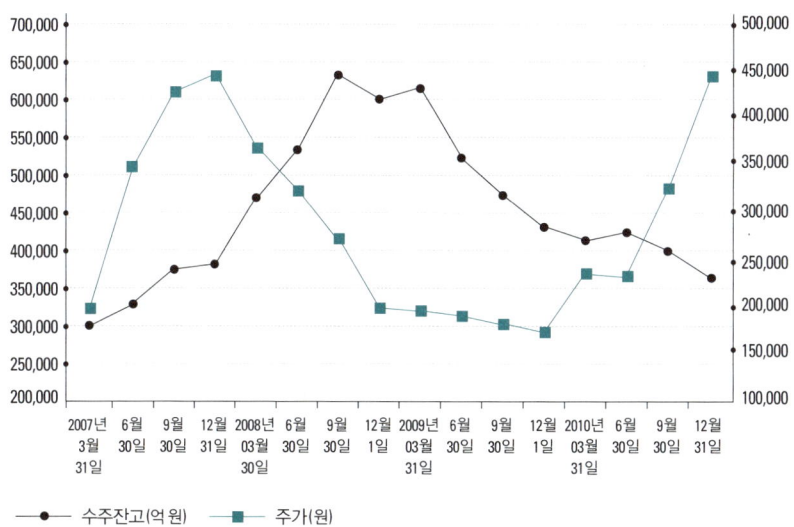

■ 현대중공업 수주잔고 vs. 추가 추이 (2007~2010)

수주기업의 수주잔고는 전년 매출액보다 많으면 적어도 1년치 일감이 남아 있다는 뜻으로 별다른 문제가 없다고 보면 된다.

사야 할 수주기업,
사지 말아야 할 수주기업

다음은 수주기업을 분석할 때 유용한 재무비율이다. K-GAAP 개별 재무제표 기준이며 K-IFRS 기준 적정 재무비율은 가감할 필요가 있다.

1. 안정성

수주기업이 판매하는 선박이나 건물은 일회성이다 보니 수주기업은 구조적으로 안정성에 문제가 발생할 가능성이 상존한다. 워크아웃을 발표하는 기업을 살펴보면 조선사와 건설사가 많은 이유도 여기에 있다. 그래서 수주기업을 분석할 때는 우선적으로 안정성을 따져봐야 한다. 다행스럽게도 수주기업의 안정성은 유동성비율과 순이자보상비율이라

	재무비율	계산법	안전	위험
안정성	유동성비율(%)	• =현금성자산/(단기차입금+유동성 관련 부채)×100 • 현금성자산이 사용 제한돼 있는지 체크할 것 • 단기차입금이 운전자본에 포함되면 유동성비율을 계산할 때 제외할 것	100% 이상	100% 미만
	순이자보상비율(%)	• =영업이익/(이자비용−이자수익)×100	100% 이상	100% 미만
수익성	영업이익률(%)	• 영업이익/ 매출액×100	8% 이상	4% 미만
	자기자본이익률(%)	• 당기순이익/ 자본총계×100	8% 이상	4% 미만
효율성	(누적) 신규수주량	• 전자공시시스템(http://dart.fss.or.kr)에서 확인	전년 동기 대비 증가	전년 동기 대비 감소

■ 수주기업의 재무비율 가이드라인

는 두 가지 지표에 의해 상당한 정도로 확실하게 측정할 수 있다.

유동성비율

수주기업이 보유하고 있는 현금성자산이 단기차입금과 유동성 관련 부채의 합계액보다 많은지 적은지를 보여주는 지표가 유동성비율이다.

현금성자산이란 '현금 및 현금성자산', '단기매매증권', '단기투자자산'을 말하는데, 주의할 점은 이 가운데 금융권에 담보로 잡혀 있는 계정과목은 현금성자산에서 제외해야 한다는 사실이다. 담보로 잡혀 있는 단기매매증권, 단기투자자산, 정기예금 등은 기업이 상환에 사용할 수 없다. 또한 단기차입금과 유동성 관련 부채의 경우, 운전자본에 포함돼 있는 것이라면 유동성비율을 계산할 때 제외하는 것이 합리적이다.

이렇게 되면 계산이 복잡해지는데, 이럴 때는 유동성비율이 몇 퍼센트인지를 계산하려 하기보다는 '이 수주기업이 보유하고 있는 현금성자산이 당장 갚아야 할 부채를 상환할 만큼 충분한가?'라는 질문을 먼저 던져보는 게 효과적이다.

순이자보상비율

　유동성비율과 더불어 수주기업의 안정성을 파악할 때 체크해봐야 할 지표가 순이자보상비율이다. 순이자보상비율이 100퍼센트에 미치지 못한 수주기업은 계속 기업으로 가정하기에 무리가 있다고 봐도 무방하다.

　수주기업의 안정성은 매우 보수적으로 판단하는 게 합리적이다. 왜냐하면 수주기업의 경우 구조적으로 안정성에 문제가 발생할 가능성이 높기 때문이다. 만약 유동성비율과 순이자보상비율 가운데 어느 한 곳에서 위험 신호가 나온다면 문제가 있지는 않은지 따져봐야 한다. 유동성비율과 순이자보상비율 두 가지 모두에서 위험 신호가 발견된다면 투자 대상이나 거래 대상에서 일단 제외하는 게 안전하다.

2. 수익성

영업이익률

　종전의 K-GAAP 기준으로 영업이익률이 낮은 '한자릿수' 수주기업은 경영에 문제가 있다고 봐도 무방하다. K-IFRS 기준으로 수주기업의 수익성을 분석할 때는 '조정 영업이익률'을 사용하면 된다. '조정 영업이익률'은 K-IFRS에서의 영업이익의 개념이 모호하다는 점을 감안해 기업정보 업체 애프앤가이드가 만든 지표로, 'K-GAAP의 영업이익률'과 동일한 개념이다. K-GAAP와 마찬가지로 8퍼센트 이상이면 안전, 4퍼센트 미만이면 위험으로 분류된다.

자기자본이익률

시중은행의 이자율보다 높은 자기자본이익률(ROE)을 창출하는 기업이 우량기업이다. 이 자기자본이익률이 낮은 한자릿수인 수주기업은 경영에 문제가 있다고 봐도 무방하다. K-IFRS 연결 기준으로 분석할 경우 당기순이익은 지배기업지분을 사용해야 합리적이며 나머지 영업이익률 등은 비지배지분의 몫이 포함된 전체 금액을 사용하는 것이 옳다.

3. 효율성 및 기타 지표

(누적) 신규수주

조선사와 건설사의 향후 실적을 결정할 때 가장 유용한 지표는 (누적) 신규수주 추이이다. 신규수주란 글자 그대로 수주기업이 새로 수주한

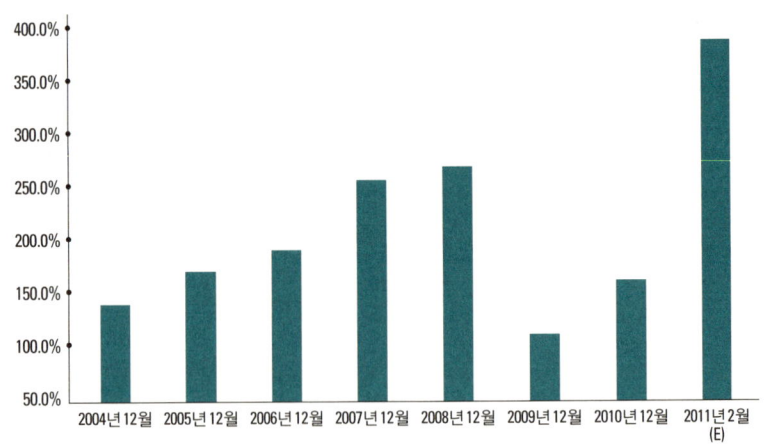

■ 현대중공업(누적) 신규수주 추이(단위:억 달러)

일감을 말하며, 누적 신규수주란 특정 기간의 누적된 신규수주액을 말한다. 예를 들어 현대중공업의 2011년 2월 누적 신규수주액은 62억 9,000만 달러인데, 이는 1~2월 약 2개월간의 신규수주 총액을 말한다.

신규수주는 금융감독원의 전자공시시스템에서 확인할 수 있다. 금융감독원은 사업연도 매출액의 10퍼센트를 초과하는 신규수주 계약은 '단일판매, 공급계약체결'이라는 명칭으로 공시하도록 규정하고 있다. (누적) 신규수주액 전년 동기 대비 증가세인 수주기업의 실적은 개선되지만 (누적) 신규수주액이 전년 동기 대비 감소세인 수주기업의 실적은 저조해진다.

현대중공업의 주가는 2010년 한 해 동안 17만 1,000원에서 44만 3,000원으로 159.1퍼센트 상승했고, 2011년 1~3월로 3개월간 44만 3,000원에서 51만 원으로 15.1퍼센트 상승했다. 정리해보면 이 기간에 이 회사의 (누적) 신규수주액은 전년동기대비 상승세를 보였다.

부채비율

수주기업의 안정성을 파악하는 지표로 부적절한 지표가 바로 부채비율이다. 왜냐하면 수주기업은 선수금이라는 계정과목을 갖고 있는데, 이게 부채로 분류되기 때문이다. 한국은행의 기업경영분석에 따르면 2008년 기준 건설업의 평균 부채비율은 185.6퍼센트, 조선업(선박 및 보트 건조업)은 454.5퍼센트였다. 얼핏 부채 덩어리 아니냐고 할 수 있지만 이는 제조업의 시각으로 수주기업을 들여다보면서 비롯되는 혼란이다.

수주기업의 현금상환능력을 파악할 때는 부채비율 대신에 차입금 비율을 살펴보는 것이 합리적이다. 실제로 2008년 한국의 조선업체의 평균 차입금 의존도는 7.3퍼센트로 지극히 낮았다. 즉 조선업의 재무 안정성은 매우 높았던 것이다.

전자공시시스템에서
기업의 신규 수주 확인하는 법

    조선, 건설 등 수주기업의 신규수주에 관한 정보는 전자공시시스템 (http://dart.fss.or.kr)에서 확인할 수 있다.

    이 사이트의 초기화면 상단에 있는 '공시서류검색 → 상세검색'을 클릭한다.

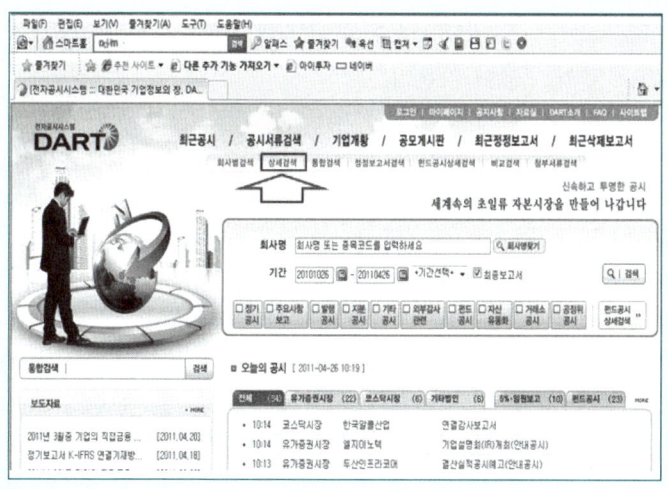

그러면 아래와 같은 화면이 나오는데, 이 화면에 보이는 '회사명'에 '현대중공업'을 입력하고, '보고서명'에 '단일'이라고 치면 현대중공업이 최근 공시한 '단일판매, 공급계약체결'의 내용이 나온다.

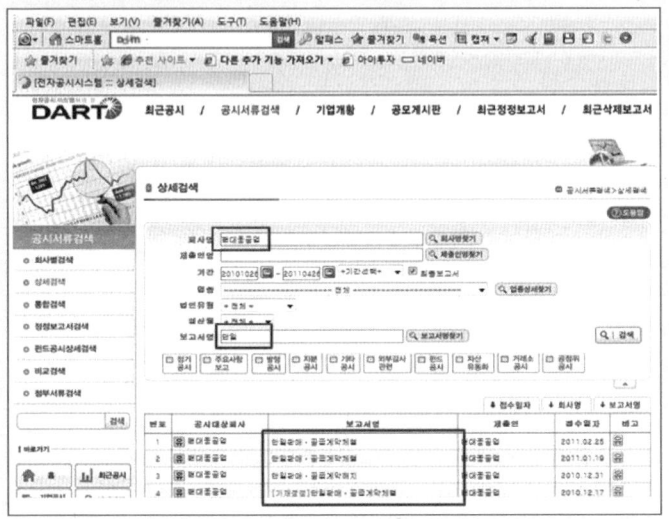

단일판매, 공급계약체결 가운데 2011년 2월 25일자를 클릭하면 해당 수주 계약의 내용이 나온다.

우측 표 내용을 살펴보면 현대중공업은 부유식 원유생산저장하역설비(FPSO) 1기를 공급하기로 계약했는데, 계약금액 1조 3,467만 원은 이 회사의 최근 매출액의 6.37퍼센트에 해당된다는 사실을 알 수 있다. 이밖에 계약 상대방(유럽 소재 오일 메이저), 계약기간(2011년 2월 24일 시작, 2016년 5월 1일 종료), 계약(수주)일자(2011년 2월 24일) 등을 확인할 수 있다.

		본문	2011.02.25 단일판매 · 공급계약체결
DART 현대중공업		첨부	+첨부문서선택+

단일판매 · 공급계약 체결

1. 판매 · 공급계약 물건		부유식 원유생산저장하역설비(FPSO) 1기
2. 계약내역(원)	계약금액(원)	1,346,700,000,000원
	최근매출액(원)	21,142,200,000,000원
	매출액 대비(%)	6.37%
	대규모법인여부	해당
3. 계약상대		유럽소재 오일메이저
-회사와의 관계		-
4. 판매 · 공급지역		유럽지역
5. 계약기간	시작일	2011-02-24
	종료일	2016-05-01
6. 주요 계약조건		-
7. 계약(수주)일자		2011-02-24
8. 공시유보 관련내용	유보사유	-
	유보기한	-
9. 기타 투자판단에 참고할 사항		1. 상기 계약금액은 2011년 2월 24일자 매매기준환율(1$/1,125.8원) 기준이며, 계약금액과 최근 매출액은 억원 미만에서 각각 반올림함 2. 상기 최근 매출액은 2009년말 기준임
	※관련공시	-

조선사는 선수금을 주목하라

조선사의 재무제표 : 현대중공업

1. 재무상태표(대차대조표)

매출채권★★★

조선사의 매출채권이 증가하는 대표적인 경우는 작업진행률이 기성고(율)보다 더 큰 경우이다. 작업진행률이란 해당 사업연도 말까지 발생한 총공사비누적액을 총공사예정비로 나눈 비율을 말한다. 또한 기성고(율)란 전체 공사비중에서 현재까지 완성된 부분이 차지하는 비율을 나타내며 실제 공사 진행 정도를 의미한다.

조선사 매출채권의 또 다른 증가 요인의 하나는 조선사가 선주와 선박 건조 계약을 맺을 때 헤비테일(Heavy-Tail) 방식으로 계약하는 것이다. 헤비테일 방식이란 계약 당시에 전체 선가의 10퍼센트가량만 받고

현대중공업 (개별) 재무상태표
제37기 (2010년12월31일)

			%
자산			
당좌자산	87,910		30.4%
현금 및 현금성자산	6,245		2.2%
매출채권	60,278		20.9%
미수금	2,511		
선급금	9,756		
확정계약자산	7,371		
기타	1,749		
재고자산	20,842		7.2%
원재료	5,491		
재공품	6,789		
미착품	5,347		
기타	3,215		
투자자산	90,893		31.5%
유형자산	80,002		27.7%
무형자산	3,060		1.1%
기타비유동자산	6,174		2.1%
자산총계	**288,881**		**100.0%**
부채			
유동부채	133,772		
매입채무		19,276	12.8%
단기차입금		31,150	20.7%
선수금		61,427	40.8%
파생상품부채		6,375	4.2%
확정계약부채		1,297	
기타		14,247	
비유동부채	16,919		
확정계약부채		1,319	
기타		15,600	
부채총계	150,691		100.0%
자본			
자본금	3,800		
자본잉여금	29,544		
자본조정	(17,055)		
기타포괄손익누계액	21,37		
이익잉여금	100,529		
자본총계	138,190		
부채 및 자본총계	**288,881**		

유동성 관련 계정과목
운전자본에 포함되는 계정과목

현대중공업 (개별) 손익계산서
제37기 (2010년1월1일~12월31일)

		%
매출액	224,052	100.0%
수출매출액	198,269	
국내매출액	25,782	
매출원가	177,348	79.2%
매출총이익	46,703	20.8%
판매비와 관리비	12,309	
영업이익	34,395	15.4%
영업외수익	30,839	
이자수익	1,625	
영업외비용	17,390	
이자비용	804	
법인세비용차감전순이익	47,843	
법인세비용	10,232	
당기순이익	37,612	16.8%
운전자본	(20,977)	
운전자본의 증감	(92,835)	
운전자본 비중		-9.4%
감가상각비비중		2.0%
현금 비중		2.2%
재고자산비중		7.2%
매입채무비중		20.9%
유동자산비중		20.7%
조선부문 매출액	71,339	27.7%
수주잔고	179,406	

현대중공업 (개별) 현금흐름표
제37기 (2010년1월1일~12월31일)

영업현금흐름	6,881
감가상각비	4,400
확정계약평가기손실	11,890
기부금	710
매출채권의 증가	(13,783)
재고자산의 증가	(1,557)
매입채무의 증가	5,060
선수금의 감소	(25,953)
투자현금흐름	23,516
단기차입금의 증가	56,602
현금의 증가(감소)	(81)
기초의 현금	6,326
기말의 현금	6,245
유동성비율	0.0%
순이자보상비율	-2.4%
영업이익률	15.4%
자기자본이익률	27.2%
수주신고배율	2.5%
운전자본비중	-9.4%
감가상각비비중	2.0%

■ 현대중공업의 재무제표 (K-GAAP 기준)

(단위: 억 원)

| 수주업, 선수금에 우량기업이 숨어 있다 |

선박 건조 단계		RG 발급	착공	탑재	진수	인도
대금 유형		선수금	1차중도금	2차중도금	3차중도금	잔금
계약 방식별 대금 회수액	Standard	20	20	20	20	20
	Heavy tail	10	10	10	10	60
	Top heavy	60	10	10	10	10

■ 조선사의 선박 건조 대금 회수방식   (RG = Refund Guarantee, 선수금 환급 보증, 단위:%)

나머지 대부분은 선박 건조를 완료하고 나서 받는 방식인데, 이는 조선사의 유동성을 악화시킨다. 그러므로 조선사가 선박을 수주할 때 헤비테일 방식으로 계약했는지를 살펴보는 것도 중요하다.

조선사의 재무상태에 매출채권이 주는 악영향은 크기 때문에 조선사는 매출채권의 회수불능액에 대비해 충당금을 설정해야 한다.

선급금

조선사는 선박 건조에 필요한 후판 등 원자재를 안정적으로 확보하기 위해 원자재 공급 업체에 미리 금액을 지급하는 경우가 있다. 또한 조선사는 최근들어 태양광, 풍력 등의 신규 사업에 활발히 진출하고 있는데, 이 경우에도 원자재 확보가 관건으로 대두되면서 원자재 공급 업체에 미리 금액을 지급한다. 2009년 1월 현대중공업은 1월 웅진폴리실리콘으로부터 2011년부터 5년간 5억 달러 상당의 폴리실리콘을 받기로 계약을 맺고 선급급을 지급했다. 이런 금액들이 조선사의 재무상태표(대차대조표)에 선급금으로 기재된다. 조선사의 선급금은 운전자본에 포함시키는 것이 합리적이다.

유형자산

조선사가 선박을 건조하기 위해서는 야드, 도크(Dock), 크레인 등 대규모 장비와 설비가 필요하다. 이 때문에 조선사의 재무상태표에서 유형자산이 차지하는 비중은 높은 편이다. 현대중공업의 재무상태표에서 유형자산이 차지하는 비중은 30퍼센트 수준이다. 2011년 3월 현재 현대중공업은 10개의 도크(군산조선소 포함)를 확보하여 세계 최고 수준의 설비를 보유하고 있으며, 삼성중공업과 대우조선해양도 세계 2~3위의 건조설비를 확보하고 있다. 한진중공업과 STX조선해양도 각각 필리핀 수빅과 중국 대련에 신규 조선소를 건설하는 등 설비를 해외에서 확충하고 있다. 이런 대규모 설비는 신규 진입자의 진입을 막는 장벽 역할을 하고 있다.

확정계약자산★★★★

확정계약이란 조선사가 선주와 체결하는 선박 건조 관련 계약 가운데 선가(선박가격)와 수량, 시기 등이 확정되어 있고, 계약 이행을 담보할 수 있는 수단이 마련돼 있는 계약을 말한다. 확정계약자산이란 확정계약에 명시된 금액을 말한다. 확정계약자산은 재무상태표의 왼쪽(차변)에도 있고, 오른쪽(대변)에도 있는데, 왼쪽은 '중도금 + 잔금의 환율변동효과'이고, 오른쪽은 환 헤징을 위한 파생상품(외화선물거래)의 손실분이다.

확정계약자산은 IFRS 도입을 계기로 이슈로 떠오르고 있다. 확정계약자산을 왼쪽과 오른쪽에 동시에 계상하다 보니 위험회피대상 항목과 위험회피수단이 총액으로 표시돼, 자산부채가 각각 증가하고 부채비율은 상승하게 된다.

이 문제의 해결책으로 회계기준원 등이 방안을 제시했다. 조선사 확정계약에 대해서는 예외로 인정하고 자산과 부채를 상계한 순자산 내지 순부채만 재무상태표에 표시하고 세부 변동내역을 주석을 통해 설명하자는 것이다. 그러나 국제회계기준위원회(ISAB)는 2011년 5월 현재 한국 회계기준원의 제안에 대해 아직 수용 여부를 밝히지 않고 있다.

선수금★★★★

수주기업의 특징을 잘 나타내는 계정과목이 선수금(Advances from Custoemrs)이다. 선수금이란 조선사가 선주와 선박 건조 계약을 맺으면서 받는 계약금이다. 통상 계약부터 인도까지 다섯 번에 나누어서 대금이 치뤄지는데, 조선소 입장에서는 중요한 자금조달원이다.

선수금은 조선사의 향후 매출액의 증가를 보여주는 좋은 신호이며, 다다익선이다. 어느 조선사의 부채 증가의 원인이 선수금 증가 때문이라면 아무런 문제가 없다. 이런 이유 때문에 투자자는 조선사를 기계적으로 필터링할 때 주의해야 한다. '부채비율 100% 이상은 제외' 하는 식으로 기계적인 필터링을 하면 항상 빠지는 기업이 대형 조선업체들이기 때문이다.

조선사는 호황기일수록 대규모의 선수금이 유입되면서 영업현금 및 잉여현금창출력이 크게 개선된다. 그런데 이 시기에 조선사의 부채비율은 매우 높게 나타난다. 반대로 불황기에는 수금이 감소하면서 현금창출력이 크게 저하되는데, 이 시기에는 부채비율이 오히려 안정적으로 나타난다. 그러므로 조선사의 실질적인 재무안정성을 판단하기 위해서는 부채비율, 총차입금 또는 순차입금 규모, 선수금 수령액의 사용처 및 내부 유보 비율 등을 종합적으로 고려할 필요가 있다.

2. 손익계산서

매출액

일반 제조업은 매출액 계산을 '제품 판매단가 × 판매 개수'로 한다. 종전의 K-GAAP에서 조선사는 이런 방식으로 계산하지 않고 공정률을 기준으로 매출액을 인식해왔다. 다시 말해 1조 원짜리 선박을 건조 중인데, 올해 20퍼센트를 진행했다면 매출액은 2,000억 원(1조 원 × 0.2)으로 계상한다. 물론 실제의 공정률과 매출액 산정은 이렇게 간단하지 않지만 원리는 동일하다.

매출원가(제조원가)

조선사의 제조원가에 영향을 미치는 원재료는 철강의 한 종류인 후판이다. 후판이란 열연 코일이 생산되기 이전의 슬라브를 후판 압연기로 압연해 제조하는 두꺼운 판재류인데, 통상 6밀리미터 이상의 강판을 말한다.

선박은 거대한 후판 덩어리이다. 그러다 보니 조선사의 제조원가에서 후판이 차지하는 비중이 50~70퍼센트에 이르고 있다. 후판은 국내에서는 포스코, 현대제철, 동국제강의 3개사가 생산하고 있는데, 이것만으로는 수요를 충족시키지 못해 일본, 중국에서 상당량을 수입하고 있다.

3. 재무비율 분석

이 회사의 안정성을 체크해보자. 안정성의 주요 지표인 유동성을 파악하기 위해서는 이 회사의 단기차입금 성격을 파악해야 한다. 주석을 살펴보면 이 회사의 단기차입금은 유전스, 자사 발행 기업어업(CP), 네트워크론, 상생보증대출로 구성되어 있다.

－단기차입금
당기말 및 전기말 현재 단기차입금의 내역은 다음과 같습니다.

차입종별	차입처	당기말 현재 연이자율(%)	제37(당)기	제36(전)기
네트워크론	수출입은행	3.70	74,966,175	301,916,695
상생보증대출	외환은행	－	－	103,118,913
제작금융	수출입은행	－	－	180,285,000
일반대출	신한캐피탈	4.45	1,500,000,000	－
CP	신한은행	2.99	1,000,000,000	－
Usance L/C	신한은행 外	0.91~2.63	540,015,512	－
합계			3,114,981,687	585,320,608

(단위: 천 원)

유전스는 이 회사가 선박 원재료인 후판을 수입하는 과정에서 결제수단으로 활용하는 환어음으로 추정된다. 유전스는 이 회사의 운전자금 부담을 줄여준다.

단기차입금의 또 다른 구성 내역인 기업어음은 이 회사의 높은 신용도를 바탕으로 하고 있기 때문에 금리가 시중 이자율보다 낮다. 네트워크론, 상생보증대출이란 현대중공업이 협력사에 융통해주기 위해 조달하는 차입금으로 추정된다. 단기차입금의 구성 내역을 살펴보면 이 회사의 경우 단기차입금을 운전자본에 포함시키는 것이 합리적이다.

현대중공업의 운전자본은 '매출채권+재고자산+선급금−매입채무−단기차입금−선수금'으로 계산한다. 현대중공업은 선수금이 운전자본에 포함되면서 부의 운전자본을 실현하고 있다. 부의 운전자본을 실현하고 있는 기업은 현금 보유 비중이 다소 낮더라도 안정성에 별다른 문제가 되지 않는다.

안정성의 또 다른 지표인 순이자보상비율을 살펴보면 이자비용이 이자수익보다 적기 때문에 마이너스 값이 나온다. 순이자보상비율이 매우 건전하다는 사실을 알 수 있다.

다음으로 수익성을 살펴보자. 이 회사의 영업이익률과 자기자본이익률은 두자릿수를 유지하고 있다.

끝으로 효율성을 살펴보자. 수주기업은 수주잔고를 살펴보는 것이 중요하다.

미수금에 숨은
건설사의 리스크

건설사의 재무제표 : 대림산업

1. 재무상태표(대차대조표)

당좌자산

건설사의 재무상태표를 살펴보면 당좌자산의 비중이 높다. 예를 들어 대림산업의 자산총계에서 당좌자산이 차지하는 비중은 43.08퍼센트로 절반에 육박한다. 이렇게 건설사의 재무상태표에 당좌자산이 많은 이유는 사업의 특성상 발생하는 단기대여금, 선급금, 선급 공사비의 비중이 높기 때문이다. 이런 계정과목들은 '떼일 확률'이 높다는 점에서 불량 자산이다. 이 점에서 건설업은 본질적으로 위험이 높은 산업이다. 한신정평가를 비롯한 한국의 신용평가사는 건설업의 위험도를 '높은 수준'으로 평가하고 있다.

대림산업 (개별) 재무상태표
제64기 | 2010년 12월 31일

자산			부채		
당좌자산	41,836		유동부채	33,108	
현금 및 현금성자산	11,270	13.0%	매입채무	10,115	
단기금융상품	755		단기차입금	6,120	22.2%
매출채권	1,370	1.6%	유동성장기부채	5,620	
공사미수금	15,492		선수금	8,115	
분양미수금	182		기타	3,137	
단기대여금	3,492		비유동부채	12,486	
미수금	6,954		부채총계	45,594	100.0%
선금	1,771		**자본**		
선급비용	286		자본금	2,185	
재고자산	1,866	9.8%	자본잉여금	13,432	
완성주택	8,478		기타포괄손익누계액	4,763	
미완성주택	746		이익잉여금	20,798	
기타	880		자본총계	41,178	
	6,852				
투자자산	18,100	20.9%			
유형자산	11,575	13.3%			
무형자산	150	0.2%			
기타비유동자산	6,632	7.6%			
자산총계	**86,771**	**100.0%**	**부채 및 자본총계**	**86,771**	

유동성 관련 계정과목
운전자본에 포함되는 계정과목

대림산업 (개별) 손익계산서
제64기 | 2010년 1월 1일~12월 31일

매출액	61,983	100.0%
공사수입	48,006	
분양수입	2,873	
기타	11,103	
매출원가	54,359	
공사원가	41,916	
분양원가	2,535	
기타	9,909	
매출총이익	7,623	12.3%
판매비와관리비	4,328	
영업이익	3,295	5.3%
영업외수익	5,282	
이자수익	795	
영업외비용	4,176	
이자비용	932	
법인세비용차감전순이익	4,401	
법인세비용	862	
당기순이익	3,539	5.7%
유동성비율		200.5%
순이자보상배율		4.1%
영업이익률		5.3%
자기자본이익률		8.6%

대림산업 (개별) 현금흐름표
제64기 | 2010년 1월 1일~12월 31일

영업현금흐름	5,941
감가상각비	351
매출채권의 증감	(381)
공사미수금의 증감	590
분양미수금의 증감	1,520
미수금의 증감	(3,798)
선급금의 증감	(20)
재고자산의 증감	2,953
매입채무의 증감	268
미지급금의 증감	(1,167)
선수금의 증감	680
투자현금흐름	3,798
재무현금흐름	870
현금의 증가(감소)	1,273
기초의 현금	9,997
기말의 현금	11,270
운전자본	(177)
운전자본의 증감	645
운전자본의 비중	-0.3%
감가상각비 비중	0.4%
현금 비중	13.0%
재고자산 비중	9.8%
매출채권 비중	1.6%
유형자산 비중	13.3%

■ 대림산업의 재무제표 (K-GAAP 기준)

(단위: 억 원)

| 수주업, 선수금에 우량기업이 숨어 있다 | 245

공사미수금★★, 분양미수금★★, 매출채권★

공사미수금과 분양미수금은 건설사 재무상태표에만 존재하는 독특한 계정과목이다. 공사미수금이란 글자 그대로 건설사가 발주자에게 공사를 해주고 아직 못 받은 돈을 말하며 분양미수금은 아파트나 주택을 분양해주고 아직 받지 못한 돈을 말한다. 매출채권이란 공사나 분양에 관련돼 있지 않지만 주된 영업활동 과정에서 발생하는 채권인데, 건설사 재무상태표에서 차지하는 비중은 미미한 편이다.

공사미수금이나 분양미수금이 많으면 건설사에 좋을 게 없다. 공사미수금이나 분양미수금이 과다하다는 것은 공사나 분양을 했는데 돈을 받지 못했다는 의미로, 이렇게 되면 건설사는 현금이 부족해지고 이를 메꾸기 위해 외부에서 자금을 차입할 수밖에 없다. 그러면 이자비용이 증가한다. 이자비용의 증가는 다시 현금의 부족을 초래하고, 건설사는 다시 외부에서 자금을 차입하는 악순환이 벌어질 수 있다.

건설사는 공사미수금과 분양미수금을 적절하게 통제해야 한다. 투자자나 외부 관계자는 공사미수금이나 분양미수금의 거래 상대(발주자)가 확실하고 돈을 갚을만한지를 주의 깊게 살펴봐야 한다. 정부 기관, 지방자치단체가 거래 상대라면 신뢰도가 높다. 또한 건설사 분양 미수금의 증감은 주택시장의 회복을 판단하는 지표로 활용해도 무리가 없다. 건설사의 분양 미수금이 감소한다는 것은 아파트 분양이 이뤄지고 있다는 뜻이며, 건설시장이 회복되고 있음을 암시한다.

한편 공사미수금, 분양미수금이라는 용어에는 문제가 있다는 지적이 제기되고 있다. '공사미수금'은 '공사 매출채권'으로 해야 맞고, '분양미수금'은 '분양 매출채권'이라고 해야 맞다는 것이다. 왜냐하면 미수금이란 기업이 본업 이외의 과정에서 발생하는 못 받은 돈이고, 매출채권은 기업이 본업 활동에서 발생하는 못 받은 돈을 말하는데, 건설사가 분양을 하다가 못 받은 돈은 본업 활동에서 생기는 못 받은 돈이기 때문에 매출채권에 해당한다. 그런데 건설업계에서는 어찌된 일인지 공사미수금, 분양미수금이라는 용어를 별다른 문제의식 없이 사용하고 있다.

단기대여금***, 선급금***, 선급 공사비***

건설사는 땅 주인이나 정부기관으로부터 수주를 하는 것으로 영업활동을 개시한다. 이때 땅주인이나 정부기관을 시행사라 하고, 건설사를 시공사라고 한다. 다시 말해 시공사는 시행사로부터 수주와 함께 자금을 받고 공사에 나서는 것이다. 그런데 현실적으로 건설업계에서는 오히려 시공사(건설사)가 시행사에 자금을 대여하는 경우가 많다. 이는 건설 공사의 금액이 크고, 이에 따라 시행사가 건설 공사 금액을 부담하기 어렵다 보니 빚어지는 일이다. 또한 건설사는 하도급 업체(전문 건설업자)에게도 자금을 제공하는 경우가 많다. 예를 들어 대림산업은 아파트 공사를 수행하는 과정에서 조경 시설이나 엘리베이터는 직접 시공하지 않고 외부의 전문 건설 업자에게 맡기는데, 이 과정에서 골조물, 시멘트 등의 원자재 대금을 미리 전문 건설 업자에 지급하는 경우가 있다. 전문 건설 업자의 자금이 풍부하지 않은 점을 고려한 것이다. 이렇게 건설사가 시행사나 전문 건설 업자에게 미리 자금을 제공할 때 발생하는 계정과목이 단기대여금, 선급금, 선급 공사비이다. 건설사가 공사에 소요되는 시멘트, 건자재 대금을 미리 전문 건설 업자에게 지급하면 이것이 건설사의 재무상태표에 선급금으로 기재된다. K-GAAP는 선급금을 '매입처에 대해 상품, 원재료의 매입을 위해 또는 제품의 외주 가공을 위해 미리 지급한 금액'으로 정의하고 있다.

선급금으로 처리할 수 있는 거래는 그것이 정상적 영업 순환 과정에서 발생하는 것으로, 차후에 매입 계정으로 대체할 수 있는 것으로 한정한다.

단기대여금, 선급금, 선급공사비는 건설사의 주된 영업 과정에서 발생하는 금액이기 때문에 운전자본에 포함시키는 것이 합리적이다. 이런 계정과목들 때문에 건설사의 운전자본은 커지는 경향이 있다. 건설업이 좋은 비즈니스 모델이 아니라는 점을 다시 한 번 보여준다.

국토해양부는 건설사가 전문 건설 업자에게 지급하는 선급금의 결제기일을 가능한 앞당기도록 권고하고 있다. 협상력이 취약한 전문 건설업자의 권익을 보호하자는 취지이다. 2011년 2월 국토해양부는 건설사(원도급자)가 전문 건설업자(하도급자)에게 지급하는 선급금이 건설사의 선급금 수령일로부터 15일 이내에 이뤄지도록 하는 것을 골자로 하는 건설산업기본법 개정안을 입법 예고했다.

용지*, 완성주택****, 미완성주택**, 미착품

건설사의 재무상태표에 완성주택이 많으면 좋을 게 없다. 완성주택이란 건설사가 완공을 했는데도 팔리지 않은 주택을 말한다. 다시 말해 완성주택은 건설사에게 악성 자산이다.

완성주택이 많은 건설사의 유동성은 나쁠 수밖에 없다. 미완성주택이란 건설사가 착공에는 들어갔지만 아직 완성하지 않은 주택을 말한다. 용지는 건설사가 건물이나 아파트를 짓기 위해 보유하고 있는 땅(부동산)이다. 건설사 입장에서는 땅이 재고자산이 되는 것이다. 미착품(Goods to Arrive)이란 건설사에 아직 도착하지 않은 원재료나 상품을 말한다. 미착품은 건설사가 거리가 멀리 떨어져 있는 곳에서 상품을 매입하고, 운송 중인 화물의 소유권을 표시한 선하증권 혹은 화물 상환증을 받은 경우, 운송 중에 있는 상품을 화물 대표 증권에 의해 매입한 경우, 현지 검수 등에 의해 채무는 확정됐지만 아직 상품이 도착하지 않은 경우에 발생한다.

미착품이 과다하면 건설사 경영에 좋을 게 없다. 건설사는 미착품을 가능한 빨리 도착하게 만들어서 건설 현장에 사용해야 현금 회전 주기가 빨라진다. 미착품은 기업이 분식회계 수단으로도 종종 이용되기도 하므로 주의해야 한다.

장기미수채권

장기미수채권도 많으면 건설사에 좋을 게 없다. 장기미수채권은 글자 그대로 1년 넘게 회수하지 못한 주식이나 채권을 말한다. 장기미수채권 가운데 실제로 회수가 불가능하다고 판단되는 금액은 대손충당금으로 설정해야 회계가 명확해진다. 현대건설은 장기미수채권의 절반가량을 회수 불가능하다고 보고 대손충당금으로 설정해두었다. 대손충당금은 부채이지만 편의상 대차대조표의 자산에 나온다.

유형자산

건설사의 재무상태표에서 유형자산이 차지하는 비중은 낮다. 제조업과 수주업을 통틀어 유형자산의 비중이 이렇게 낮은 업종을 찾기가 어렵다. 건설업은 아웃도어 산업이기 때문에 원재료의 표준화, 대량생산이 쉽지 않으며, 이에 따라 대규모 유형자산을 바탕으로 생산을 수행하기보다는 노동집약적 생산 형태를 띨 수밖에 없다. 그래서 건설사의 유형자산 비중은 낮은 것이다.

유형자산의 비중이 낮다는 것은 신규 진입자의 시장 진입이 그만큼 쉽다는 의미이기도 하다. 토목 공사의 경우 자본금 7억 원, 건설기술인력 6인 이상, 건축 공사의 경우 자본금 5억 원, 건설기술인력 5인 이상이면 회사 설립이 가능하다. 2009년 12월 말 기준으로 일반 건설사가 1만 2,402개, 전문 건설업체가 4만 4,598개에 달할 정도로 많은 수의 업체가 시장에 참여하고 있는 이유가 여기에 있다. 한국의 건설업계에서 상위 3사의 시장집중도는 20퍼센트 내외(수주금액 기준)인데, 이는 여타 산업에 비하여 매우 낮은 수준이다.

선수금★★★

건설사는 수주기업이므로 공사 계약을 맺을 때 계약금을 받는다. 이것이 선수금이다. 선수금이 풍부한 기업은 거래처와의 관계에서 협상력이 있음을 의미한다. 피틸, 밸브 기업이나 일부 기계 제조기업(공작기계 회사라고 한다)은 수주하면서도 일반적으로 계약금을 받지 못한다. 계약 상대방과의 관계에서 을(乙)의 입장에 있기 때문이다.

매입채무

건설사의 부채 항목에서 매입채무가 차지하는 비중은 높은 편이다.

2010년 어느 신용평가사의 조사에 따르면 건설사의 부채 유형을 살펴보면 차입금(22.0%), 매입채무(13.1%), 미지급금(3.7%), 부채성충당금(1.8%), 기타 부채(14.4%) 순이다.

매입채무란 건설사가 원재료나 부자재를 거래업체로부터 외상으로 매입할 때 발생한다. 매입채무는 건설사의 운전자본 부담을 줄여주지만 거래업체에게는 유동성 위기를 초래한다.

2. 손익계산서

매출액★★★

K-GAAP에서 건설사는 매출액을 공사진행률(기성고)에 의거해 결정하는데, 건설사의 자의성이 개입될 수 있다는 문제가 있다. 예를 들어 건설사가 100억 원짜리 공사를 수행하고 있는데, 어느 회계기간에 20퍼센트를 공정을 수행했다면 매출액이 20억 원(100억 원×0.2)이 되는 것이다. 기성고를 단 몇 퍼센트만 조기 인식할 경우 매출액은 부풀려진다.

건설사의 매출액은 대개 공사 수익과 분양 수익으로 구분 표시되는데 분양 수익은 아파트 분양을 하고 얻은 수익을 말하며, 공사 수익은 분양 수익 이외의 공사를 하고 얻은 수익을 말한다.

매출총이익, 영업이익

건설 공사는 통상 1년 이상의 시간이 소요되고, 대형토목공사의 경우 10년 이상이 걸리기도 한다. 이에 따라 공사 입찰 시 해당 프로젝트별 원가 산정 능력 및 공사 진행 중의 원가 관리 능력이 건설사의 핵심 경쟁력이다. 또한 사업 현장이 지역적으로 분산돼 있기 때문에 현장의 확장 및 축소에 따른 판매 관리비 항목의 탄력적인 관리능력이 이익에 큰 영향을 미친다. 그러므로 원가 및 판매관리비의 종합적인 관리능력을 판단할 수 있는 영업이익률이 효율적인 지표이다. 한국의 건설사의 매출총이익률과 영업이익률은 낮은 편이다. 이는 건설사가 난립해 있다는 점과 관련 있다.

3. 재무비율 분석

건설사의 안전성은 주의깊게 체크해야 한다. 건설사가 수행하는 건설 공사는 짧아도 1년, 길게는 10년이 걸리는 장기 사업이다. 그러다 보니 건설사는 현금이 부족해지는 상황이 종종 발생하는데, 여기에 충분히 대비하고 있어야 한다. 우선적으로 유동성을 파악하기 위해서는 이 회사의 단기차입금의 성격을 규명해야 한다.

대림산업의 단기차입금 대부분은 수출입은행의 제작금융이다. 제작금융은 건설사가 건물 공사를 일정 공정율 이상 진행한 경우 원자재 매입 등을 위해 금융기관으로부터 지원받을 수 있는 자금으로 매입채무의 성격이 짙다(건설사의 운전자본은 '매출채권+공사미수금+분양미수금+단기대여금+선급금-매입채무-단기차입금-선수금'으로 계산하는 것이 합리적이다). 이 회사의 유동성에 문제를 가져올 수 있는 계정과목은 유동성 장

- 차입금 및 사채

장·단기차입금
보고기간 종료일 현재 회사의 장·단기차입금의 내역은 다음과 같습니다.

구분	차입처	이자율(%)	당기말	전기말
단기차입금				
CP	에스엠힐제일차유동화	4.60	130,000	–
제작금융	수출입은행	3.87~4.13	482,023	–
네트워크	수출입은행	–	–	8,748
	단기차입금 계		612,023	8,748
기타단기차입금(주1)				
차환	한국토지공사	–	–	27,626
ABCP	인천신현/인천신현제이차	–	–	50,000
	기타단기차입금 계			77,626

(단위: 백만 원)

기부채(5,620억 원)인데, 이 금액은 이 회사가 보유한 현금 및 현금성자산(1조 1,270억 원)으로 감당할 수 있다.

수주기업의 안정성을 체크할 때 유용한 또 다른 지표인 순이자보상비율(4.1%)도 안정적이어서 이 회사의 안정성에는 별다른 문제가 없다고 봐도 무방하다.

다음으로 알아볼 것이 수익성이다. 이 회사의 영업이익률(5.3%)과 자기자본이익률(8.6%)은 한자릿수인데, 건설사의 업황이 나쁜 것과 관련이 있는 것으로 분석된다.

투자 부적격 조선사 골라내는 법

워크아웃 조선사의 재무제표 : 씨앤중공업

씨앤중공업의 전신은 1973년 피혁 및 의류 제조를 목적으로 설립된 진도물산이다. 진도물산은 1981년 상호를 진도로 바꿨고 1987년에는 한국거래소에 주식을 상장했다.

이 회사의 본업이 조선업으로 바뀐 것은 2004년 10월 씨앤그룹에 편입된 것이 계기였다. 이 회사는 2006년 3월 의류사업 부문을 인적 분할 방식으로 떼어내고 이듬해 8월 씨앤조선해양(구 씨앤중공업)으로부터 조선업 부문을 양도받아 조선업에 진출하면서 지금의 선박 건조 회사가 됐다. 조선업에 진출하면서 회사명도 씨앤중공업으로 변경했다.

이 회사는 2008년 말 총 64척, 33억 8,000만 달러의 수주잔량을 확보하는 등 조선업 진출 초기에는 양호한 실적을 보였다. 그러나 중소형 벌커 위주의 단순한 선박 구성, 잔여 선박에 대한 금융권의 추가적인

씨앤중공업 (개별) 재무상태표
제36기 3분기 (2008년 9월 30일)

자산				부채		
당좌자산	1,351		30.2%	유동부채	3,985	
현금및현금성자산	1		0.0%	매입채무	290	6.8%
단기투자자산	265			단기차입금	1,435	33.4%
매출채권	221		4.9%	선수금	1,123	26.2%
선급금	753			미지급금	991	
선급비용	39			미지급비용	92	
기타	71			기타	54	
재고자산	688		15.4%	비유동부채	306	
원재료	452			부채총계	4,291	100.0%
미완성재료	141			자본		
기타	96			자본금	1,016	
투자자산	580		13.0%	자본잉여금	166	
유형자산	1,753		39.2%	자본조정	(353)	
무형자산	62		1.4%	기타포괄손익누계액	(123)	
기타유동자산	39		0.9%	이익잉여금	(523)	
				자본총계	182	
자산총계	4,473		100.0%	부채 및 자본총계	4,473	

■ 유동성 관련 계정과목
■ 운전자본에 포함되는 계정과목

씨앤중공업 (개별) 손익계산서
제36기 3분기 (2008년 1월 1일~9월 30일)

매출액	821	100.0%
매출원가	817	
매출총이익	4	0.5%
판매비와관리비	142	
급여	35	
지급수수료	36	
기타	71	
영업이익	(138)	-16.7%
영업외수익	107	
이자수익	17	
영업외비용	389	
이자비용	148	
법인세비용차감전순이익	(419)	-51.0%
법인세비용	0	
당기순이익	(419)	
유동성비율		0.1%
순이자보상비율		-94.8%
영업이익률		-16.7%
자기자본이익률		-230.3%

씨앤중공업 (개별) 현금흐름표
제36기 3분기 (2008년 1월 1일~9월 30일)

영업현금흐름	368
감가상각비	42
매출채권의 증가	279
선급금의 증가	(526)
재고자산의 증가	(196)
매입채무의 증가	11
선수금의 증가	706
투자현금흐름	(554)
재무현금흐름	159
현금의 증가(감소)	(27)
기초의 현금	28
기말의 현금	1
운전자본	(1,186)
운전자본의 증감	275
운전자본 비중	(1)
현금 비중	0.0%
감가상각비 비중	5.1%
재고자산 비중	15.4%
매입채권 비중	4.9%
유형자산 비중	6.8%
	39.2%

■ 씨앤중공업의 재무제표 (K-GAAP 기준)

(단위: 억 원)

| 수주업, 선수금에 우량기업이 숨어 있다 | 255

선수금환급보증(RG) 발급 지연, 숙련 노동 인력 확보의 어려움 등으로 경영난을 겪게 된다. 결국 이 회사는 2008년 8월 17일 제132회 무보증 전환사채의 원리금 상환을 하지 못했고, 그해 11월 27일 워크아웃(채권금융기관 공동관리) 신청을 결정하면서 경영난이 표면화됐다.

이 회사가 워크아웃을 신청하기 직전인 그해 11월 14일 공시된 이 회사의 분기보고서를 살펴보자.

먼저, 안정성 지표인 유동성비율과 순이자보상비율을 살펴보자. 이 회사가 보유하고 있는 현금을 보면 1억 원에 불과하다는 사실을 알 수 있다. 연간 매출액이 1,000억 원대에 이르는 회사의 현금 보유액이 1억 원이라는 것은 상식적으로도 이해하기 어렵다.

이 회사의 단기투자자산은 사용이 제한돼 있다. 따라서 현금성자산에 포함시키지 않는 것이 합리적이다.

-사용이 제한된 예금 등의 내용
당분기 및 전기말 현재 사용이 제한된 예금 등의 내역은 다음과 같습니다.

계정과목	종류	금융기관명	당분기말	전기말	제한내용
단기투자자산	정기예금	신한은행	1,821,035	1,820,000	차입금담보
	〃	〃	500,000	500,000	서울보증보험
	〃	농협	2,500,000	–	차입금담보
	〃	〃	–	700,000	농협일반대출질권
	〃	외환은행	–	700,000	외환일반대출질권
	〃	우리은행	84,279	3,824,178	우리수출입금융
	〃	우리은행	1,087,800	–	통화옵션담보
	〃	우리은행	–	5,000,000	선수금담보
	〃	우리은행	160,000	–	질권설정
	외화정기예적금	우리은행	–	4,763,568	우리수출입금융
	MMDA	우리은행	–	3,867,419	우리일반대출질권

(단위: 천 원)

다음으로 이 회사가 보유하고 있는 단기차입금의 성격을 살펴보면 대부분이 운전자본이라기보다는 금융 차입금의 성격이 강하고 금리도 최고 12퍼센트로 높은 수준이다.

−당기 및 전기말 현재 회사의 원화 및 외화단기차입금의 내역은 다음과 같습니다.

차입처	차입용도	연이자율(%)	당기말	전기말
원화단기차입금	운영자금 외	4.7~12.0	136,720,359	99,782,748
외화단기차입금	수출금융 외	−	2,012,000	20,444,461
합계			138,732,359	120,227,209

(단위: 천 원)

이 회사의 운영자금 1,367억 원을 12로 나눠보면 얼추 114억 원이 나오는데, 이 회사는 이 금액을 매달 갚아야 한다(단기차입금은 만기가 대개 1년이다). 이 회사의 현금 보유액 1억 원은 매달 114억 원을 상환하기에 턱없이 부족하다.

안정성의 또 다른 지표인 순이자보상비율도 심각하게 나쁜 수준이다. 이 회사의 갚아야 하는 이자비용은 148억 원인데, 이자수익은 17억 원에 불과하고 영업손실마저 기록하고 있다. 수주기업의 안정성을 파악하는 두 가지 지표 모두가 나쁘다.

다음으로 수익성을 살펴보자. 수주기업의 수익성은 영업이익률과 자기자본이익률로 파악할 수 있다. 이 회사는 영업손실을 기록하고 있고, 당기순손실을 기록하다 보니 자기자본이익률은 계산할 필요조차 없다.

안정성으로 보든 수익성으로 보든 이 회사는 위험한 상태에 빠져 있다. 수주기업의 안정성과 수익성을 파악하는 몇 가지 지표만 계산해봐도 수주기업의 경영 현황을 파악할 수 있다는 사실을 알 수 있다.

안전성만 체크해도
부도기업이 보인다
건설사의 재무제표 : 성지건설

    성지건설은 1969년 토목건축업 등을 목적으로 설립된 중견 건설사로 2009년 기준 시공능력 69위를 기록했다.

    이 회사는 30년 가까운 업력을 바탕으로 다양한 공종에 걸쳐 비교적 양호한 시공능력을 보유하고 있었다. 2008년 3월 고(故) 박용오 전 두산그룹 회장등이 지분 24.4퍼센트를 인수해 경영권을 확보했다.

    이 회사는 부동산 경기 침체에 따라 어려움을 겪었고 2010년 6월 28일 기업회생절차개시 신청을 공시했다. 앞서 5월 17일 이 회사가 공시한 분기보고서를 통해 이 회사의 경영 현황을 살펴보면 다음과 같다.

성지건설 (개별) 재무상태표
제42기 1분기 (2010년 3월 31일)

자산			부채		
당좌자산	3,222		유동부채	3,541	
현금 및 현금성자산	9	0.2%	매입채무	612	17.0%
매출채권	1,084	24.9%	단기차입금	1,578	43.9%
미수금	171		선수금	117	
단기대여금	675		예수금	150	
선급금	1,041		유동성장기차입금	943	
선급비용	73		기타	143	
기타	171		비유동부채	52	
재고자산	165	3.8%	부채총계	3,593	100.0%
미성공사	90		자본		
기타	71		자본금	320	
	5		자본잉여금	181	
투자자산	178	4.1%	자본조정	0	
유형자산	688	15.8%	기타포괄손익누계액	(0)	
기타비유동자산	105	2.4%	이익잉여금(결손금)	264	
장기대여금	81		자본총계	765	
기타	24				
자산총계	4,358	100.0%	부채 및 자본총계	4,358	

유동성 관련 계정과목
운전자본에 포함되는 계정과목

성지건설 (개별) 손익계산서
제42기 1분기 (2010년 1월 1일~3월 31일)

매출액	411	100.0%
공사수익	239	
분양수익	159	
기타	14	
매출원가	360	
공사원가	222	
분양원가	124	
기타	14	
매출총이익	51	12.4%
판매비와 관리비	37	
영업이익	14	3.4%
영업외수익	51	
이자수익	1	
영업외비용	62	
이자비용	53	
법인세비용차감전순이익	3	
법인세비용	0	
당기순이익	3	0.8%
운전자본	1,634	
운전자본의 증감	(185)	
운전자본 비중	397.6%	
감가상각비 비중	1.2%	
현금 비중	0.2%	
재고자산 비중	3.8%	
매출채권공사(미수금+미수금)비중	28.8%	
매입채무 비중	17.0%	
유형자산 비중	15.8%	

성지건설 (개별) 현금흐름표
제42기 1분기 (2010년 1월 1일~3월 31일)

영업현금흐름	(175)
감가상각비	5
매출채권의 증가	(197)
미수금의 증가	(16)
선급금의 증가	(15)
선급비용의 증가	(25)
재고자산의 감소	59
매입채무의 감소	(48)
미지급금의 감소	(14)
선수금의 증가	76
하자보수충당부채의 감소	(3)
투자현금흐름	(15)
재무현금흐름	197
현금의 증가(감소)	7
기초의 현금	2
기말의 현금	9
유동성비율	0.6%
순이자보상비율	26.5%
영업이익률	3.4%
자기자본이익률	0.4%

■ 성지건설의 재무제표 (K-GAAP 기준)

(단위: 억 원)

| 수주업, 선수금에 우량기업이 숨어 있다 |

안정성 지표인 유동성비율과 순이자보상비율을 살펴보자.

유동성비율의 경우 이 회사가 보유하고 있는 현금이 9억 원이라는 사실을 확인할 수 있다. 다음으로 이 회사의 단기차입금 1,578억 원의 성격을 살펴보자.

―당1분기 및 전기 현재 당사의 장·단기차입금 및 사채의 내역과 상환계획은 다음과 같습니다.

단기차입금

차입금종류	차입처	이자율(%)	당1분기	전기	상환방법
일반운영자금	건설공제조합	1.70	8,255	8,255	만기일시상환
〃	한국외환은행	11.876~12.500	36,678	34,244	〃
〃	국민은행	6.83~11.05	63,520	50,600	〃
〃	수협은행	7.222~12.500	19,986	18,500	〃
〃	신한은행	10.00~12.88	13,000	8,000	〃
〃	농협	9.88	3,695	―	〃
〃	하나은행	7.85~11.60	5,000	5,000	〃
〃	우리은행	7.95	3,500	3,500	〃
〃	경기상호저축	12.00	―	1,200	〃
〃	유진투자증권	12.00	3,700	6,000	〃
〃	기타		487	2,498	〃
합계			157,821	137,797	

(단위: 백만 원)

이 회사의 단기차입금은 전액 운영자금이고 금리도 최고 12퍼센트에 이른다. 1,578억 원을 3으로 나눠보면 526억 원이 나오는데, 이 회사는 이 금액을 매달 갚아야 한다. 하지만 이 회사가 보유한 현금 9억 원으로는 해결이 어렵다는 사실을 짐작할 수 있다. 안정성의 또 다른 지표인 순이자보상비율을 살펴보자. 이 회사의 이자비용은 53억 원인데,

이자수익은 1억 원이고 영업이익은 14억 원이다. 이자를 갚아나가기에도 버거운 상태라는 사실을 알 수 있다.

수익성을 살펴보면 영업이익률(3.4%)은 낮은 한자릿수고, 자기자본이익률(ROE)은 간신히 플러스를 유지하고 있다. 이 회사의 경영 역시 나쁘다는 사실을 알 수 있다.

소매유통, 운전자본에 우량기업의 성패 있다

소매유통업은 제조기업이 생산한 물품의 판매활동을 돕는 사업을 말하며, 백화점, 할인점, 홈쇼핑기업이 여기에 속한다. 소매유통기업의 가장 큰 특징은 제조활동이 없으며, 구매활동과 판매활동만이 존재한다는 사실이다. 제조기업이 만들어낸 제품을 소매유통기업이 매입하면 상품이 된다. 소매유통기업의 경영 안정성을 파악할 때 유용한 지표는 영업현금흐름비율, 순이자보상비율, 부채비율이며, 수익성을 파악할 유용한 지표는 영업이익률과 자기자본이익률이다.

소매유통기업은
매출채권의 비중이 낮다

　대한민국 최고 상권으로 꼽히는 서울 압구정동의 현대백화점 본점. 이곳에 들어서면 루이뷔통, 한섬을 비롯한 해외와 국내의 고급 브랜드 매장들이 고객을 맞이하고 있다. 적지 않은 소비자들은 이들 매장을 현대백화점이 직접 운영하고, 매장 직원도 현대백화점의 직원일 것이라고 생각한다. 하지만 실제로는 그렇지 않다. 예를 들어 현대백화점은 한섬에 매장을 내줬을 뿐이며, 이 매장이 벌어들이는 매출액의 일정 비율을 수수료로 받는다. 이런 매장을 입점 매장(수수료 매장)이라고 하며, 백화점 매장의 대부분을 차지한다. 백화점이 직접 운영하는 직영 매장은 일부에 불과하다.

　백화점이 이들 입점 매장으로부터 거둬들이는 수수료는 만만치 않다 (실은 이게 백화점의 매출의 대부분을 차지한다). 한국의 대형 백화점의 경우 판매수수료율은 35~38퍼센트에 이르고 있다.* 입점 매장이 하루 100원의 매출을 올린다면 35~38원을 백화점측에 내야 한다는 뜻이다.

입점 매장이 백화점 측에 부담하는 금액은 이것뿐만이 아니다. 수수료 매장에 입점한 업체는 매장 인테리어 비용도 백화점 측에 낸다. 또한 매장에 근무하는 판매사원(Shop Master)에 대한 급여도 수수료 매장에 입점한 업체가 부담한다. 수수료 매장에 입점한 업체의 직원은 백화점 직원이 아니라 입점 업체의 직원이기 때문이다. 그럼에도 일부 소매유통기업은 이 직원들을 서비스 교육을 시킨다는 명목으로 자사 직원 부리듯해서 문제가 되기도 한다.

이런저런 금액을 모두 합치면 수수료 매장에 입점한 업체가 백화점에 내는 실질 판매 수수료율은 50퍼센트에 이르고 있다. 할인점의 경우 판매 수수료율이 18~20퍼센트이며 기타 판매사원에 대한 인센티브와 매장 인테리어에 대한 부담은 백화점의 경우와 비슷하다. 이렇게 높은 판매 수수료율은 입점 매장의 수익성을 악화시키고 있으며, 백화점 상품의 가격이 시중 가격보다 높은 이유를 설명해준다.

이런 부담에도 불구하고 백화점에 입점하려는 제조기업은 줄을 잇고 있다. 이런 상황은 대형 할인점, 홈쇼핑업체도 동일하다. 왜 제조기업은 대형 소매유통점에 입점하려 할까? 이 질문에 대한 대답은 간단하다. 돈을 벌 수 있기 때문이다. 다시 말해 백화점, 대형 할인점, 홈쇼핑 등 대형 소매유통기업의 매장에 진열되는 상품은 그게 무엇이든 잘 팔린다.

---

* 판매 수수료는 '매장 임대료'와는 개념이 다르다. 매장 임대료는 매장에서 발생하는 매출과 무관하게 일정액이 징수되지만, 수수료 매출은 매장의 매출에 따라 백화점이 얻는 수입이 달라지는 방식이다. 소매유통기업은 수수료를 받아 마케팅 활동 등에 쓰기 때문에 수수료가 아니라 '유통마진'이라고 주장하고 있다.

현대백화점 본점의 경우 서울 어디에서나 쉽게 도달할 수 있는 접근성, 현대백화점의 브랜드 파워 등이 어우러져 이런 현상을 만들어내고 있다. 이런 이유 때문에 대형 소매유통기업의 MD팀(상품기획팀)이나 구매팀에는 제조기업이 자사 제품을 입점시키고 싶다는 의향서가 줄을 잇고 있다. 이런 현상은 미국을 비롯한 세계 경제 선진국의 공통된 현상이다. 미국 남부 아칸소 주의 소도시 벤톤빌에 자리잡은 월마트 본사의 구매팀 직원들은 하루 근무 시간의 대부분을 제조기업들이 보내온 '거래 제안서'를 검토하는 데 보낸다. '우리 회사 제품을 월마트 매장에서 판매하고 싶다'는 요지의 이 제안서에는 지우개, 노트 같은 문구류에서부터 냉장고, 신발장 같은 가구에 이르기까지 인간의 생활에 필요한 거의 모든 물품을 망라하고 있다.

월마트 구매 담당자의 눈길을 사로잡는 데 성공한 일부 품목의 제조기업의 경영진이나 임원은 월마트 본사의 구매팀을 직접 방문해 자사 제품에 대한 프리젠테이션을 갖는다. 여기에서 최종적으로 선택된 제품이 월마트 매장에 진열된다.

이 과정에서 월마트는 제조기업에게 낮은 가격을 요구하는데, 이로 인해 제조기업은 단가를 최저 수준까지 낮게 맞춘다. 제조기업이 선택할 수 있는 여지는 많지 않다. 협상 테이블에서 월마트는 갑(甲)이고, 제조기업은 을(乙)이다. 월마트 매장에 물품을 납품하고 싶어하는 제조기업은 아주 많다. 그러다 보니 월마트에 물품을 공급하는 상당수 제조기업은 적자를 겪거나 심한 경우 파산한다. 2004년 월마트 최대 공급업체 열 곳 중에 네 곳은 파산했다는 조사도 있다. 월마트 거래가 늘수록 그만큼 이윤이 줄어드는 것이다. 그럼에도 미국의 제조기업들은 어쩌다 한 번씩 터지는 '월마트 납품 대박'의 환상을 버리지 못하고 부나 방처럼 월마트 본사 구매팀의 문을 두드린다. 이런 사례들은 소매유통기업과 제조기업의 관계를 잘 보여준다.

사실 제조업과 소매유통기업의 관계가 애초부터 이렇지는 않았다. 1960년대까지만 해도 제조업은 소매유통업보다 우위에 있었다. 물건을 만들기만 하면 판매는 저절로 이뤄졌다. 소매유통의 의미를 아는 사람은 많지 않았다. 미국의 경영 학자 피터 드러커는 20세기 이전의 물류를 '경제의 암흑대륙(The Economy's Dark Continental)'이라고 표현했을 정도다.

그런데 자동차의 대중화와 도로망의 확충, 인터넷의 발달이 이런 관계를 역전시켰다.

미국의 경우 헨리 포드가 만든 최초의 대중 승용차인 'T형 자동차'는 1913년 대량생산을 시작해 1922년까지 1,500만대가 팔렸다. 한 해 평균 170만 대가 팔려 나간 것이다. 1920년 미국 인구가 1억 명을 약간 넘는 수준이었으니 4인 가구를 기준으로 하면 당시 미국의 다섯 가구 가운데 세 가구가 자동차를 보유한 셈이다.

자동차 대중화에 발맞춰 도로 확충이 급속히 이뤄졌다. 미국 동부 뉴욕에서 대륙을 관통해 샌프란시스코까지 이어지는 링컨 하이웨이(Lincoln highway)가 1915년 개통됐다. 링컨 하이웨이는 뉴저지, 펜실베이니아, 오하이오, 인디애나, 일리노이 등 대륙의 13개 주를 관통한다. 이어 왕복 8차선으로 미국 최초의 현대적 수준의 고속도로로 일컬어지는 펜실베이니아 턴파이크 도로가 1940년에 완공됐다.

그러자 대중들은 너도나도 자동차를 타고 월마트로 몰려갔다. 월마트 매장에 진열된 물품은 불티나게 팔려나갔다. 제조기업들 역시 앞다투어 월마트 구매팀의 문을 두드렸다. 그러자 월마트는 제조기업을 상대로 협상력에서 우위에 서게 됐다. 한국에서도 1990년대의 대형 할인점 확산은 자동차 대중화와 도로망 확충을 배경으로 하고 있다.

이런 특성이 소매유통기업의 재무제표에 어떤 특징을 가져다 주는지 살펴보자.

소매유통기업의
돈 버는 비밀, 부의 운전자본

소매유통기업의 재무제표의 가장 큰 특징은 '부의 운전자본'이 상시적으로 발생한다는 점이다. '회전차(回轉差)'로도 불리는 '부의 운전자본'이란 글자 그대로 운전자본이 마이너스로 유지되는 상태를 말하는데, 이는 기업이 자금을 무이자로 조달하고 있는 것이나 다름없다. 먼저 소매유통기업의 운전자본을 구하는 공식을 살펴보자.

운전자본 = 매출채권 + 재고자산 - 매입채무 - 상품권

소매유통기업이 부의 운전자본을 창출할 수 있는 비결은 매출채권과 재고자산의 비중이 구조적으로 낮은 반면, 매입채무의 비중은 높다는 사실에 있다. 이는 운전자본이 마이너스가 유지될 수밖에 없는 구조인

데, 여기에다 상품권이라는 독특한 계정과목이 소매유통기업이 부의 운전자본을 창출하는 데 기여하고 있다.

이 말의 의미를 살펴보자. 우선 소매유통기업은 매출채권의 비중을 매우 낮게 유지할 수 있다. 2010년 기준으로 현대백화점의 매출채권이 자산총계에서 차지하는 비중은 7.4퍼센트고 GS홈쇼핑은 2.6퍼센트인데, 이는 에쓰오일(16.0%), 삼성전자(13.5%), 동아제약(11.4%), 포스코(7.0%) 등의 제조기업에 비해 낮은 수준이다.

소매유통기업의 매출채권이 자산총계에서 차지하는 비중이 낮은 이유는 소비자(고객)들이 상품 구매 대금을 대부분 카드로 결제하기 때문이다. 소매유통기업은 이 카드 금액을 대부분 3거래일(3 business day) 후에 카드 회사로부터 현금으로 받는다. 그렇기 때문에 매출채권의 비중이 낮을 수밖에 없다.

다음으로 소매유통기업은 재고자산의 비중도 아주 낮게 유지할 수 있다. 2010년 현대백화점과 GS홈쇼핑의 경우 재고자산이 자산총계에서 차지하는 비중은 각각 1퍼센트, 3퍼센트 안팎이다. 일반 제조 대기업의 경우 재고자산이 자산총계에서 차지하는 비중이 15퍼센트 수준이다. 이렇게 소매유통기업의 재고자산 비중이 낮은 것은 앞서 언급한 대로 매장의 상당 부분이 입점 방식으로 운영되기 때문이다. 입점 매장에 진열돼 있는 상품은 소매유통기업의 소유물(재고자산)이 아니라 입점 기업의 소유물이다. 소매유통기업의 재고자산의 비중이 낮을 수밖에 없는 이유가 여기에 있다.

반면 소매유통기업은 매입채무의 비중이 높은데, 이는 거래처를 상대로 구매력 파워(Buying Power)와 협상력의 우위를 갖고 있기 때문이다. 소매유통회사는 납품 업체로부터 원재료나 물품을 구입하면서 현금결제 대신에 외상으로 결제한다. 소매유통회사가 납품 업체를 상대로 어음을 많이 끊어줄수록 소매유통회사의 재무상태표의 매입채무는 증가한다(어음은 회계학에서 매입채무로 불린다). 이런 이유 때문에 소매유통회사의 재무상태표를 보면 매입채무의 비중이 매우 높다.

여기에다 소매유통회사는 상품권이라는 독특한 부채 때문에 부의 운전자본을 만들어낸다. 상품권이란 소매유통회사가 소비자(고객) 상대로 발행하는 무기명 채권이며, 소비자는 권면에 기재된 액수만큼 상품과

	제조기업	소매유통기업
특징	• 공장(Factory)	• 매장(Store)
유동성 확보 방법	• 유전스(Usance)	• 부의 운전자본(회전차), 상품권, 기업어음(CP, Cmmercial Paper)
매출채권의 특징	• 거래처와 장기 거래를 위해 물품 판매 대금을 어음으로 받는 경우가 많음 • 어음(매출채권) 할인을 통해 현금 유동성 확보 • 매출채권에 대해 대손상각비 설정	• 고객의 신용카드 결제가 대부분 • 타사 신용카드 결제의 경우, 거래일 기준으로 3일 후 신용카드사로부터 현금 회수됨. 어음할인과 비교됨 • 자사 신용카드 결제의 경우 자산유동화(ABS발행)로 조기 현금화 가능
재고자산의 특징	• 재고자산의 비중이 높은 편 • 효율적 재고관리가 중요 • 물류시스템 개선, 적시생산시스템(JIT), 부실 재고 손실 처리가 행해짐	• 재고자산의 비중이 낮음: 입점 업체가 재고를 부담하기 때문 • 물류 센터 운영, SCM(Supply Chain Management, 공급망 관리), QR(Quick Response) 코드 관리가 행해짐
매입채무의 특징	• 익월(다음 달) 결제 등을 통해 공급업체에 운전자금 부담 일부를 전가 • 현금 결제가 아닌 어음 지급으로 유동성 확보	• 교섭력의 우위를 활용해 결제 기일을 연장함으로써 유동성 확보
상품권의 특징	• 상품권 발행이 거의 없음	• 상품권 발행이 빈번 • 백화점이 자사 상품권을 판매하면 선수금이 유입되고, 현금 증가 • 영업현금흐름 개선
기타	• 제조원가명세서가 존재	• 제조원가명세서가 존재하지 않음

■ 제조기업과 소매유통기업의 특성 비교

교환할 수 있다. 이마트, 롯데쇼핑, 현대백화점 등 한국의 대형 유통사는 상품권을 발행하고 있다. 소비자는 상품권을 소지하고 백화점이나 할인점 매장에서 들어서면 현금과 다름없이 사용할 수 있다. 상품권은 발행사에게 다다익선이다. 백화점이나 할인점 입장에서 상품권은 무이자의 차입자본 역할을 한다. 백화점이나 할인점은 상품권을 발행하는 순간 현금이 유입되며, 이는 자사의 현금흐름을 원활하게 해준다. 또한 백화점이나 할인점은 상품권을 발행함으로써 고객을 유인하는 효과도 얻게 되며, 발행사로서 명성과 품위도 높아진다.

정리해보면 소매유통회사는 비즈니스 모델의 특성상 매출채권과 재고자산은 적을 수밖에 없고, 매입채무는 많을 수밖에 없다. 여기에다 상품권이라는 독특한 계정과목이 부의 운전자본 형성에 기여하고 있다. 부의 운전자본은 소매유통기업에게 부를 가져다 주는 비밀 병기이다. 부의 운전자본이 발생하는 기업은 그 액수만큼을 무이자로 외부에서 조달한 것이나 다름없다.

소매유통기업의 재무제표 읽는 법

1. 재무상태표(대차대조표)

매출채권★★★, 고객의 신용카드 결제 대금

소매유통기업의 매출채권이란 일반적으로 고객이 매장에서 물품을 구매하면서 신용카드로 결제한 금액을 말한다. 다시 말해 소비자(카드 회원, Cardholder)가 매장(카드 가맹점, Merchant)에서 물품을 카드(외상)로 구매하면 카드 회사는 소비자를 대신해 물품 가격을 대납하고, 소매유통기업은 일정 기간 후에 카드 회사로부터 수수료를 공제한 금액을 받는다.

이때 소매유통기업은 고객이 카드 결제를 어떤 방식으로 하느냐에 따라 수수료 부담이 달라진다. 먼저 소비자가 소매유통기업의 매장(신

○○유통 (연결) 재무상태표 제12기 (2010년 12월 31일)		○○유통 (연결) 포괄 손익계산서 제12기 (2010년 1월 1일~2010년 12월 31일)		○○유통 (연결) 포괄 현금흐름표 제12기 (2010년 1월 1일~2010년 12월 31일)	
자산	부채	매출액	98,537	영업현금흐름	19,450
		수수료 매출액	57,000	투자현금흐름	(60,739)
유동자산	유동부채	직영 매출액	41,537	재무현금흐름	50,411
현금 및 현금성자산	상품권	매출원가	88,113		
단기금융상품	비유동부채	매출총이익	(46,575)	현금의 증가(감소)	9,122
단기매도가능금융자산	부채총계	영업이익	234	기초의 현금	34,650
매출채권		법인세차감전순이익(손실)	70	기말의 현금	43,772
재고자산	자본	당기순이익	164		
	지배기업소유주지분	지배기업소유주지분	150		
비유동자산	자본금	비지배지분	14		
유형자산	주식발행초과금				
무형자산	이익잉여금	연결기타포괄손익	115		
장기매도가능금융자산	기타자본	매도가능금융자산평가손익	94		
	비지배지분	관계회사 및 조인트벤처 투자 평가	39		
	자본총계	연결총당기포괄이익	279		
		지배기업소유주지분	210		
자산총계	부채 및 자본총계	비지배지분	69		

■ 소매유통기업의 재무제표 (K-IFRS 기준)

(단위: 억 원)

용카드 가맹점)에서 상품을 구매하고 일시불 카드 결제를 할 경우 소매유통기업은 소비자가 사용한 금액에서 수수료를 차감한 금액을 카드 회사로부터 받는다. 이때 소매유통기업이 부담하는 수수료는 상대적으로 낮다(그러나 소비자는 별도 수수료를 부담하지는 않는다).

신용카드사가 소비자의 일시불에 신용을 제공하는 기간은 17~50일이다. 예를 들어 어느 소비자의 신용카드 결제일이 25일인데, 이 소비자가 전달 10일부터 이달 9일까지 이용한 사용 대금을 결제일 25일에 결제한다면 카드 회사는 당월 사용분까지 청구가 가능하다.

소비자가 소매유통기업의 매장에서 상품을 구매하고 대금을 2개월에서 12개월까지 할부로 결제할 경우 소매유통기업은 상대적으로 높은 수수료를 부담해야 한다. 할부 결제 대금은 떼일 위험이 일시불 결제 대금보다 높기 때문이다.

유형자산, 오프라인 소매유통기업의 핵심 자산

오프라인 소매유통업은 대규모 부동산을 핵심 영업기반으로 하는 대표적 장치산업이다. 백화점의 경우 매장 한 곳을 새로 개점할 때 소요되는 금액은 2,000~4,000억 원, 할인점(대형마트)의 경우 400~800억 원이다. 백화점이 할인점보다 매장 출점 금액이 많은 이유는 인테리어 비용, 고가의 토지 매입비 때문이다. 백화점이건 할인점이건 평당 건축공사비는 유사하다. 이런 대규모의 출점 비용을 부담하기 어려운 중소 소매유통기업은 경쟁력이 저하되는 모습을 보이고 있다. 한국의 유통사업이 소수의 대형 소매유통기업으로의 집중화가 진행되고 있는 이유가 여기에 있다.

매장을 보유한 소매유통기업은 자산 유동화나 담보대출을 통해 유동성을 확보할 수 있다는 장점도 있다. 예를 들어 이랜드월드, 뉴코아, 이랜드리테일 등 이랜드 계열 3사는 세일즈 앤 리스백(Sales & lease back, 임대 조건부 계약)을 통해 유입된 자금으로 기존 차입금을 상환하거나 신규 출점 투자에 활용하는 방식으로 현금흐름을 관리하고 있다.

재고자산, 상품이 대부분

소매유통기업은 매장을 입점 방식으로 운영하기 때문에 재고자산의 비중을 낮게 유지할 수 있다. 소매유통기업은 특히 농산물, 축산물, 수산물, 제과 제빵처럼 관리를 하기 어려운 품목에 대해서는 대부분 입점 방식을 채택하고 있다.

소매유통기업의 재고자산은 주의깊게 살펴야 한다. 소매유통업체가 재고자산을 많이 보유하고 있는 것은 문제의 소지가 다분하다. 소매유통기업이 재고자산을 많이 보유하고 있거나 재고자산이 증가하고 있다면 팔리지 않는 상품을 처분하지 않아 손실을 지연시키고 있을 가능성이 높다. 재고자산이 쌓이도록 놓아두면 기업의 이익이 과대포장되는 결과를 낳는다. 또한 소매유통기업은 자신들이 판매하는 물품에 대해 상품(Merchandise)이라는 용어를 사용한다. 제조기업이 자신들이 판매하는 물품에 대해 제품(Goods)이라는 용어를 사용하는 것과 대비된다.

미지급금, 사실상 영업부채

소매유통기업의 미지급금은 제조기업의 미지급금과 성격이 다르다. 소매유통기업의 미지급금은 외부 업체로부터 물품을 납품받을 때 발생하며, 사실상 영업 과정에서 발생하는 부채이다. 그러므로 소매유통기업의 미지급금은 운전자본에 포함시키는 것이 합리적이다.

예를 들어 A백화점이 외부의 B업체로부터 물품을 100원에 납품받았다고 하자. A백화점은 물품을 고객에게 판매해서 얻은 대금으로 B기업에게 결제하기로 약정했다. 얼마 후 A백화점은 이 물품을 소비자(고객)에게 130원에 현금 판매했다. 이때의 분개는 다음과 같다.

  (1) A백화점이 B기업으로부터 물품을 납품받다

  (차변) 부가가치세대급금 10 / (대변) 미지급금 10

(2) A백화점이 물품을 고객에게 판매하다

(차변) 현금 및 현금등가물 143 / (대변) 미지급금   130
                              / 부가가치세예수금 13
(차변) 매출채권   30 / (대변) 매출   30

(3) A백화점이 B업체에게 대금을 지급하다

(차변) 미지급금   140 (대변) 현금 및 현금등가물 140
(차변) 현금 및 현금등가물 30 (대변) 매출채권   30

제조기업의 미지급금이 영업 이외의 과정에서 발생하는 부채인 것과 차이가 있음을 알 수 있다.

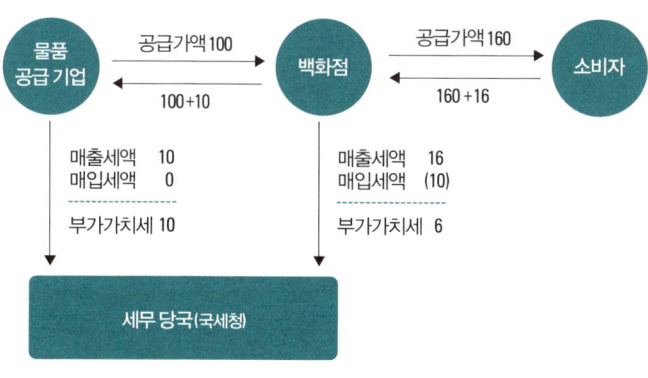

■ 소매유통기업의 물품 유통 경로

단기차입금, 대부분 기업어음CP

소매유통기업의 재무상태표(대차대조표)의 특징 가운데 하나가 단기차입금이 많다는 것이다. 이는 언뜻 소매유통기업이 유동성 위기에 빠져 있다는 혼란을 불러일으키는데, 분석에 주의를 요한다.

소매유통기업의 단기차입금은 대부분 자기 회사가 발행한 기업어음(CP)이다. 기업어음이란 상거래와 관계없이 단기자금을 조달하기 위해 기업이 자기 신용을 바탕으로 발행하는 만기 1년 이내의 융통어음이다. 소매유통기업은 기업어음을 유동성 조달원으로 활용하고 있다. 소매유통기업의 높은 신용도 덕분에 기업어음 금리는 낮은 편이다.

기업어음은 주식이나 채권과 달리 이사회 의결, 발생기업 등록, 유가증권 신고서 제출 등의 절차없이 어음법에 따라 기업이 간편하게 발행할 수 있다는 장점이 있다. 신용등급을 보유하고 있는 기업은 기업어음을 수시로 발행하고 상환할 수 있다. 기업어음은 만기가 1년 이내이므로 재무제표에서 단기차입금으로 분류된다.

매입채무, 부의 운전자본의 원천

소매유통기업의 매입채무는 많은 편이다. 다시 말해 소매유통기업은 협상력의 우위를 활용해 매입채무를 늘림으로써 현금흐름을 원활하게 유지한다. 이에 따라 소매유통기업의 매입채무회전일수는 높은 편인데, 이는 소매유통기업이 공급업자에 대해 협상력 우위에 있다는 사실을 보여준다.

소매유통기업이 매입채무를 늘리면 영업활동상 유입되는 현금의 규모를 확대시키는 결과를 가져온다. 그러나 소매유통기업이 매입채무를 늘린 상태에서 매출이 감소하면 상환 부담이 커지는 리스크도 있다.

상품권, 많을수록 좋은 것

소매유통기업의 재무상태표에 나타나는 독특한 계정과목이다. 상품권은 건설사로 치면 분양선수금에 해당한다.

상품권은 상품에 대해 발행되는 물품 상품권과 서비스에 대해 발행되는 용역 상품권이 있는데, 흔히 접하는 도서 상품권, 백화점 상품권, 구두 상품권은 물품 상품권이다. 상품권은 무기명 증서이므로 양도가 자유롭고, 최종 소지자가 발행 기업 또는 대행 기업에 제출해 상품이나 서비스를 받는 시점에 매출이 이뤄진다.

소매유통회사가 상품권을 판매하면 해당 회사 재무상태표 오른쪽(대변)의 유동부채가 증가한다. 대신 왼쪽(차변)에는 현금이 유입된다. 상품권은 실제 판매가 이뤄지는 시점에는 매출로 전환되면서 부채가 소멸된다.

소매유통기업이 상품권을 발행했을 때의 분개는 다음과 같다. 상품권은 대개 할인 발행되지만 편의상 할인 발행하지 않는다고 가정한다.

거래) 1장당 1만 원의 상품권 100장을 발행하다.

(차) 현금 1,000,000 　　　／　(대) (상품권) 선수금 1,000,000

거래) 고객이 상품을 매입하고 상품권 80장으로 결제하다.

(차) (상품권) 선수금 800,000 / (대) (상품권) 매출 800,000

　백화점이나 할인점의 상품권은 3분기에 크게 증가하는 경향이 있으며, 4분기에 매출 증대 효과를 가져온다. 백화점, 할인점 매출은 4분기에 급증하는 계절성을 갖고 있다. 이처럼 상품권은 소매유통기업에 긍정적인 기능을 하지만 한 나라 경제의 통화량을 증가시키고 인플레를 유발한다는 부작용이 있어 1970년대 중반 상품권 발행이 금지된 적이 있다.

2. 손익계산서

매출액, 수수료 수익이 대부분

　소매유통기업의 손익계산서에 나오는 매출액은 원칙적으로 총매출액이 아니라 순매출액이다. 순매출액이란 소매유통기업이 매장에서 판매하는 상품 판매 총액이 아니라, 이 가운데 입점 매장으로부터 수수하

	백화점	할인점
판매수수료	33~34%(지방) 36~37%(주요 점)	18%(외곽) 20%(주요 점)
판매사원 급여	12~13%	14~15% 16~17%(연장영업 시)
인테리어 비용 등	170만 원(1평 평균기준) 3천 2백만~3천 5백만 원(한 매장 평균 기준)	150만 원(1평 평균기준) 2천 5백만~2천 7백만 원(한 매장 평균 기준)

자료: 패션비즈(2006.7)

■ 백화점과 할인점 수수료 및 기타 비용 비교

는 수수료의 총액을 말한다. 예를 들어 현대백화점에 입점해 있는 한섬 매장에서 판매 가격 1만 원인 한섬 의류가 팔렸다면 현대백화점의 손익계산서에는 '매출액이 1만 원'으로 잡히는 것이 아니라 1만 원 가운데 현대백화점이 한섬으로부터 받는 수수료만을 매출액으로 계상한다.

홈쇼핑업체의 판매 수수료율은 다음과 같다. 온라인쇼핑협회에 따르면 TV홈쇼핑에서 판매되는 제품의 평균 판매수수료율은 2009년 기준 34퍼센트이며, 이는 백화점 평균 수수료 26~27퍼센트보다 높다.

품목	판매수수료율
패션, 의류	35~40%
일반식품(농수축산물)	10~35%
건강식품	35~40%
유아, 아동	30~35%
이미용품	35~40%
생활용품	30~35%
소형가전	30~35%
대형가전	10~20%

■ 홈쇼핑 업체의 판매 수수료율 현황
(공정거래위원회, 2009.)

소매유통기업의 매출액은 계절성(Seasonality)이 강하다. 소매유통업의 경우 설, 추석 등의 명절, 크리스마스 등의 주요한 기념일, 정기 세일 기간 등을 중심으로 하여 매출 규모가 차이를 나타낸다.

영업이익, 상대적으로 높다

소매유통기업의 영업이익률은 상대적으로 높은 편이다. 2010년 K-GAAP 개별 기준으로 현대백화점과 GS홈쇼핑의 영업이익률은 각각 26.4퍼센트, 14.5퍼센트인데, 이는 포스코(18.8%), 삼성전자(14.0%), 에쓰오일(2.9%), 현대자동차(8.6%) 등의 제조기업에 비해 높다.

입점 매장의 비중이 높을수록 소매유통기업의 영업이익률은 높아지는 경향이 있다. 의류는 대표적인 입점 방식인데, 소매유통기업의 수익성을 높이는데 '효자' 노릇을 한다. 최근 소매유통기업은 PB(Private Brand)를 내놓으면서 직영 매장을 늘리고 있는데 이는 소매유통기업의 이익률을 떨어뜨리는 요인으로 작용하고 있다.

판매관리비, 수익성에 큰 영향

소매유통기업이 판매관리비를 낮췄다면 투자 포인트가 된다. 소매유통기업은 판매 물품을 직접 제조하지 않고 단지 유통 시키는 역할을 한다. 물품 자체에서 부가가치를 창출하기가 쉽지 않은 것이다. 이런 상황에서 판매관리비를 비롯한 고정비를 낮춘다면 수익성 호전의 계기가 될 수 있다.

3. 현금흐름표

영업현금흐름, 플러스여야 우량하다

우량한 소매유통기업은 영업현금흐름이 플러스이며, 지속적으로 우상향하는 형태를 갖는다. 왜냐하면 소매유통기업의 판매 물품은 일상에서 지속적으로 소비되는 것들이며, 이에 따라 고객은 꾸준하게 매장을 찾기 때문이다. 만약 소매유통기업의 영업현금흐름이 마이너스라면 경영에 심각한 문제가 있다고 봐도 무방하다.

투자현금흐름, 재무현금흐름, 신규 출점 시기에 일시적으로 악화될 수 있다

소매유통기업은 매장을 새로 늘리거나 확장할 경우 투자현금흐름이 급격히 마이너스로 전환되는 특성을 보인다. 이 시기에 소매유통기업은 자금을 외부에서 조달하기 때문에 일시적으로 재무현금흐름도 나빠진다.

그런데 매장 확장이나 신규 출점이 끝나면 투자현금흐름의 마이너스 폭은 감소하고 영업현금흐름이 빠르게 개선된다. 소매유통기업이 매장을 늘리면 부의 운전자본도 덩달아 확대된다.

04

사야 할 소매유통기업, 사지 말아야 할 소매유통기업

다음은 소매유통기업을 분석할 때 유용한 재무비율이다. K-GAAP(개별) 기준이며 K-IFRS 기준 적정 재무비율은 상황에 따라 가감할 필요가 있다.

	재무비율	계산법	안전	위험
안정성	영업현금흐름비율(%)	(영업현금흐름/매출액)×100	10% 이상	마이너스
	순이자보상비율(%)	[영업이익/(이자비용−이자수익)]×100	100% 이상	100% 미만
수익성	영업이익률(%)	(영업이익/매출액)×100	10% 이상	4% 미만
	자기자본이익률(%)	• (당기순이익/자본총계)×100 • 시중 은행 이자율과 비교할 것	8% 이상	3% 미만
효율성	유형자산회전율(%)	• (매출액/유형자산)×100 • 유형자산의 자산 재평가 여부를 체크할 것	50% 이상	40% 미만

■ 소매유통기업의 재무비율 가이드라인

1. 안정성

경영대학원이나 대학 경영학과 재무학 강의에서 당좌비율(=당좌자산/유동부채)이 100퍼센트 미만이면 위험 신호라는 말을 듣게 된다. 이 기준으로 보면 소매유통기업은 언뜻 상시적으로 유동성 위기를 겪고 있는 것처럼 보인다.

예를 들어 2010년 기준으로 현대백화점의 당좌비율은 52.6퍼센트인데, 이는 조만간 현금화할 수 있는 당좌자산이 조만간 갚아야 할 유동부채의 절반에 불과하다는 의미이다. 신세계이마트(13.9%), 롯데쇼핑(43%)도 사정은 마찬가지이다.

이들 소매유통기업은 유동성 위기에 빠져 있는가? 결론부터 말하면, 소매유통기업은 당좌비율이 100퍼센트에 미치지 못해야 오히려 경영이 우량한 것이다. 앞서 언급한 소매유통회사의 '부의 운전자본'이라는 고유한 특성이 이런 현상을 만들어내고 있는 것이다. 부의 운전자본이란 매출채권과 재고자산의 비중이 낮고, 매입채무의 비중을 높게 유지함으로써 무이자로 자금을 조달하는 효과를 말하는데, 그러다 보니 당좌비율이 100퍼센트에 미달하게 나오는 것이다(매출채권은 당좌자산의 대표 계정과목이고 매입채무는 유동부채의 대표 계정과목이다).

그러므로 소매유통기업의 안정성은 제조기업의 안정성을 파악하는 지표인 유동비율이나 유동성비율로 체크하기에는 적절하지 않다는 사실을 알 수 있다. 소매유통기업의 안정성을 파악하는 지표로는 영업현금흐름비율, 순이자보상비율이 효과적이다.

영업현금흐름비율

현대백화점이나 신세계이마트의 매장을 관찰해보라. 소비자들은 일년 내내 꾸준히 매장에 들러 상품을 구매한다. 연말이나 연초에 고객들이 더 매장을 자주 찾기는 하지만 기본적으로 매장의 손님이 꾸준하다는 사실에는 변함이 없다. 이는 매일 저녁이 되면 소매유통기업의 현금 출납기에 현금이 쌓여 있다는 것을 의미한다. 제조, 수주, 서비스 업종에서 매일 저녁에 출납기에 꾸준히 현금이 쌓이는 기업을 찾기란 쉽지 않다. 소매유통기업의 영업현금흐름은 원칙적으로 플러스여야 한다. 소매유통기업의 손익계산서에 나오는 영업현금흐름을 12로 나눈 값이 얼추 이 백화점의 현금 출납기에 매달 들어오는 현금액이다.

영업현금흐름비율이 10퍼센트가 넘는 소매유통기업은 안전하다. 이런 기업은 매일 저녁 현금 출납기에 현금이 쌓이고 있다. 반면 영업현금흐름이 마이너스인 소매유통기업은 위험하다.

순이자보상비율

소매유통기업은 물품을 직접 제조하지 않으며, 외부에서 물품을 매입해 약간을 이윤을 붙여 판매한다. 이런 비즈니스 모델을 가진 기업은 고부가가치를 창출하기 어려우며, 고정적으로 빠져나가는 비용이 안정성의 관건으로 작용한다. 그런데 소매유통기업의 손익계산서에서 고정적으로 빠져나가는 대표 항목이 이자비용이다. 그러므로 순이자보상비율이 100퍼센트 이상인 소매유통기업이 안전하다. 소매유통기업의 순이자보상비율이 100퍼센트 미만이면 영업이익으로 이자도 갚지 못하고 있다는 뜻이다.

2. 수익성

영업이익률

소매유통기업의 수익성을 판단할 때 유용한 지표가 영업이익률이다. K-IFRS 연결 기준을 채택하면 영업이익률은 상대적으로 감소하는 경향이 있다.

자기자본이익률

우량한 소매유통기업의 자기자본이익률(ROE)은 시중은행 이자율보다 높아야 하는데, 구체적으로 8퍼센트 이상이 안전하다. 자기자본이익률이 시중 은행 이자율보다 떨어지는 소매유통기업은 문제가 있다고 봐도 무방하다. 구체적으로 자기자본이익률이 3퍼센트 미만인 소매유통기업이 여기에 해당한다.

K-IFRS 연결 기준으로 분석할 경우 자기자본이익률을 구하는 공식의 분자에 해당하는 당기순이익은 지배기업지분을 사용해야 합리적이다.

3. 효율성 및 기타 지표

유형자산회전율

소매유통기업의 효율성을 체크하는 합리적인 지표는 매장 면적 대비 매출액이다. 그런데 소매유통기업의 매장 면적은 사업보고서에 나와 있지 않는 경우가 대부분이다. 이런 한계 때문에 대안으로 활용할 수 있는 지표가 유형자산회전율이다. 유형자산회전율이 50퍼센트가 넘는 소매유통기업은 우량하다고 봐도 된다. 유형자산회전율이 50퍼센트 미만인 기업은 매장을 효율적으로 활용하지 못하고 있을 가능성이 높다. 소매유통기업의 유형자산회전율을 계산할 때는 유형자산의 자산 재평가가 이뤄졌는지를 체크할 필요가 있다. 자산재평가를 실시하지 않은 소매유통기업은 유형자산이 상대적으로 작기 때문에 유형자산회전율이 가이드라인보다 높게 나올 것이다.

매장 증가율

세기의 펀드매니저 피터 린치는 소매유통기업 월마트에 투자해 큰 수익을 냈다고 자신의 책 『이기는 투자』에서 밝히고 있다. 그가 월마트에 투자했을 때 주목했던 것은 매장증가율이었다. 피터 린치에 따르면 매장이 증가하는 한 소매유통기업의 실적은 개선되며 주가는 상승한다. 1970년대 중반 월마트의 이익이 그렇게 늘고 주가가 그렇게 올랐음에도 월마트의 매장은 단지 미국의 15퍼센트에만 있었다. 나머지 85퍼센트를 통해 월마트는 여전히 성장할 가능성이 있었다. 따라서 월마트가 상장한 지 10년이 지나 이미 주가가 20배나 올랐던 1980년대에도 투자자들은 월마트에 투자해야 했다. 조사에 따르면 1980년에 월마트 주식을 사서 1990년까지 보유했다면 30배 수익을 올렸을 것이고, 1991년까지 보유했다면 50배의 수익을 올렸을 것이다. 이 점에서 과거의 주가는 미래의 주가를 말해주지 못한다.

어느 소매유통기업의 동일 매장 매출액이 증가세이고, 과도한 부채로 어려움을 겪는 것도 아니며, 사업보고서에서 밝힌 대로 확장 계획을 실천하고 있다면 그 주식은 보유할 가치가 있다. 그렇지만 매장을 지나치게 빠르게 확장하려는 소매유통기업은 주의해야 한다. 1년에 100개 이상의 매장을 새로 개장하려 한다면 문제가 생기게 마련이다. 실현하기 어려운 목표에 집착하는 소매유통기업은 좋지 못한 입지를 선택하고, 매장 부지를 비싸게 사는 리스크를 안게 된다. 또한 한꺼번에 많은 종업원을 채용하면 숙련되게 훈련시키기 어렵다.

상품권, 부채총계에 감춰진 수익
백화점의 재무제표 : 현대백화점

1. 대차대조표

매출채권

백화점의 매출채권은 주로 고객의 카드 결제 대금을 말한다. 카드 결제 회수 가능성은 상당한 정도로 정확하게 추정할 수 있다. 그러므로 매출채권에 대한 대손충당금은 일정하게 유지된다. 현대백화점의 매출채권에 대한 대손충당금 비율은 2퍼센트 수준으로 유지되고 있다.

재고자산

백화점의 재무제표를 보면 재고자산이 믿기 힘들 정도로 적다. 현대백화점과 GS홈쇼핑의 자산총계 대비 재고자산 비중은 각각 1퍼센트, 3

현대백화점 (개별) 재무상태표
제9기 (2010년 12월 31일)

자산			부채		
당좌자산	4,285		유동부채	8,145	100.0%
현금 및 현금성자산	820	2.7%	매입채무	2,339	28.7%
매출채권	2,903	9.5%	단기차입금	0	
미수금	194		미지급금	1,250	6.8%
기타	369	0.7%	선수금	696	
재고자산	215		예수금	357	
상품	213		유동상사채	1,584	15.5%
저장품	2		상품권	1,044	10.2%
			기타	876	
투자자산	11,398	37.4%	비유동부채	2,098	
유형자산	14,385	47.2%	부채총계	10,242	100.0%
무형자산	1	0.0%	**자본**		
기타비유동자산	198	0.6%	자본금	1,136	
			자본잉여금	5,286	
			자본조정	(736)	
			기타포괄손익누계액	970	
			이익잉여금결손금	13,585	
			자본총계	20,241	
자산총계	**30,483**	100.0%	**부채 및 자본총계**	**30,483**	

유동성 관련 계정과목
운전자본에 포함되는 계정과목

현대백화점 (개별) 손익계산서
제9기 (2010년 1월 1일 - 12월 31일)

매출액	8,660	
총매출액	21,501	
상품매출액	20,874	
직영매출액	3,632	
특정매출액	17,242	
용역매출액	628	
매출차감	(12,842)	
상품매출에누리	(426)	
특정매출차감	(12,416)	
매출원가	1,899	
기초상품재고액	220	
기말상품매입액	1,520	
기말상품재고액	(213)	
용역매출원가	372	
매출총이익	6,761	78.1%
판매비와관리비	4,586	
영업이익	2,175	25.1%
영업외수익	1,788	
이자수익	50	
영업외비용	333	
이자비용	138	
법인세비용차감전순이익	3,630	
법인세비용	713	
당기순이익	2,917	33.7%
판매수율		28.0%
판매수수료수익	5,028	

현대백화점 (개별) 현금흐름표
제9기 (2010년 1월 1일 - 12월 31일)

영업현금흐름	2,818
감가상각비	345
매출채권의 증가	(439)
재고자산의 감소	7
매입재무의 증가	268
미지급금의 증가	213
투자현금흐름	(1,496)
재무현금흐름	(533)
현금의 증가(감소)	790
기초의 현금	30
기말의 현금	820
운전자본	(960)
운전자본의 증감	48
운전자본 비중	-11.1%
감가상각비 비중	4.0%
현금 비중	0.9%
재고자산 비중	0.8%
매출채권 비중	7.4%
매입재무 비중	27.1%
영업현금흐름비율	32.5%
순이자보상비율	2491.1%
부채비율	50.6%
영업이익률	25.1%
자기자본이익률	14.4%
판매비와관리비 비중	53.0%
유형자산회전율	60.2%

■ 현대백화점의 재무제표 (K-GAAP 기준)

(단위: 억 원)

| 소매유통, 운전자본에 우량기업의 성패 있다 |

퍼센트 안팎에 불과하다. 이렇게 백화점의 재고자산이 적은 이유는 외부 기업에게 매장을 임대하고 수수료를 받는 입점 매장 방식을 채택하고 있기 때문이다. 입점 매장의 진열 물품의 소유자는 백화점이 아니라 매장을 운용하는 기업이다.

매입채무★★

매입채무는 현대백화점의 유동부채 가운데 가장 높은 비중을 차지하는 계정과목이다. 매입채무가 많은 소매유통기업은 현금유동성을 풍부하게 만들 수 있다. 매입채무란 물품 매입 대금을 나중에 지급하는 것을 의미하며, 그만큼 회사에 현금이 남아 있게 된다.

상품권★★★

상품권은 현대백화점의 부채총계에서 10퍼센트가량을 차지할 정도로 비중이 크다. 현대백화점은 상품권을 발행함으로써 현금유동성을 확보하고 있다.

단기차입금★★

현대백화점의 단기차입금은 기업어음(CP, Commercial Paper)이다. 현대백화점은 어음을 발행해 자금을 조달한다. 신용도가 높기 때문에 낮은 금리로 조달 가능하다. 단기차입금이란 1년 이내에 만기가 도래하는 이자성부채를 말한다.

2. 손익계산서

매출액

현대백화점의 매출액을 살펴보면 맨 위칸에 매출액이 있고, 그 다음으로 총매출액이 나온다. 한국의 금융 당국은 2003년부터 한국의 대형 유통기업들이 순매출액을 매출액으로 기록하도록 방침을 변경했다. 이전까지 한국의 대형 유통기업은 매장에서 판매되는 판매 총액을 의미하는 총매출액을 매출액으로 기록했었는데, 이것이 회계학적으로 소매 유통기업의 수익으로 적합하지 않다는 지적이 제기되면서 이런 변경이 이뤄진 것이다. 다만 혼란을 막기 위해 과도기적으로 2003년 대형 유통기업의 재무제표에서는 2002~2003년의 총매출액과 순매출액이 병기되는 방식으로 작성됐다.

이후 매출액을 순매출액으로 작성하자 할인점 매출액의 변화와 백화점 매출액의 변화가 차이를 보였다. 할인점의 매출액은 소폭 감소했다. 할인점은 직영 매장이 많다 보니 매출액의 변화가 작았던 것이다. 그런데 백화점의 매출액은 급감했다. 백화점은 직영 매장이 많지 않다 보니 매출액의 변화가 컸던 것이다. 특히 롯데쇼핑은 총매출액 대비 순매출액의 비중이 47퍼센트 내외에 불과하다 보니 외관상 매출액이 급감했다.

수수료는 백화점과 매장 입점 업체가 첨예하고 대립하는 부분이다. 백화점 매장에 입점한 국내 기업들은 자신들이 해외 브랜드 매장과 차별을 받고 있다고 주장한다. 국내 브랜드가 내는 수수료는 30퍼센트인데 일본 브랜드 유니클로는 10~20퍼센트, 루이비통은 11퍼센트가량이라는 것이다. 어떤 백화점은 지방 대형 점포 개점 때 외국 명품 브랜드에 5년간 수수료 제로(0) 혜택을 주기도 한다.

인테리어 비용 처리에 대한 불만도 많다. 백화점들의 신규 출점으로 경쟁이 심화되면서 1~2년 만에 인테리어를 다시 하라는 요구가 많고, 그 기준도 올라가고 있다는 것이다. 유명 백화점에 입점하고 있는 한 잡화업체는 "일반적인 진열장은 200만 원 정도면 되는데 새 백화점 점포에는 오각형, 육각형 짜리 진열장을 요구해 500만 원, 600만 원이 든다."면서 "폼은 백화점이 잡고 돈은 우리가 내는 격."이라고 불만을 토로했다. 인건비, 광고비도 갈등 요소이다. 계산대에 근무하는 직원(캐셔)은 예전엔 백화점이 고용했지만 지금은 업체마다 따로 고용하라고 요구하는 경우가 많다. 이에 대해 소매유통기업 측은 외부 기업이 안정된 환경의 매장에 입점해 판매한 후 수익을 나누는 구조는 서로에게 이익이 된다고 반박하고 있다.

3. 재무비율 분석

현대백화점의 안정성을 살펴보자. 소매유통업의 대차대조표를 살펴보면 언뜻 상시적으로 유동성 위기에 빠져 있는 것처럼 보인다. '현금 및 현금성자산' 액수가 유동성 관련 부채보다 적기 때문이다. 현대백화점의 경우 현금 및 현금성자산(820억 원)이 유동성사채(1,584억 원)보다 적다. 그러나 소매유통업은 부의 운전자본을 창출하고 있기 때문에 이는 별다른 문제가 되지 않는다. 소매유통기업의 안정성은 다른 방법으로 체크해야 한다. 소매유통기업의 안정성을 파악하는 지표로는 영업현금흐름, 순이자보상비율이 효과적이다.

하나씩 자세하게 살펴보자. 먼저 현대백화점의 영업현금흐름비율은 32퍼센트로 양호하다. 다시 말해 이 회사는 영업이익(2,175억 원)으로 순이자비용(87억 원)을 충분히 감당할 수 있다. 순이자보상비율도 2,491퍼센트로 매우 양호하다. 정리해보면 이 회사의 안정성에는 별다른 문제가 없다.

다음으로 이 회사의 수익성을 파악하기 위해 영업이익률과 자기자본이익률을 살펴보자. 이 회사의 영업이익률(25.1%)과 자기자본이익률(14.4%)은 우량기업 수준이다.

끝으로 효율성 지표를 살펴보면 이 회사의 유형자산회전율은 60.2퍼센트로 유형자산을 효율적으로 활용하고 있음을 알 수 있다.

홈쇼핑기업의
미지급금은 현금성 자산이다

홈쇼핑기업의 재무제표 : GS홈쇼핑

홈쇼핑 사업을 이해하기 위해서는 방송채널사업자(PP, Program Provider), 종합유선방송사업자(SO, System Operator), 전송망사업자(NO, Network Operator)라는 용어를 이해해야 한다.

종합유선방송사업자란 쉽게 말해 케이블TV 방송사를 말하는데, 대표적으로 큐릭스, C&M이 있다.

방송채널사업자란 글자 그대로 프로그램을 공급하는 사업자를 말한다. GS홈쇼핑, CJ오쇼핑 등의 홈쇼핑업체가 여기에 해당한다. 방송채널사업자에는 온미디어, CJ미디어 같은 순수한 프로그램 제작자도 포함된다. 마지막으로 전송망사업자란 전송망을 설치하고 운영하는 사업자를 말하는데, 대표적으로 파워콤이 있다. 종합유선방송사업자는 전송망사업자가 설치한 케이블 전송망에 케이블 방송을 실시하는데, 방

GS홈쇼핑 (개별) 재무상태표
제17기 [2010년 12월 31일]

자산			부채		
당좌자산	3,350		유동부채	2,968	
현금및현금성자산	419	5.6%	매입채무	223	6.9%
단기금융상품	2,249	30.1%	미지급금	1,681	52.3%
매출채권	187	2.5%	선수금	451	14.0%
미수금	152		미지급비용	324	
단기대여금	103		반품추정부채	18	
기타	240		기타	271	
재고자산	244	3.3%	비유동부채	245	
상품	209		부채총계	3,213	100.0%
저장품	34		자본		
투자자산	2,784	37.3%	자본금	328	
유형자산	933	12.5%	자본잉여금	799	
무형자산	27	0.4%	자본조정	(38)	
기타비유동자산	126	1.7%	기타포괄손익누계액	66	
			이익잉여금	3,097	
			자본총계	4,252	
자산총계	7,465	100.0%	부채 및 자본총계	7,465	

유동성 관련 계정과목
운전자본에 포함되는 계정과목

GS홈쇼핑 (개별) 손익계산서
제17기 [2010년 1월 1일~12월 31일]

매출액	7,992	100.0%
상품매출액	1,909	
수수료매출액	5,678	
기타매출액	405	
매출원가	1,317	
매출총이익	6,675	83.5%
판매비와관리비	5,500	
광고선전비	847	
운반비	445	
지급수수료	2,930	
기타	1,278	
영업이익	1,175	14.7%
영업외수익	109	
이자수익	80	
영업외비용	232	
이자비용	0	
법인세비용차감전순이익	1,053	
법인세비용	283	
당기순이익	770	9.6%
영업현금흐름비율		14.0%
순이자보상비율		-1465.1%
부채비율		75.6%
영업이익률		14.7%
자기자본이익률		18.1%
유형자산회전율		856.7%

GS홈쇼핑 (개별) 현금흐름표
제17기 [2010년 1월 1일~12월 31일]

영업현금흐름	1,121
감가상각비	54
매출채권의 증가	(28)
미수금의 증가	(41)
재고자산의 증가	58
매입채무의 증가	43
미지급금의 증가	91
투자현금흐름	(1,472)
재무현금흐름	(256)
현금의 증가(감소)	(607)
기초의 현금	1,026
기말의 현금	419
운전자본	(2,248)
운전자본의 증감	201
운전자본 비중	-28.1%
감가상각비 비중	0.7%
현금 비중	14.1%
재고자산 비중	3.3%
매출채권 비중	2.6%
매입채무 비중	5.6%
유형자산 비중	13.1%

■ GS홈쇼핑의 재무지표 (K-GAAP 기준)

(단위: 억 원)

| 소매유통, 운전자본에 우량기업의 성패 있다 |

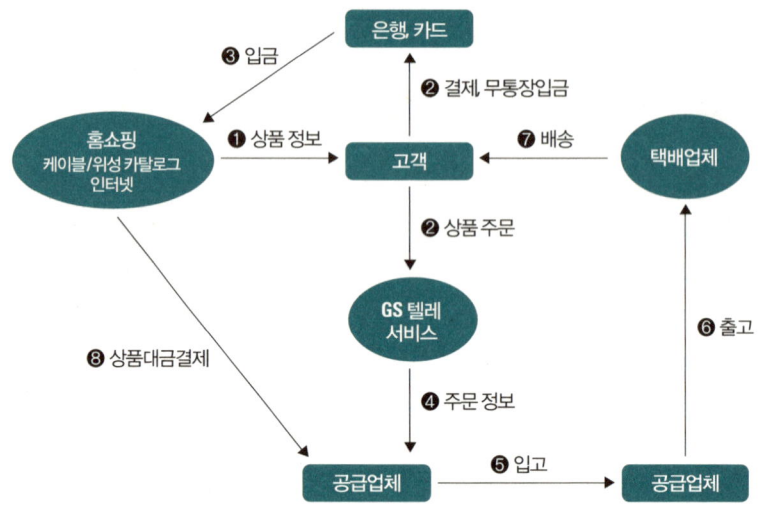

■ 홈쇼핑 업체의 물품 결제 경로　　　　　　　자료: GS 홈쇼핑 사업보고서

송채널사업자는 종합유선방송사업자로부터 지정받은 채널에서 상품 판매, 광고 등의 프로그램을 내보내 수익을 낸다. 방송채널사업자는 그 대가로 종합유선방송사업자에게 송출 수수료(지급 수수료)를 지급한다. 소비자가 케이블 방송을 시청하고 나서 상품 구매 신청을 하면 홈쇼핑업체는 고객이 의뢰한 상품을 공급업체에 배송의뢰해 소비자에게 상품을 전달한다.

1. 재무상태표(대차대조표)

매출채권

홈쇼핑업체의 고객의 결제 수단의 90퍼센트가량은 신용카드인데, 이

카드 대금이 홈쇼핑업체의 재무상태표에 매출채권으로 기록된다.

재고자산

홈쇼핑업체의 자산총계 대비 재고자산은 3퍼센트 수준으로 미미하다. 이렇게 재고자산의 비중이 낮은 이유는 오프라인 백화점의 경우와 원리가 동일하다. 홈쇼핑업체는 외부 (납품) 업체나 개인 사업자로부터 물품을 공급받아 방송 시간대에 내보내는데, 이때의 물품의 소유주는 홈쇼핑업체가 아니라 외부 업체 혹은 개인 사업자다. 이런 이유로 홈쇼핑업체의 재고자산의 비중은 낮게 유지된다.

투자자산★

홈쇼핑업체는 종합유선방송사업자와 안정적인 관계를 유지하는 것이 매우 중요하다. 만약 종합유선방송사업자가 채널을 내어주지 않거나 기존의 채널 사용권을 취소하면 종합유선방송사업자는 경영에 심각한 문제를 겪게 된다. 홈쇼핑업체는 이 문제를 해결하기 위해 종합유선방송사업자에 지분 출자를 하고 있다. 홈쇼핑업체의 자산총계 대비 투자자산의 비중이 높은 이유가 여기에 있다. GS홈쇼핑의 경우 자산총계 대비 투자자산의 비중이 40퍼센트에 육박하고 있다. 다수의 종합유선방송사업자를 확보한 홈쇼핑기업은 강력한 사업 기반을 확보하게 된다.

유형자산

홈쇼핑업체는 무점포 사업자이기 때문에 유형자산의 비중이 낮다고 알려져 있지만 반드시 그렇지는 않다. 홈쇼핑사업자는 방송물 제작에 필요한 스튜디오, 방송 시스템, 사무 공간 등이 필요하다. 또한 소비자에게 물품을 공급하기 위해 물류센터도 확보해야 한다. GS홈쇼핑의 경우 자산총계 대비 유형자산의 비중이 10퍼센트를 상회한다.

미지급금★★★

홈쇼핑업체의 대차대조표에서 높은 비중의 차지하는 계정과목이 미지급금이다. 홈쇼핑업체의 미지급금 비중이 이렇게 높은 것은 사업의 구조적 특성에서 비롯된다. 홈쇼핑 고객은 대부분 충동구매를 하기 때문에 반품이 10~15퍼센트에 이를 정도로 높다. 다시 말해 홈쇼핑업체의 반품은 제품 하자와 무관하게 발생하며, 이때 발생하는 비용은 외부 납품 업자가 부담한다. 홈쇼핑업체는 반품 문제를 해결하기 위해 제품 대금을 일정 기간이 지난 후에 납품 업체에 송금하는데, 이 기간의 금액이 홈쇼핑업체의 재무상태표에 미지급금(혹은 예수금)으로 기록된다. 홈쇼핑업체는 미지급금(혹은 예수금)을 대개 현금 및 예금으로 보유하기 때문에 현금유동성이 풍부하다. 이런 이유로 홈쇼핑업체의 미지급금은 운전자본에 포함하는 것이 합리적이다.

반품추정부채★

홈쇼핑업체는 고객의 반품에 대비해 고객이 결제한 대금의 일부를 부채로 기록해두는데 이것이 반품추정부채이다. 홈쇼핑업체의 반품추정부채는 완성차업체의 판매보증금충당부채와 성격이 유사하다.

홈쇼핑업체는 반품률을 줄이는 것이 수익성 개선의 관건이다. 홈쇼핑 업계에서 고객이 대금 결제 후 상품을 수령한 다음 반품하는 반품률은 10퍼센트 수준으로 추정되고 있다. 주문 후 대금 결제 없이 취소하는 취소율은 15~30퍼센트로 추정되고 있다. 두 가지를 합친 취소, 반품률은 25~45퍼센트 수준으로 홈쇼핑업체의 수익성 개선에 걸림돌로 작용하고 있다. 패션, 보석, 액세서리의 취소, 반품률이 40퍼센트 수준으로 높은 편이고, 가전, 식품류는 취소, 반품률은 10퍼센트 안팎으로 상대적으로 낮은 편이다.

2. 손익계산서

매출액

홈쇼핑 회사의 매출의 70퍼센트가량은 외부 업자가 홈쇼핑 방송을 통해 물품을 판매할 때의 수수료이다.

홈쇼핑업체는 자사 홈쇼핑에서 방영되는 회사들로부터 매출액의 일정 비율 혹은 정액 형태로 판매 수수료를 받는다. 백화점 업계의 수수료 매출과 원리가 동일하다.

홈쇼핑업체의 손익계산서의 매출액이 수수료 매출액, 상품 매출액, 기타 매출액으로 구분되어 있는 이유가 여기에 있다. 수수료 매출액이 바로 홈쇼핑업체가 외부 업자로부터 받는 수수료를 말한다. 상품 매출액이란 홈쇼핑업체가 직접 판매해서 발생시키는 매출을 말한다.

홈쇼핑업체의 매출액에 영향을 미치는 요인으로는 상품 구성이 있다. 가정용품, 이미용품, 의류, 잡화 등의 품목은 판매단가가 높고 백화점이나 할인점과 차별화할 수 있어 수익성이 높은 편이다.

구분	1998	1999	2000	2001	2002	2003	2004	2005	2006	2007	2008	2009
GS홈쇼핑	53.1	59.6	58.8	55.3	42.5	41.6	35.3	29.1	30.6	30.8	28.5	27.1
CJ오쇼핑	46.9	40.4	41.2	40.4	33.6	30.8	28.8	25.0	27.2	26.9	25.8	25.1
현대홈쇼핑	-	-	-	1.0	9.6	14.9	13.9	15.8	18.4	18.8	19.7	20.1
롯데홈쇼핑	-	-	-	2.0	8.2	10.6	12.1	19.2	13.4	12.6	14.6	16.9
농수산홈쇼핑	-	-	-	1.3	6.0	2.0	9.8	11.0	10.4	10.9	11.4	10.7
합계	100.0	100.0	100.0	100.0	100.0	100.0	100.0	100.0	100.0	100.0	100.0	100.0

자료: 각사 공시자료 (단위: %)

■ 시장점유율 추이

 그렇지만 홈쇼핑업체가 수익성 높은 품목 위주로 판매하는 것에는 한계가 있다. 방송통신위원회가 홈쇼핑업체가 판매하는 상품의 판매 비율에 제한을 두고 있기 때문이다. 농수산홈쇼핑은 축산, 농수축임산물의 비율을 60퍼센트 이상 유지하도록 하고 있다. 또, 중소기업전용 홈쇼핑 회사로 승인받은 롯데홈쇼핑은 최초 중소기업 제품을 80퍼센트 이상 취급하도록 승인받았다. 이에 따라 농수산홈쇼핑과 롯데홈쇼핑의 매출 규모가 타사 대비 낮은 수준으로 나타나고 있다. 최근 들어서는 홈쇼핑 방송을 통해 보험 상품 판매가 증가세에 있다.

영업이익

 홈쇼핑기업의 영업이익률은 12~23퍼센트로 상대적으로 높다. GS홈쇼핑의 2010년 영업이익률은 14.7퍼센트다. 이는 대형 백화점(14~15%)보다 높고, 대형 할인점(4.4~5.8%)에 비하면 월등히 높은 수준이다.

 홈쇼핑업체의 수익성이 이렇게 월등한 이유는 홈쇼핑 사업에 진입장벽이 존재한다는 사실과 관련 있다. 홈쇼핑 사업을 위한 방송채널 사용 사업권을 취득하기 위해서는 방송법 제9조에 의해 방송통신위원회의 승인이 필요하다. 2011년 3월 현재 방송통신위원회의 승인을 받아 홈

구분	GS홈쇼핑	CJ오쇼핑	현대홈쇼핑	롯데홈쇼핑	농수산홈쇼핑
S급	84	81	77	39	14
A급	14	18	21	52	18
B급	2	1	2	9	68

자료: 공정거래위원회(2009) (단위: %)

■ 채널확보 현황(2009)

회사명	SO보유현황
GS홈쇼핑	2개 SO보유현황(GS강남방송, GS울산방송) 13개 SO보유현황(한국케이블TV 호남방송 등)
CJ오쇼핑	1개 SO보유현황(CJ헬로비전) 12개 SO보유현황(강원방송, 동구케이방송 등)
현대홈쇼핑	11개 SO보유현황(HCN 등)
우리홈쇼핑	3개 SO보유현황(한국케이블TV 영동방송 등)
농수산홈쇼핑	3개 SO보유현황(티브로기남방송 등)

자료: 공정거래위원회(2009)

■ TV홈쇼핑 회사별 SO보유현황

쇼핑을 하는 사업자는 GS홈쇼핑, CJ오쇼핑, 현대홈쇼핑, 롯데홈쇼핑(우리홈쇼핑), 농수산홈쇼핑의 다섯 곳이다. GS홈쇼핑과 CJ오쇼핑이 1995년 홈쇼핑 사업을 시작했고, 현대홈쇼핑 등 3개 사가 2001년 추가로 승인을 얻어 사업을 시작했다.

홈쇼핑업체의 수익성에 영향을 미치는 또 다른 요인은 채널이다. 일반적으로 지상파 방송 사이이의 채널을 S급, 지상파에 인접한 채널(14번 이내)을 A급, 14번 이상으로 지상파와 멀리 떨어진 채널을 B급으로 분류한다. GS홈쇼핑, CJ오쇼핑 채널은 S급으로 분류되고, 현대홈쇼핑과 롯데홈쇼핑은 A급 채널, 농수산홈쇼핑은 B급 채널로 분류된다.

GS홈쇼핑, CJ오쇼핑, 현대홈쇼핑은 다수의 종합유선방송사업자업체

주식을 보유하고 있는데, 이는 유리한 채널을 부여받는 요인으로 작용하고 있다.

지급 수수료

홈쇼핑업체의 판관비에서 가장 큰 비중을 차지하고 있는 계정과목이 지급 수수료이다. 지급 수수료란 홈쇼핑업체가 종합유선방송사업자에게 채널 확보의 대가로 제공하는 수수료로 '송출 수수료'라고도 한다. 지급 수수료는 매출액 대비 20~40퍼센트를 차지할 정도로 비중이 크다. 홈쇼핑업체는 지급 수수료의 부담을 판매 수수료를 높임으로써 해결하고 있다. 홈쇼핑업체의 판매수수료가 구조적으로 높을 수밖에 없는 이유가 여기에 있다.

3. 재무비율 분석

먼저 소매유통기업의 안정성을 체크하는 지표인 영업현금흐름비율, 순이자보상비율을 살펴보자.

이 회사의 영업현금비율(14.0%)은 양호한 수준이다. 순이자보상비율의 경우 이 회사는 이자비용이 없기 때문에 문제가 없고, 굳이 계산할 필요도 없다. 수익성을 파악하는 지표인 영업이익률과 자기자본이익률 역시 영업이익률(14.7%), 자기자본이익률(18.1%) 모두 양호하다.

끝으로 이 회사의 유형자산회전율(856.7%)을 살펴보면 대단히 높은데, 이는 회사가 물리적 오프라인 공간의 필요성이 상대적으로 크지 않은 비즈니스 모델을 갖고 있다는 사실과 관련이 있다. 일반 오프라인 백화점이라면 이런 수치가 나오기 어렵다.

재무 상태가 나쁜
소매유통기업 찾아내는 법

백화점의 재무제표 : 그랜드백화점

그랜드백화점은 1979년 설립된 이래 백화점, 할인점 등 소매유통사업을 하고 있다. 이 회사는 1990년대 중반까지 전성기를 누렸으나 백화점 업계가 규모의 경제와 자본력을 갖춘 롯데쇼핑, 신세계, 현대백화점의 빅3로 재편되면서 위축되는 모습을 보이고 있다. 2010년 12월 말 기준 한국의 백화점과 할인점을 합산한 시장점유율을 보면 롯데쇼핑(52.9%), 신세계(43.2%), 현대백화점(3.39%), 그랜드백화점(0.5%)순이다. 그랜드백화점은 백화점 한 곳, 할인점 네 곳을 운영하고 있다.

먼저 소매유통기업의 안정성을 파악하는 지표인 영업현금흐름비율, 순이자보상비율을 살펴보자. 이 회사의 영업현금비율(-4.8%)은 마이너스 상태에 빠져 있다. 이는 위험 신호이다. 또한 이 회사의 순이자보상비율(43.3%)은 100퍼센트 미만인데, 이는 영업이익(55억 원)으로 순이

그랜드백화점 (개별) 재무상태표
제32기 | 2010년 12월 31일

자산			부채		
당좌자산	641		유동부채	2,310	
현금 및 현금성자산	8	0.2%	매입채무	257	9.8%
단기대여금	463		단기차입금	380	
매출채권	23	0.5%	유동성장기부채	10	14.5%
미수금	42		단기사채	1,317	50.4%
기타	105		미지급금	114	
재고자산	486	10.4%	선수금	197	
상품	33	0.7%	예수금	8	
완성주택	350		상품권	1	
완성상가	101		기타	25	
기타	2		비유동부채	304	
투자자산	254	5.5%	부채총계	2,615	100.0%
유형자산	3,021	64.8%	자본		
기타비유동자산	257	5.5%	자본금	241	
보증금	257		자본잉여금	566	
			자본조정	0	
			기타포괄손익누계액	887	
			이익잉여금	351	
			자본총계	2,045	
자산총계	4,659	100.0%	부채 및 자본총계	4,659	

유동성 관련 계정과목
운전자본에 포함되는 계정과목

그랜드백화점 (개별) 손익계산서
제32기 | 2010년 1월 1일~12월 31일

매출액	1,281	100.0%
상품매출액	1,089	
기타매출액	81	
영업수익	100	
임대수익	11	
매출원가	744	
기초상품재고액	32	
당기상품매입액	666	
기말상품재고액	(33)	
기타	13	
매출총이익	537	41.9%
판매비와관리비	482	
급여	128	
지급수수료	70	
기타	283	
영업이익	55	4.3%
영업외수익	52	
이자수익	33	
영업외비용	178	
이자비용	158	
법인세비용차감전순이익	(72)	
법인세비용	(8)	
당기순이익	(64)	-5.0%

그랜드백화점 (개별) 현금흐름표
제32기 | 2010년 1월 1일~12월 31일

영업현금흐름	(61)
감가상각비	67
매출채권의 감소	5
재고자산의 증가	(378)
매입채무의 감소	(2)
미지급금의 증가	149
투자현금흐름	185
재무현금흐름	(123)
현금의 증가(감소)	1
기초의 현금	7
기말의 현금	8
영업현금흐름비율	-4.8%
순이자보상비율	43.3%
부채비율	127.9%
영업이익률	4.3%
자기자본이익률	-3.1%
유형자산회전율	42.4%
운전자본	(745)
운전자본의 증감	(226)
운전자본 비중	-58.2%
감가상각비 비중	5.3%
현금 비중	0.2%
재고자산 비중	10.4%
매출채권 비중	0.5%
매입채무 비중	9.8%

■ 그랜드백화점의 재무제표 (K-GAAP 기준)

(단위: 억원)

자비용(125억 원)을 감당하지 못하고 있다는 의미이다.

정리해보면 소매유통기업의 안정성을 파악하는 3대 지표인 영업현금흐름비율, 순이자보상비율의 어느 것을 봐도 안정적이지 않다.

다음으로 소매유통업의 수익성을 파악하는 지표인 영업이익률과 자기자본이익률을 살펴보자. 이 회사의 영업이익률(4.3%)은 낮은 한자릿수고, 자기자본이익률은 마이너스를 기록하고 있다. 수익성이 저조하다는 사실을 알 수 있다. 효율성을 나타내는 지표 역시 유형자산회전율(42.4%)은 50퍼센트를 넘지 못하고 있다.

세계 최초 백화점
봉 마르셰의 튀는 마케팅 기법

　백화점 매장에 들어서면 고객은 자신도 모르게 내면에서 소비 욕망이 꿈틀거리는 것을 실감한다. 백화점 측이 고객의 동선과 쇼핑 시간을 늘리기 위해 화장실을 1층보다는 2층에 설치하고, 엘리베이터보다는 에스컬레이터를 설치하고, 시계를 설치하지 않는다는 것은 잘 알려진 마케팅 기법이다. 이런 백화점 마케팅 기법은 아리스티드 부시코(Aristide Boucicaut, 1810□1877)로부터 시작되었다. 그는 1852년 프랑스 파리에 봉 마르셰(Au Bon March) 백화점을 개설함으로써 세계 최초의 근대적 백화점의 창시자이자 백화점 마케팅 기법의 창시자라는 기록을 남겼다.

　그는 1838년부터 봉 마르셰라는 이름으로 포목전을 경영하면서 소매유통 경험을 쌓다가 1852년 봉마르셰를 개점했는데, 고객의 소비 욕망을 자극하는 것이 매출 증대의 핵심이라는 사실을 간파했다. 특히 그는 여성의 소비 욕구를 자극하는 것이 중요하다는 사실을 알고 있었다. 그래서 매장 벽면의 디스플레이를 화려하게 꾸미고, 문화센터를 화사하고 밝은 조명으로 만들었다. 또한 매장의 제품을 고객의 동선을 배려해 배치했다. 유통구조의 단순화와 대량 구매를 통해 원가를 낮추고, 유행에 민감한 제품이 판매 시기를 놓치는 것을 할인판매를 통해 재고를 줄이는 등 지금도 사용되는 유통 기법을 도입한 것도 부시코였다. 이런 노력으로 부시코 백화점은 창업 8년 만에 매출액이 50만 프랑에서 50만 프랑에서 500만 프랑으로 열 배 늘었다. 부시코 백화점은 지금도 파리의 명물로 인기를 끌고 있다. 샘 월튼은 이런 유통업의 매출 증대 기법을 보다 체계적이고 정교하게 적용하면서 대성공을 거두었다.

7

서비스기업에는 실물자산이 없다

서비스업은 고객의 눈에 보이지 않는 무형의 용역을 제공하는 업종을 말하는데, 인류 역사에서 가장 최근에 등장했다. 서비스기업에 속하는 산업으로는 교육과 게임이 대표적이고, 이밖에 의료, 관광, 방송 및 콘텐츠, 광고, 회계 서비스, 경영 컨설팅, 건축설계업이 있다. 서비스기업 재무제표의 가장 큰 특징은 재무상태표에 재고자산이 없다는 점이다. 간혹 서비스기업의 재무상태표에 재고자산이 있는 경우도 있는데, 그 액수는 무시해도 괜찮을 정도로 미미하다.

서비스기업, 재고자산이 없다

1902년 4월 16일 미국 서부 로스앤젤레스 중심가에 세계 최초의 영화(전용)관인 토마스 링컨 탤리가 문을 열었다. 영화 상영만을 위해 설계된 이 영화관의 푹신한 객석에 앉은 관객들은 자신의 눈앞에서 펼쳐지는 장면에 놀라움을 금치 못했다. 스크린 속의 인물들이 움직이고 말을 하는 것이었다. 영화라는 새 장르의 마력이 사람들의 입에서 입으로 전해지면서 영화관은 관객들의 발길로 발디딜 틈이 없게 됐다. 현대 영화 산업의 발전은 이렇게 시작됐다.

관객들은 이때 눈에 보이지 않는 무언가에도 돈을 지불할 만하다는 사실을 인정했다. 이전까지만 해도 사람들이 무형의 무언가에 돈을 낸다는 것에 대한 개념이 없었다. 무형의 서비스이면서 돈을 내는 것이라고는 기껏해야 학교에 내는 학비나 수업료가 전부였다.

영화관은 소비자에게 무형의 서비스를 제공하는 대가로 요금을 징수한 최초의 서비스산업이라는 기록을 세웠다. '꿈의 공장' 헐리웃이 마릴린 먼로, 비비안 리, 로버트 테일러 등을 동원해 볼거리를 제공하면서 무형의 서비스는 유료 서비스로 확실하게 자리잡았다. 이어 팝송을 비롯한 대중 음악이 인기를 끌면서 서비스산업은 발전의 길을 걸었다.

서비스산업 발전의 기폭제가 된 계기는 인터넷의 등장이었다. 특히 온라인 게임은 청소년은 물론이고 성인에게도 폭발적인 인기를 끌었다. 온라인 게임이 자리를 잡으면서 이제 소비자들은 무형의 서비스가 독특하고, 유용하며, 흥미가 있을 경우 기꺼이 지갑을 열고 있다.

서비스기업이란 고객에게 눈에 보이지 않는 무형의 용역이나 서비스를 제공하는 기업을 말한다. 서비스기업에 속하는 업종으로는 교육과 게임이 대표적이고 이밖에 의료, 관광, 방송 및 콘텐츠, 광고, 회계 서비스, 컨설팅, 건축 설계업 등이 있다.

회계학의 관점에서 볼 때 서비스기업의 가장 큰 특징은 재무상태표에 재고자산이 존재하지 않는다는 사실이다. 간혹 서비스기업의 재무제표에 재고자산이 존재하는 경우도 있는데, 그 액수는 미미한 수준이다.

게임업체 엔씨소프트 연매출액이 5,000억 원 수준이지만 재고자산은 1억 원 안팎이다. 교육업체 메가스터디도 연매출액이 3,000억 원 안팎이지만 재고자산은 2억 원 안팎이다. 메가스터디의 재고자산은 온라인 강의 수강생이 VOD(Video On Demand)방식을 통하여 제공되는 동영상 서비스를 이용하는 데 필요한 교재이다. 이는 당연한 이야기다. 왜냐하면 회계학에서 재고자산이란 기업이 판매를 목적으로 보유하고 있는 '실물(實物) 자산'인데, 서비스기업이 판매하는 것은 '실물'이 아니기 때문이다. 메가스터디의 온라인 강의나 엔씨소프트의 인터넷 게임은 보이지 않는 비실물이다.

따라서 서비스기업은 재무제표를 통한 분석이 어렵다. 왜냐하면 서비스기업이 판매하는 무형의 서비스는 결국 사람이 제공하는 것인데, 재무제표에는 사람이 나와 있지 않지 않기 때문이다. 재무제표에는 기업이 '소유한(Own)' 것만이 기록된다. 기업은 사람을 소유할 수 없다. 또한 서비스기업은 유형자산의 비중이 높지 않기 때문에 안정성에 문제가 발생할 가능성이 높다. 제조기업은 부동산, 건물 등의 유형자산을 풍부하게 보유하고 있으며, 이런 것들은 매각이나 자산 유동화 증권 발행을 통해 유동성을 확보하는 수단으로 활용된다. 그런데 서비스기업은 이런 유형자산이 미미하다. 서비스기업이 과도하다 싶을 정도로 현금성자산을 많이 보유하고 있는 이유가 여기에 있다. 서비스기업은 핵심 인재가 빠져 나갈 경우 핵심 경쟁력이 흔들리는 위험도 안고 있다.

서비스산업은 한국의 고용 창출과 경제 체질 개선을 위해 해법으로 제기되면서 정부가 육성을 추진하고 있다. 재정경제부는 2008년 서비스산업 선진화 방안을 발표하고 관련 규제 철폐, 법률 제정 및 개정을 추진하고 있다. 특히 정부는 의료 산업을 서비스산업의 핵심으로 보고 경제자유구역 내 외국 병원 설립, 제주도 내 국내 투자병원 도입은 물론이고 의료인과 환자 간 원격 진료 등을 추진하고 있다. 콘텐츠산업의 경우 2010년 방송문화 콘텐츠 관련 모태펀드를 5,800억 원 규모로 만들었는데, 2012년까지 9,400억 원으로 확대하고, 글로벌 콘텐츠 투자 대상을 대기업으로까지 확대해 민간 투자의 확대를 유도할 방침이다.

서비스기업이 IFRS와 친숙해지는 시기는 2013년 이후일 것으로 보인다. 금융감독원의 K-IFRS 시행 지침에 따르면 2011년 1분기부터 K-IFRS 분기, 반기, 연간 재무제표를 의무적으로 공시해야 하는 곳은 자산총계 2조 원을 초과하는 법인으로 한정돼 있는데, 한국의 교육, 서비스기업 가운데는 자산총계가 2조 원을 초과하는 기업이 사실상 없기 때문이다. K-IFRS가 한국의 교육, 서비스기업에 미치는 영향은 어느 정도 부정적일 것으로 예상된다. 예를 들어 엔씨소프트는 신규 온라인 게임 개발, 퍼블리싱 게임 판권 등 무형자산 처리 방법에 따라 영업이익 변동성 확대될 것으로 예상된다. 또한 해외 로열티 매출 확대, 해외 자회사 매출, 해외 금융자산 증가에 따라 외화환산 손익 변동성이 확대될 전망이다. 인수합병(M&A)에 따른 영업권 상각 처리 등도 영업이익에 큰 영향을 가져올 전망이다.

아울러 아이템(부분유료화 매출) 판매 시점에서의 매출 인식에서 사용 기간으로 변경됨에 따라 아이템 매출이 큰 네오위즈게임즈가 영향을 많이 받을 것으로 예상되며 정액제 매출이 큰 엔씨소프트는 상대적으로 영향 적을 것으로 예상된다.

한국의 교육기업과 서비스기업이 분기, 반기, 연간 보고서 등 모든 실적 보고서를 K-IFRS로 전면 도입하는 시기는 2013년 1분기부터이다.

서비스기업의 재무제표 읽는 법

1. 재무상태표(대차대조표)

매출채권, 고객의 온라인 결제가 대부분

온라인 교육, 게임기업의 매출채권이 자산총계에서 차지하는 비중은 미미하다. 왜냐하면 고객이 결제 수단이 현금인 경우가 많기 때문이다. 예를 들어 엔씨소프트의 리니지 게임을 즐기는 이용자들은 대부분 온라인 현금 결제를 한다. 메가스터디의 온라인 강좌를 수강하는 고객은 정액제 혹은 정률제 방식으로 온라인 결제를 한다. 이것이 온라인 서비스기업의 매출채권으로 인식된다. 서비스기업의 매출채권은 대부분 현금화되며, 떼일 위험이 높지 않다. 그래서 대손충당금 설정 비율도 낮은 편이다.

○○서비스 (연결)재무상태표 제21기(2010년 12월 31일)		○○서비스 (연결)손익계산서 제21기(2010년1월1일~2009년12월31일)		○○서비스 (연결)현금흐름표 제21기(2010년1월1일~2009년12월31일)	
자산	부채	매출액	98,537	영업현금흐름	19,450
유동자산		매출원가	88,113	투자현금흐름	(60,739)
현금 및 현금성자산	유동부채	매출총이익	10,425	재무현금흐르	50,411
단기금융상품	선수금	영업이익	234		
단기매도가능금융자산	비유동부채	법인세차감전순이익(손실)	70	현금의 증가(감소)	9,122
매출채권	부채총계	당기순이익	164	기초의 현금	34,650
(재고자산)		지배기업소유주지분	150	기말의 현금	43,772
	자본	비지배지분	14		
비유동자산	지배기업소유주지분				
유형자산	자본금	연결기타포괄손익	115		
무형자산	주식발행초과금	매도가능금융자산평가손익	94		
장기매도가능금융자산	이익잉여금	관계회사 및 조인트벤처 투자 평가	39		
	기타자본	연결총당기포괄이익	279		
	비지배지분	지배기업소유주지분	210		
	자본총계	비지배지분	69		
자산총계	부채및자본총계				

■ 서비스기업의 재무제표(K-IFRS 기준)

재고자산, 존재하지 않거나 미미하다

서비스기업은 재고자산이 없다. 서비스기업이 소비자에게 제공하는 서비스는 '비실물'이기 때문이다. 이는 서비스기업의 가장 큰 특징이다.

유형자산, 비중이 낮다

서비스기업의 유형자산이 자산총계에서 차지하는 비중은 낮다. 서비스기업은 유형의 제품을 만들지 않으며, 이를 제조하기 위해 필요한 설비, 공장 등의 유형자산이 굳이 필요하지 않은 것이다. 엔씨소프트의 자산총계에서 재고자산이 차지하는 비중은 15퍼센트 수준인데, 이는 일반 제조 대기업의 재고자산 비중 30퍼센트보다 낮은 수준이다. 메가스터디의 재고자산 비중(20%)은 엔씨소프트보다 약간 높은 수준인데, 이는 메가스터디가 오프라인 강의를 위해 학원을 보유하고 있기 때문이다.

매입채무, 존재하지 않거나 미미하다

서비스기업의 부채총계에서 매입채무가 차지하는 비중은 높지 않다. 온라인 게임업체 엔씨소프트의 경우 매입채무는 사실상 존재하지 않는다. 이것 역시 서비스기업이 재고자산이 없다는 사실과 관련이 있다. 서비스기업은 유형의 제품을 만들지 않기 때문에 원재료를 매입할 필요가 없다. 그래서 매입채무의 비중은 낮을 수밖에 없다.

2. 손익계산서 및 현금흐름표

매출액

서비스기업의 매출액은 변동성이 크다. 평소에는 안정적이던 서비스기업의 매출액이 급감하는 경우가 있고, 이 경우 유동성이 급격히 나빠지고 부도나 폐업에 이르는 경우도 적지 않다.

판매비와 관리비

서비스기업은 고정비가 많이 들어간다. 특히 지급 수수료와 인건비의 비중이 높다.

영업현금흐름

우량한 서비스기업은 영업현금흐름비율이 1을 넘는다. 영업현금흐름비율이란 영업현금흐름을 당기순이익으로 나눈 값이다. 쉽게 말해 우량한 서비스기업은 영업현금흐름이 당기순이익보다 많다.

사야 할 서비스기업, 사지 말아야 할 서비스기업

다음은 서비스기업을 분석할 때 유용한 재무비율이다. 우리에게 그간 친숙한 K-GAAP (개별) 기준이며, K-IFRS 기준 적정 재무비율은 상황에 따라 가감할 필요가 있다.

	재무비율	계산법	안전	위험
안정성	유동성비율(%)	• = 현금성자산/(단기차입금 + 유동성 관련 부채)×100 • 단기차입금이 운전자본에 포함되는지 확인할 것	100% 이상	마이너스
	순이자보상비율(%)	• = 영업이익/(이자비용－이자수익)×100	100% 이상	100% 미만
	부채이율(%)	• = 부채총계 / 자본총계×100	70% 미만	200% 미만
수익성	영업이익률(%)	• = 영업이익 / 매출액×100	20% 이상	10% 미만
	자기자본이익률(%)	• = 당기순이익 / 자본총계×100	15% 이상	5% 미만
효율성	총자산회전율(%)	• = 매출액 / 자산총계×100	50% 이상	40% 미만

■ 서비스기업의 재무비율 가이드라인

1. 안정성

서비스기업의 안정성은 우선적으로 체크할 필요가 있다. 서비스기업은 대부분 재고자산이 없으며, 유형자산도 많지 않다. 이는 자산가치가 미약하다는 뜻이며, 외부에서 자금을 차입할 때 담보물로 활용할 만한 게 많지 않다는 뜻도 된다. 이는 서비스기업이 재무 위험도가 상대적으로 높다는 뜻도 포함한다. 서비스기업이 현금을 충분히 확보하고 있어야 하는 이유가 여기에 있다.

유동성비율

서비스기업의 유동성비율은 100퍼센트가 넘어야 안전하다. 서비스기업은 제조기업보다 상대적으로 높은 유동성비율이 요구된다. 앞서 언급한대로 담보물로 활용할 만한 유형자산이 많지 않기 때문이다. 유동성비율이 마이너스인 서비스기업은 위험하다.

순이자보상비율

서비스기업은 순이자보상비율이 100퍼센트가 넘어야 안전하다. 순이자보상비율이 100퍼센트 미만인 서비스기업은 위험하다.

부채비율

서비스기업의 부채비율은 70퍼센트 미만이어야 안전하다. 부채비율이 200퍼센트 이상인 서비스기업은 위험하다.

2. 수익성

영업이익률

서비스기업의 수익성은 제조기업보다 높아야 정상이다. 왜냐하면 서비스기업은 대부분 재고자산이 없는데, 이는 재료비, 노무비, 경비가 투입되지 않는다는 의미이기 때문이다.

우량한 서비스기업이라면 영업이익률이 20퍼센트가 넘어야 한다. 2006~2010년 5년 동안 교육업체 메가스터디의 연평균 영업이익률은 33.9퍼센트였고, 게임기업 엔씨소프트의 연평균 영업이익률은 31.14퍼센트였다. 영업이익률이 한자릿수인 서비스기업은 불량하다고 봐도 무방하다. K-IFRS 연결 기준을 적용하면 영업이익률은 상대적으로 낮아지는 경향이 있다.

자기자본이익률

우량한 서비스기업은 자기자본이익률(ROE)이 15퍼센트가 넘어야 한다. 2006~2010년 5년 동안 메가스터디와 엔씨소프트의 자기자본이익률은 각각 21.5퍼센트와 21.6퍼센트였다. 자기자본이익률이 낮은 한자릿수인 서비스기업은 경영에 문제가 있다고 봐도 무방하다. K-IFRS 연결 기준으로 분석할 경우 당기순이익은 지배기업지분을 사용해야 합리적이다. 나머지 영업이익률, 총자산회전율 등에서의 매출액은 비지배지분의 몫이 포함된 전체 금액을 사용하는 것이 합리적이다.

3. 효율성

총자산회전율

서비스기업의 총자산회전율은 제조기업보다 낮다. 이 부분에서 혼동을 하고 있는 재무제표 이용자들이 적지 않다. 적지 않은 재무제표 이용자들은 서비스기업이 공장이나 기계장치가 필요하지 않기 때문에 총자산회전율이 상대적으로 높을 것이라고 생각하지만 이는 사실과 다르다. 서비스기업은 제품을 대량생산하는 데 한계가 있다. 제조기업이 제품을 대량생산해 부가가치를 높일 수 있는 것과 차이를 보인다. 총자산회전율이 50퍼센트가 넘는 서비스기업은 효율적으로 운영된다고 볼 수 있다. 총자산회전율이 40퍼센트 미만인 서비스기업은 효율성을 재고할 필요가 있다.

온라인게임사, 개발비가 관건이다
온라인 게임기업의 재무제표 : 엔씨소프트

1. 재무상태표(대차대조표)

매출채권

게임개발사는 고객에게 게임 서비스를 제공한다. 예를 들어 엔씨소프트는 리니지 I, II, 시티오브히어로, 빌런, 길드워, 아이온이라는 온라인 게임을 서비스하고 있다. 고객은 자신의 PC 혹은 노트북으로 이들 온라인 게임을 하거나 PC방에 들러 이 서비스를 이용하는데, 이때의 결제 수단이 온라인 카드, 가상 화폐 등이다. 요금 선택 방식은 정액제 혹은 쿠폰제로 나뉜다.

매출채권은 고객들이 온라인 카드로 결제를 하거나 가상 화폐를 매입할 때 발생한다. 예를 들어 고객이 PC방에 들러 엔씨소프트의 리니

엔씨소프트 (개별) 재무상태표 제14기 (2010년 12월 31일)

자산			부채		
당좌자산	6,614		유동부채	1,432	
현금 및 현금성자산	98	1.0%	매입채무	0	0.0%
단기금융상품	5,300	52.7%	선수금	674	14.0%
매도가능증권	250	2.5%	미지급비용	282	
매출채권	661	6.6%	미지급법인세	302	15.0%
(대손충당금)	75		기타	175	
기타	305		비유동부채	578	
재고자산	2	0.0%	부채총계	2,010	100.0%
상품	2		자본		
투자자산	1,369	13.6%	자본금	109	
유형자산	1,748	17.4%	자본잉여금	2,122	
무형자산	43	0.4%	자본조정	(1,033)	
기타비유동자산	285	2.8%	기타포괄손익누계액	32	
보증금	285		이익잉여금	6,824	
			자본총계	8,053	
자산총계	10,063	100.0%	부채 및 자본총계	10,063	

유동성 관련 계정과목
운전자본에 포함되는 계정과목

엔씨소프트 (개별) 손익계산서 제14기 (2010년 1월 1일 ~ 12월 31일)

매출액	5,147	100.0%
개임매출액	4,159	
기타	988	
매출원가	790	15.4%
매출총이익	4,356	84.6%
판매비와 관리비	1,849	
급여	373	
경상개발비	722	
지급수수료	375	
영업이익	2,507	48.7%
영업외수익	409	
이자수익	215	
영업외비용	667	
이자비용	0	
법인세차감전순이익	2,250	
법인세비용	512	
당기순이익	1,738	33.8%
유동성비율	N/A	
순이자보상비율	-1166%	
부채비율	25%	
영업이익률	49%	
자기자본이익률	22%	
총자산회전율	51%	

엔씨소프트 (개별) 현금흐름표 제14기 (2010년 1월 1일 ~ 12월 31일)

영업현금흐름	2,247
감가상각비	124
매출채권의 증가	(132)
선수금의 증가	113
매입채무의 증감	0
투자현금흐름	(2,280)
재무현금흐름	(48)
주식매수선택권의 행사	49
현금의 증가(감소)	(80)
기초의 현금	178
기말의 현금	98
운전자본	(11)
운전자본의 증감	(19)
운전자본의 비중	-0.2%
감가상각비 비중	2.4%
현금 비중	1.0%
재고자산 비중	0.0%
매출채권 비중	6.6%
매입채무 비중	0.0%
유형자산 비중	17.4%

■ 엔씨소프트의 재무제표 (K-GAAP 기준)

(단위: 억 원)

| 서비스기업에는 실물 자산이 없다 |

지 게임을 하기 위해 쿠폰제를 선택하고 카드로 결제했다면 엔씨소프트의 대차대조표에는 매출채권으로 기록된다.

재고자산★

엔씨소프트의 재고자산은 2억 원 수준으로 미미하다. 게임 업체의 재고자산이란 중고시장 서비스, 베스트판(염가판) 혹은 게임 관련 출판물 판매 같은 특이한 상황에서 발생한다. 게임사의 재무상태표에 재고자산이 많거나 증가하고 있다면 진부화에 따른 재고자산 처분손실을 하지 않고 있지는 않은지 확인할 필요가 있다.

선수금★★★

엔씨소프트는 게임을 관련 기업에 공급할 때 선수금을 받는다. 선수금은 엔씨소프트의 운전자본을 풍부하게 해주며, 이 회사가 거래처에 대해 협상력 우위에 있다는 사실을 보여준다.

2. 손익계산서 및 현금흐름표

매출액

엔씨소프트는 기타 사업관련 매출이 일부 발생하고 있으나 리니지 서비스 매출 및 해외 수출을 통한 로열티 수입이 주력인 온라인 게임 전문회사이다. 이 회사는 게임 매출과 로열티 매출의 경우 용역(혹은 서비스)을 제공하는 시점에서 수익을 인식하고 있다. 엔씨소프트의 게임별 매출액 비중은 아이온(44.3%), 리니지 I(36.5%), 리니지 II(16.4%), 기타(2.7%) 순이다.

경상개발비

엔씨소프트의 판매비와 관리비에서 가장 높은 비중(39.1%)을 차지하고 있는 계정과목이 경상개발비이다. 엔씨소프트는 연간 1,000억 원대를 연구개발비로 지출하고 있는데, 이 가운데 60퍼센트 정도를 판매비와 관리비(경상개발비)로 계상하고 있다. 나머지 40퍼센트가량은 매출원가로 계상된다.

— 연구개발비용

과목		제14기	제13기	제12기	비고
원재료비		–	–	–	–
인건비		106,846,132	90,060,485	70,804,241	–
감가상각비		4,431,299	3,404,735	3,145,968	–
위탁용역비		1,385,942	1,544,150	1,502,347	–
기타		13,176,166	16,006,115	14,270,660	–
연구개발비용 계		125,839,539	111,015,486	89,723,217	–
회계처리	판매비와 관리비	72,282,601	50,041,020	46,685,739	–
	제조원가(매출원가)	53,556,939	60,974,466	43,037,478	–
	개발비(무형자산)	–	–	–	–
연구개발비 / 매출액 비율 [연구개발비용 계÷당기매출액×100]		24.5	24.5	37.4	–

(단위: 천 원, %)

지급수수료★★★

게임 업체는 매출액의 일정 부분을 개발자에게 수수료로 지급한다.

이것이 지급 수수료이다. 엔씨소프트의 경우 지급 수수료가 판매관리비에서 차지하는 비중이 20퍼센트에 이른다. 이는 적지 않은 비중이다. 해외 게임 관련 업체도 사정은 비슷하다. 페이스북의 경우 게임 개발자에게 지급하는 수수료는 매출액 대비 30퍼센트 수준이다.

주식매수선택권의 행사

게임개발사의 현금흐름표의 재무현금흐름에 빈번하게 등장하는 계정과목이다. 주식 매수 선택권의 행사란 게임개발사가 개발자나 회사 임직원에게 부여한 스톡옵션이 행사되는 경우에 발생한다. 게임개발 사업의 성패는 우수 인력의 확보가 관건인데, 게임개발사는 스톡옵션을 통해 이런 인력들에게 인센티브를 부여하고 있다.

3. 재무비율 분석

서비스기업의 안정성을 파악하는 지표인 유동성비율, 순이자보상비율, 부채비율을 살펴보자.

엔씨소프트는 유동성이 극단적으로 풍부하다. 이 회사의 '현금 및 현금성자산'과 단기금융상품의 합계액(5,398억 원)은 이 회사의 매출액보다 많고, 당기순이익의 3배나 된다. 게다가 이 회사는 당장 갚아야 할 부채가 사실상 없다. 그렇다고 배당을 많이 해주는 것도 아니다. 엔씨소프트의 2009년, 2008년 (현금) 배당수익률은 각각 0.33퍼센트, 2.6퍼센트였다. 이처럼 게임개발사의 유동성은 과도할 정도로 풍부한 편인

	게임명	개발사	개발비	개발기간
2004	WOW	블리자드	700억	4년
2006	썬	웹젠	100억	3년
	제라	넥슨	100억	3년
	그라나도에스파다	한빛소프트	100억	3년
2007	프리스톤테일2	예당온라인	100억	4년
2008	아이온	엔씨소프트	230억	4년
	헬게이트런던	한빛소프트	250억	3년
2010	테라	블루홀	400억	4년
	스타크래프트2	블리자드	1,200억	5년

■ 온라인게임의 개발비 추이

데, 이는 앞서 언급한 유형자산의 비중이 미미하다는 것과 관련이 있다. 그리고 또 다른 이유가 있는데, 그것은 게임개발사의 게임 개발 리스크 때문이다. 게임 개발은 전형적인 하이 리스크, 하이 리턴(High Risk, High Return) 사업이다. 게임개발사는 장기간에 걸쳐 대규모 개발비를 투자해 신작 게임을 개발하는데, 이것이 성공하면 매출과 이익이 폭발적으로 증가하지만 실패하면 기업 존망이 위태롭게 된다. 온라인 게임이 대작화 경향을 보이면서 게임개발사의 개발비는 증가하는 추세다.

그런데 신작 게임의 향후 실적은 예측이 대단히 어렵다. 게임개발사는 신작 게임 상용화에 앞서 클로즈드 베타 테스트(CBT), 오픈 베타 테스트(OBT) 등을 통해 게임의 성패를 확인하려 하지만 그것은 어디까지나 참고 사항일 뿐이다. 이 점에서 게임 사업은 영화 사업과 성격이 유사하다. 게임개발사의 풍부한 유동성은 이런 변동성을 대비하려는 성격이 강하다. 게임개발사는 신작 게임이 흥행에 실패할 경우에 닥치는 경영의 불확실성에 대비해 현금성자산을 갖고 있다.

이 회사는 이자비용이 없는데, 이자수익은 215억 원이다. 그러므로 순이자보상비율에 문제가 없다. 부채비율(25%)도 양호한 수준이다. 정리해보면 유동성, 순이자보상비율, 부채비율의 세가지 모두 안정적이다.

다음으로 수익성 지표인 영업이익률과 자기자본이익률을 살펴보면, 영업이익률(49%)과 자기자본이익률(22%)은 한국의 어느 대기업에서도 찾기 어려울 정도로 양호하다. 엔씨소프트의 2006~2010년 5년 평균 영업이익률은 50퍼센트, 당기순이익률은 35퍼센트였다. 게임개발이 '돈 되는 비즈니스'라는 사실을 보여준다. 총자산회전율(51%) 역시 양호한 수준이다.

교육기업, 선수금이 많아야 우량하다
교육기업의 재무제표 : 메가스터디

1. 재무상태표(대차대조표)

매출채권

메가스터디의 교육 서비스를 이용하려는 고객(수험생)은 대개 온라인 카드 결제를 하는데, 이 금액이 매출채권으로 계상된다. 메가스터디가 제휴를 맺은 카드 회사로부터 현금을 수령하면 메가스터디의 매출채권은 현금으로 바뀐다.

재고자산★★★

메가스터디는 동영상 강의를 홈페이지(www.megastudy.net)에서 VOD (Video On Demand) 서비스의 형태로 고객에게 판매한다. 이런 서비스

메가스터디
(개별) 재무상태표
제11기 (2010년 12월 31일)

자산			
유동자산	1,786		
현금 및 현금성자산	708		20.2%
단기금융상품	276		
단기매출채권	80		
매도가능증권	477		
매출채권	90		2.6%
기타	155		
재고자산	0		0.0%
투자자산	495		14.2%
유형자산	798		22.8%
무형자산	33		0.9%
기타비유동자산	383		11.0%
자산총계	**3,495**		**100.0%**

부채			
유동부채	659		
매입채무	48		7.2%
미지급금	70		10.3%
선수금	36		5.3%
선수수익	297		44.0%
미지급법인세	131		19.4%
기타	77		
비유동부채	16		
부채총계	676		
자본			
자본금	32		
자본잉여금	284		
자본조정	(200)		
기타포괄손익누계액	7		
이익잉여금	2,696		
자본총계	2,820		
부채 및 자본총계	**3,495**		**100.0%**

유동성 관련 계정과목
운전자본에 포함되는 계정과목

메가스터디
(개별) 손익계산서
제11기 (2010년 1월 1일 ~ 12월 31일)

매출액	2,458	100.0%
온라인강의매출	1,564	
온라인도서매출	186	
하원매출	618	
기타매출	90	
매출원가	926	
온라인강의매출원가	480	
도서판매매출원가	118	
하원매출원가	266	
기타매출원가	62	
매출총이익	1,532	62.3%
판매비와관리비	718	
지급수수료	115	
영업이익	814	33.1%
영업외수익	105	
이자수익	65	
영업외비용	96	
이자비용	0	
법인세용차감전순이익	823	
법인세비용	215	
당기순이익	608	24.7%

유동성비율	N/A	
순이자보상비율	-1252%	
부채비율	24%	7.4%
영업이익률	33%	
자기자본이익률	22%	
총자산회전율	70%	

메가스터디
(개별) 현금흐름표
제11기 (2010년 1월 1일 ~ 12월 31일)

영업현금흐름	834
감가상각비	39
매출채권의 감소	19
재고자산의 증감	0
매입채무의 증가	32
미지급금의 증가	24
선수금의 감소	3
기부금	54
투자현금흐름	(364)
재무현금흐름	(144)
현금의 증가(감소)	327
기초의 현금	380
기말의 현금	707
운전자본	(291.1)
운전자본의 증감	53.7
운전자본의 비중	-11.8%
감가상각비 비중	1.6%
현금 비중	20.2%
재고자산 비중	0.0%
매출채권 비중	2.6%
매입채무 비중	7.2%
유형자산 비중	22.8%

■ 메가스터디의 재무제표(K-GAAP 기준)

(단위: 억 원)

는 인간의 눈에 보이지 않는 '비실물'이며, 회계학적으로 재고자산으로 분류되지 않는다. 메가스터디의 재고자산이 무시해도 좋을 만큼 작은 수준인 이유가 여기에 있다.

유형자산

메가스터디는 서울 강남, 강북, 서초, 노량진, 남양주 및 경기도 광주지역에 오프라인 학원을 운영하고 있다. 오프라인 학원 사업은 교육업체에게 '캐시카우(Cash Cow)' 역할을 하는 것은 물론이고 신규 우수 강사를 발굴하고, 수험생과 직접 교류하면서 수요를 발견하는 중요한 수단이다. 교육업체의 학원 건물과 부동산은 대개 도심 요지에 있기 때문에 자산 가치도 높다. 메가스터디는 학원이 보유하고 있는 기계장치, 비품, 시설 장치를 5년 정률법으로 상각하고 있는데, 대단히 공격적인 상각법이며, 이익을 줄이는 효과를 가져온다. 메가스터디가 보수적인 회계처리를 하고 있음을 짐작할 수 있다.

선수금***, 선수수익

메가스터디는 고객에게 서비스를 제공하기에 앞서 수강료를 받는다. 예를 들어 메가스터디의 동영상 강의물인 프리패스 상품을 고객이 수강하려면 수강에 앞서 3개월에 30만 원, 6개월에 60만 원가량을 먼저 내야 하는데, 고객이 결제를 하면 강의가 종료되는 기간 동안 이 금액은 메가스터디의 대차대조표에 선수금 혹은 선수수익으로 계상된다. 메가스터디 입장에서 선수금은 다다익선이다. 선수금은 메가스터디의 현금 흐름을 풍부하게 해준다.

2. 손익계산서

매출액

메가스터디의 매출 비중을 살펴보면 온라인 강의 매출(61.6%)이 가장 높고, 학원 매출(27.2%), 온라인 도서매출(7.4%), 기타매출(3.8%)이 뒤를 잇고 있다. 온라인 강의가 주력 부문임을 알 수 있다. 기타 매출이란 메가스터디 브랜드의 사용권계약, 가맹학원으로 받는 가맹료, PMP 판매 수수료를 말한다. 온라인 강의는 다른 부문에 비해 수익성도 월등히 높다. 이 회사의 부문별 매출원가율을 보면 학원 부문(60.6%)이 오히려 가장 높고, 온라인 강의 부문(37.9%)이 다음이다. 도서 판매 부문(12.8%), 기타 부문(7.0%)이 뒤를 잇고 있다.

지급수수료★★★

게임업체 엔씨소프트의 재무상태표에 나왔던 계정과목이다. 메가스터디의 지급수수료의 원리는 엔씨소프트와 동일하다. 메가스터디의 강사는 오프라인 학원에서 수험생을 대상으로 강의를 하며, 메가스터디는 이를 온라인 동영상으로 제작해 온라인상에서 서비스한다. 이때 메가스터디는 강의 매출의 일정비율을 강사에게 수수료로 지급하는데, 이것이 지급수수료이다. 지급수수료는 게임사업과 교육사업의 비즈니스 모델이 근본적으로 동일하다는 것을 보여준다. 2010년 메가스터디의 온라인 강의 매출 대비 지급수수료는 7.4퍼센트였다. 이밖에 지급수수료에는 자문수수료, 은행계좌 이체수수료 등이 포함된다.

3. 재무비율 분석

서비스기업의 안정성 지표인 유동성비율, 순이자보상비율, 부채비율을 살펴보자.

이 회사의 유동성은 대단히 풍부하다. 이 회사의 현금 및 현금성자산, 단기금융상품, 단기매매증권, 매도가능증권의 합계액은 1,541억 원으로 이 회사의 당기순이익의 2.5배, 매출액의 1.6배이다. 이 회사가 당장 갚아야 할 부채는 사실상 없다. 또한 이 회사는 이자비용은 없고, 이자수익은 65억 원이다. 순이자보상비율이 대단히 우량하다는 것을 알 수 있다. 부채비율(24%)도 대단히 우량하다. 정리해보면 유동성비율, 순이자보상비율, 부채비율의 3대 안정성 지표의 어느 것을 봐도 이 회사의 안정성이 높다는 사실을 알 수 있다.

다음으로 수익성을 살펴보면 이 회사의 수익성은 대단히 뛰어나다. 메가스터디의 매출총이익률은 62.3퍼센트인데, 한국에서 이렇게 높은 매출총이익률을 기록하는 산업은 게임, 제약 등 손으로 꼽을 정도이다. 이 회사의 이익률이 이렇게 높은 이유는 재료비 등 제조원가가 미미하다는 것과 관련이 있다. 영업이익률(33%), 자기자본이익률(22%) 모두 대단히 우량한 수준이다. 총자산회전율(70%)도 우량하다.

경영 상태가 나쁜 서비스기업 골라내는 법

서비스기업의 재무제표 : 에스브이에이치

에스브이에이치는 1997년 엘림에듀라는 사명으로 설립됐으며 현재 이러닝, 도서 판매 등의 교육 사업을 영위하고 있다. 이 회사는 설립 3년 만인 2000년 11월 코스닥에 상장하는 등 성장성을 인정받았으나 경쟁 심화 등으로 위축되는 모습을 보이다가 2011년 1월 27일에 대표이사 배임 혐의로 상장 폐지가 결정됐다. 이 회사의 경영상의 어려움이 표면화될 무렵인 2010년 3분기 재무제표를 살펴보자.

먼저, 유동성비율, 순이자보상비율, 부채비율을 통해 이 회사의 안정성을 체크해보자. 이 회사는 '현금 및 현금성자산'을 1억 원을 갖고 있다. 그런데 이 회사는 단기차입금 162억 원을 갖고 있다. 단기차입금의 내역을 살펴보면 운전자본에 해당하지 않으며 오직 운영자금이다. 금리도 두자릿수로 매우 높다.

에스트이에이치(엘림에듀) 개별 재무상태표
제18기 3분기 (2010년 9월 30일)

자산			부채		
당좌자산	29		유동부채	261	
1.2% 현금 및 현금성자산	1	0.3%	매입채무	1	
15.1% 매출채권	12		미지급금	23	
선급금	15		미지급비용	70	
기타	1		단기차입금	162	
6.8% 재고자산	5		기타	6	
			비유동부채	1	
28.1% 투자자산	22		부채총계	262	100.0%
2.6% 유형자산	2		자본		
17.2% 무형자산	14		자본금	225	
개발비	14		자본잉여금	14	
8.5% 기타비유동자산	7		자본조정	(35)	
			이익잉여금(결손금)	(386)	
			자본총계	(182)	
100.0% 자산총계	80		부채 및 자본총계	80	

유동성 관련 계정과목
운전자본에 포함되는 계정과목

에스트이에이치(엘림에듀) 개별 손익계산서
제18기 3분기 (2010년 1월 1일~9월 30일)

매출액	29	100.0%
매출원가	27	
매출총이익	3	8.9%
판매비와 관리비	108	
급여	5	
대손상각비	40	
지급수수료	16	
기타	48	
영업이익(손실)	(105)	-361.5%
영업외수익	1	
이자수익	1	
영업외비용	199	
이자비용	23	
법인세비용차감전순이익	(303)	-1041.2%
법인세비용	0	
당기순이익	(303)	

유동성비율	1%
순이자본성비율	-468%
부채비율	328%
영업이익률	-362%
자기자본이익률	N/A
총자산회전율	37%

에스트이에이치(엘림에듀) 개별 현금흐름표
제18기 3분기 (2010년 1월 1일~9월 30일)

영업현금흐름	(9)
감가상각비	2
매출채권의 감소	20
재고자산의 증가	(1)
매입채무의 증가	0
미지급금의 감소	1
선급금의 증가	(28)
투자현금흐름	4
재무현금흐름	1
현금의 증가(감소)	(4)
기초의 현금	4
기말의 현금	(0)
운전자본	31.8
운전자본의 증감	(8.4)
감가상각비 비중	109.3%
현금비중	7.2%
재고자산 비중	1.2%
매출채권 비중	6.8%
매입채무 비중	15.1%
유형자산 비중	0.3%
	2.6%

■ 에스트이에이치의 재무제표 (K-GAAP 기준)

(단위: 억 원)

－단기차입금 내용은 다음과 같습니다.

차입처	이자율	당기말	전기말	비고
하나은행	12.61%	1,966,129,406	2,000,000,000	
국민은행	7.00%	8,000,000,000	8,000,000,000	연체
외환은행	19.00%	1,637,772,893	2,000,000,000	연체
우리은행	13.06%	1,374,000,000	1,500,000,000	
기업은행	14.13%	1,176,400,400	1,176,400,000,	
기업은행	14.14%	1,000,000,000	1,000,000,000	
신한은행	14.57%	920,000,000	1,000,000,000	
합계		16,074,302,299	16,676,400,000	

(단위: 원)

 이 회사의 현금 보유액 1억 원으로는 단기차입금의 원리금 상환이 매우 어렵다는 것을 알 수 있다. 이 회사는 이자비용이 23억 원인데, 영업손실마저 기록하고 있다. 그러다 보니 순이자보상비율이 마이너스가 나올 정도로 상태가 나쁘다. 부채비율(328%)도 불량한 수준이며 총자산회전율(37%)도 건전하지 않다.

대한민국 업종별 재무제표 읽는 법

2011년 7월 7일 초판 1쇄 | 2022년 9월 29일 17쇄 발행

지은이 이민주
펴낸이 박시형, 최세현

마케팅 양근모, 권금숙, 양봉호, 이주형 **온라인마케팅** 신하은, 정문희, 현나래
디지털콘텐츠 김명래, 최은정, 김혜정 **해외기획** 우정민, 배혜림
경영지원 홍성택, 이진영, 임지윤, 김현우, 강신우
펴낸곳 (주)쌤앤파커스 **출판신고** 2006년 9월 25일 제406-2006-000210호
주소 서울시 마포구 월드컵북로 396 누리꿈스퀘어 비즈니스타워 18층
전화 02-6712-9800 **팩스** 02-6712-9810 **이메일** info@smpk.kr

ⓒ 이민주 (저작권자와 맺은 특약에 따라 검인을 생략합니다)
ISBN 978-89-6570-022-7 (03320)

- 이 책은 저작권법에 따라 보호받는 저작물이므로 무단전재와 무단복제를 금지하며, 이 책 내용의 전부 또는 일부를 이용하려면 반드시 저작권자와 (주)쌤앤파커스의 서면동의를 받아야 합니다.
- 이 책의 국립중앙도서관 출판시도서목록은 서지정보유통지원시스템 홈페이지(http://seoji.nl.go.kr)와 국가자료공동목록시스템(http://www.nl.go.kr/kolisnet)에서 이용하실 수 있습니다.
 (CIP제어번호: 2013006405)

- 잘못된 책은 구입하신 서점에서 바꿔드립니다.
- 책값은 뒤표지에 있습니다.

쌤앤파커스(Sam&Parkers)는 독자 여러분의 책에 관한 아이디어와 원고 투고를 설레는 마음으로 기다리고 있습니다. 책으로 엮기를 원하는 아이디어가 있으신 분은 이메일 book@smpk.kr로 간단한 개요와 취지, 연락처 등을 보내주세요. 머뭇거리지 말고 문을 두드리세요. 길이 열립니다.

대한민국 업종별 재무제표 읽는 법
독자를 위한 특별부록

한국의 업종별 기업 리스트

이민주 지음 | **박해익**(공인회계사) 감수

"주식시장 10년을 지배할
위대한 기업이 이 책에 있습니다."

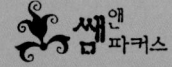

한국의 주식 시장 분류

★ (○)수혜주, (×)손실주

	섹터	산업	재무제표 유형	경기변동주	유가상승	금리상승	환율하락	워렌 버핏 투자 종목
A	금융	은행, 증권, 보험, 캐피탈, 카드	금융			○		웰스파고(은행), 아멕스(신용카드), 트래블러스(보험), 골드만삭스(투자은행)
B	에너지	정유, 유화, 유틸리티(전기), 신재생에너지(태양광, 풍력), 2차전지	제조	●	○	×	○	코노코필립스(석유)
C	철강, 금속	철강, 구리, 아연, 납, 알미늄, 금, 은	제조	●		○	○	POSCO(철강)
D	건설	건설, 시멘트, 건자재	수주 (혹은 제조)	●	○	×		
E	조선, 해운, 항공, 기계	조선, 해운, 항만, 항공, 육상운송, 택배, 기계, 피팅밸브	수주 (혹은 제조)	●	×	×	○	
F	자동차	자동차, 자동차 부품, 타이어	제조	●	×	×	×	BYD(전기차), 벌링턴노던산타페(철도)
G	음식료, 소비재, 유통	음식료, 원양어업, 할인점, 면방, 의류, 제지	소매유통 (혹은 제조)			×	○	코카콜라(음료), P&G(생활용품), 크라프트푸드, 네슬레(이상식품), 월마트(유통)
H	정보기술(IT), 전기전자	반도체, 스마트폰, 디스플레이(LED, LCD), 인터넷, 통신	제조	●		×	×	
I	제약, 바이오, 의료	제약, 바이오, 의료기기	제조			×		존슨&존슨(제약, 생활용품), GE(의료, 에너지)
J	서비스, 기타	교육, 방송, 시큐리티	서비스			×		무디스(신용평가)

| 부록 : 대한민국 업종별 기업 리스트 |

금융

★ 괄호 표시는 비상장

	종목명
금융지주	우리금융지주, KB금융지주, 하나금융지주, 신한금융지주, (산은금융지주), 한국금융지주
은행	(국민), (우리), (신한), (하나), 외환, (SC제일), (한국씨티)
특수은행	(산업), IBK기업, (수출입), (농협), (수협)
지방은행	부산, 대구, (광주), 제주, 전북, 경남
저축은행	(한국), (푸른), 진흥, 솔로몬, (현대스위스), (토마토), 제일, 서울, 신민
증권	우리투자, 삼성, 대우, (한국투자), 현대, 대신 (이상 빅6), 굿모닝신한증권, 미래에셋증권, 동양종금, (하나대투), (서울증권), NH투자 (구세종증권), (브릿지), (KB투자), 동부, 부국, (솔로몬투자), (BNG), 교보, 신영,한화, 한양, 유화, 신흥, 메리츠, SK, 서울, 키움, 골든브릿지투자, KTB투자, HMC, 이트레이드, (유진투자), (하나대투), (신한금융), (하이투자)
생명보험	삼성, 대한, (교보), (ING), (알리안츠), (미래에셋), 동양, (신한), (흥국), (메트라이프), (금호), (AIG), (푸르덴셜), (동부), (PCA)
화재보험	삼성화재, 현대해상, 동부화재, LIG손해보험, 메리츠화재 (이상 빅5), (제일화재), 한화손해보험, 롯데손해보험, 흥국화재, 그린손해보험
재보험	코리안리
신용평가	한신정(한국신용정보), 한신평정보(한국신용평가정보), 한국기업평가(한기평), 고려신용정보, 서울신용평가정보
회계법인	(삼일회계법인), (딜로이트안진회계법인), (삼정회계법인), (한영회계법인)

| 대한민국 업종별 재무제표 읽는 법 |

	종목명
카드(6곳)	삼성카드(대주주 삼성전자), (롯데카드, 롯데쇼핑), (비씨카드, 우리은행), (신한카드, 신한금융지주, 구 LG카드), (하나SK카드, 하나금융그룹), (현대카드, 현대기아차그룹)
리스(시설대여, 17곳)	우리파이낸셜(대주주 우리금융지주), (케이티캐피탈, KT), (BMW파이낸셜서비스, BMW), (CNH리스, 그래닛홀딩스), (무림캐피탈, 무림파워텍), (비에스캐피탈, 부산은행), (산은캐피탈, 산은금융지주), (신한캐피탈, 신한금융지주), (오릭스캐피탈, ORIX), (외환캐피탈, 외환은행), (한국개발금융, 화인캐피탈), (한국리스여신, 대구은행), (한국씨티그룹캐피탈, 한국씨티금융지주), (한국아이비금융, CF인베스트먼트), (한국종합캐피탈, 한국상호저축은행), (한국캐피탈, 군인공제회), (효성캐피탈, 효성)
할부금융(16곳)	(골든브릿지캐피탈, 골든브릿지), (두산캐피탈, 두산중공업), (NH캐피탈, 농협), (RCI파이낸셜서비스, RCI), (동부캐피탈, 동부제강), (롯데캐피탈, 호텔롯데), (스카니아파이낸스, SCANIA), (아주캐피탈, 아주산업), (우리캐피탈, 대우차 판매), (GE캐피탈코리아, GE), (코스모캐피탈, 신명종합건설), (하나캐피탈, 하나은행), (하이델베르크프린트파이낸스 PRINT FINANCE VERMITTIUNG), (한국스탠다드차타드, STANDARD CHARTERTED), (현대캐피탈, 현대차), 현대커머셜(현대차)
신기술금융(2곳)	IBK캐피탈(IBK기업은행), 아주IB투자(대우캐피탈)
소비자금융(대부)	(러쉬앤캐쉬, 일명 에이앤피파이낸셜), (산와대부, 일명 산와머니), 리드코프, (원캐싱), (파트캐싱), (이와이크레디트)
기타	한미창투, 금호종합금융, 한국개발금융, 리드코프, 메리츠종합금융, 이크레더블(신용인증서 발급), 한국사이버결제, 한국전자인증, 한국전자금융

| 부록 : 대한민국 업종별 기업 리스트 |

정유, 유화(I)

★괄호 표시는 비상장

		종목명
정유	정유	SK에너지, (GS칼텍스), (현대오일뱅크), S-Oil
유화기초원료	ETHYLENE	호남석유화학, LG화학, 여천(이상 빅3), 대한유화, 삼성토탈, SK종합화학
	PROPYLENE	대한유화, 태광산업, 삼성토탈, SK종합화학, LG화학, 여천NCC(주), GS칼텍스, 호남석유화학, 효성
	BUTADIENE	금호석유화학, 삼성토탈, SK종합화학, 여천NCC(주), 호남석유화학
	BENZENE	OCI, 삼성토탈, SK종합화학, LG화학, 여천NCC(주), GS칼텍스, 케이피케미칼, 호남석유화학
	TOULENE	OCI, SK종합화학, 여천NCC(주), GS칼텍스, 케이피케미칼, 호남석유화학
	XYLENE	OCI, SK종합화학, LG화학, 여천NCC(주), GS칼텍스, 케이피케미칼, 호남석유화학
유화중간물	EDC	LG화학, 한화케미칼
	VCM	LG화학, 한화케미칼
	SM	삼성토탈, SKC, LG화학, 여천NCC(주), 한국바스프, 호남석유화학
	PX	삼성토탈, SK종합화학, GS칼텍스, 케이피케미칼
	OX	SK종합화학, 케이피케미칼
유화합성수지	ABS	금호석유화학, LG화학, 제일모직, 한국바스프, 한국스티롤루션
	EPS	금호석유화학, SH에너지화학, LG화학, 제일모직, 한국바스프
	EVA	삼성토탈, LG화학, 한화케미칼, 호남석유화학
	HDPE	대림산업, 대한유화, 삼성토탈, SK종합화학, LG화학, 호남석유화학
	LDPE	삼성토탈, LG화학, 한화케미칼, 호남석유화학
	LLDPE	삼성토탈, SK종합화학, LG화학, 한화케미칼, 호남석유화학
	PP	대한유화, 삼성토탈, SK종합화학, LG화학, GS칼텍스, 폴리미래, 호남석유화학, 효성
	PS	금호석유화학, LG화학, 제일모직, 한국바스프, 한국스티롤루션
	PVC	LG화학, 한화케미칼
합성원료	AN	동서석유화학, 태광산업
	CPLM	카프로
	DMT	SK유화
	EG	삼성토탈, LG화학, 호남석유화학
	TPA	태광산업, 삼남석유화학, 삼성석유화학, SK유화, 케이피케미칼, 효성

		종목명
합성고무	BR	금호석유화학, LG화학
	HBR, HSR, LBR, SBES, SSBR	금호석유화학
	NBR, SB-LATEX, SBR, SBS	금호석유화학, LG화학
유화기타	2-EH	LG화학, 한화케미칼
	ACETIC ACID	OCI, 삼성BP화학
	ACETONE, BPA	금호피앤비화학, LG화학
	BUTANE	대한유화, 여천NCC(주)
	BUTANOL	LG화학, 한화케미칼
	BUTENE	대한유화, SK종합화학, 여천NCC(주)
	C4 RAFFINATE-1, C5	LG화학, 여천NCC(주)
	EPDM	금호폴리켐, SK종합화학
	IPA	LG화학, 이수화학
	MA	OCI, 애경유화, 용산화학
	MDI	금호미쓰이화학, 한국바스프
	MDPE	삼성토탈, SK종합화학
	MMA	LGMMA
	MTBE	SK종합화학, 여천NCC(주)
	PA	OCI, 애경유화
	PC	제일모직, 호남석유화학
	PC/ABS	LG화학, 제일모직
	PE COMPOUND	대림산업, LG화학
유화소비재	나일론	효성, 태광산업, (KP켐텍)
	접착제	(헨켈코리아), (내쇼날스타치), (동성NSC)(이상 빅3), 오공, (한국코스틱), (한국에어프로덕트), (대원포리머)
	필름	(한국코닥), (후지필름), (우성필름), (현대교역)
	인쇄잉크	(대한잉크), (동양잉크), (광명잉크제조), (한국특수잉크공업), (한국신문잉크), 잉크테크, (삼영잉크페인트제조)

| 부록 : 대한민국 업종별 기업 리스트 |

정유, 유화(II)

★ 괄호 표시는 비상장

		종목명
유화소비재	자기테이프	새한미디어, SKC, (SKC미디어)
	염료	경인양행, (오영산업), 이화산업, (엠도프멘코리아), (삼원산업), (화승티엔드씨), (진웅산업), (디케이씨코포레이션), (오리엔트화학), (대흥산업), (삼보정밀화학공업)
	플라스틱	내쇼날푸라스틱, 율촌화학
	페인트	KCC, DPI, 삼화페인트, 건설화학, 조광페인트(이상 빅5), (IPK), (PPG코리아), 노루페인트, (DAC), (CK페인트), (츄고쿠삼화페인트), (현대페인트공업), (한진화학)
	농약	(동부한농), 성보화학, 동방아그로, 경농
	비료	남해화학, 동부하이텍, 조비, KG케미칼
	발포제	금양
	화약	한화, (고려노벨화약)
	섬유	효성, (휴비스), (케이피켐텍), 대한화섬, 성안, (새한), (도레이새한), (동국무역), (HK), (제일화섬), 웅진케미칼
	피혁	조광피혁, 신우, 삼양통상, 유니켐, (영창실업), 진양화학, 대원화성, 덕성, 동성화학, 원풍
	고무, 플라스틱	삼영화학, 진양산업, 동일고무벨트, 화승인더스트리, 내셔날푸라스틱
	기타	한국석유, 대경기계, 삼성정밀화학

■ 한국의 정유, 유화단지 현황

지역	입주 기업
인천	SK에너지
대산	삼성석유화학, 삼성토탈, LG화학, 호남석유화학
군산	OCI, SH에너지화학
여천	금호미쓰이화학, 금호석유화학, 금호폴리켐, 금호P&B화학, 대림산업, 삼남석유화학, LG화학, LGMMA, 여천제일모직, GS칼텍스, KPX화인케미칼, 코오롱인더스트리, 폴리미래, 한국바스프, 한화케미칼, 호남석유화학
광양	OCI
울산	금호석유화학, 대한유화, 동부하이텍, 동서석유화학, 삼성BP화학, 삼성석유화학, 애경유화, SK에너지, SKC, SK유화, 용산화학, 이수화학, 카프로, KP케미칼, 코오롱인더스트리, 태광산업, 한국바스프, 한국알콜산업, KPX케미칼, 한주, 한화케미칼, 효성
포항	OCI

| 대한민국 업종별 재무제표 읽는 법 |

에너지

★ 괄호 표시는 비상장

		종목명
에너지	전지	로케트전기
	납축전지	세방전지, 아트라스BX, 성우오토모티브, 델코 (이상 빅4), 현대에너셀
	자원개발	유아이에너지, 골든오일
	기타	LS산전, S&TC, 경윤하이드로에너지
가스	도시가스	경남에너지, 부산가스, 경동가스, 예스코, 대한가스, 삼천리, (서울도시가스), 인천도시가스, (대구도시가스)
	전기기타	한국전력, 한국가스공사, SK가스, (LG가스), 대성산업, (대성글로벌네크웍), 대한가스
풍력 원자력	풍력	유니슨, 동국산업, 태웅, 용현BM, 한국프랜지, 마이스코, 효성, 두산중공업, 평산, 현진소재
	원자력	비에이치아이(BHI), 티에스엠텍, 마이스코, 한전KPS, 일진에너지, 비엠티, 강원비앤이
	바이오	유니드, 진로발효, 무학, (알앤엘바이오), 마크로젠, (디오스텍)
	수소	엘지화학, 에스케이, 한국가스공사

2차 전지

★ 괄호 표시는 비상장

생산품			종목명		
양극활물질	에코프로, 엘엔에프	이엔에프, 휘닉스피디이	새한미디어, 대정이엠(대정화금)	우리이티아이	코스모화학, 한화케미칼
분리막	SK이노베이션	제일모직	톱텍	웰크론	씨에스택
전해액	후성	테크노세미켐	에코프로	이인에프테크놀러지	파낙스이텍, 제일모직
전해질					후성
음극활물질	포스코켐텍, GS칼텍스	삼화콘덴서	OCI머티리얼즈	일진전기	엠케이전자, 애경
충전기	코디에프				
보호회로	파워로직스	넥스콘테크놀러지			상신이디피, 세방전지
2차전지(완성품)	LG화학	삼성SDI	(코캄)	(EIG, 동일벨트)	기타

| 부록 : 대한민국 업종별 기업 리스트 |

태양광

★ 괄호 표시는 비상장

		종목명
1 세 대	재료, 소재	OCI머티리얼즈(모노실란), 주성엔지니어링, 티씨케이, 대주전자재료
	폴리실리콘	OCI, 삼성정밀화학, LG화학, 한화케미칼, 웅진폴리실리콘, KCC
	잉곳, 웨이퍼	삼성코닝, LG실트론, 솔라펀, SCK솔믹스, 넥솔론, 웅진에너지, 오성엘에스티, 실트론, 퓨처비전
	셀	삼성전자, LG전자, LG디스플레이, 현대중공업, 솔라펀신성홀딩스, 미리넷, 한국철강, 동진세미켐
	모듈	에스에너지, LS산전, 현대중공업, SDN, 대주전자재료, 쏠라엔텍, (심포니에너지), (경동쏠라), 다스텍
	시스템	SDN
	설치 서비스	DMS, 아바코, SFA, 에스엔유, 톱텍, 신성FA, 미리넷, 카코, 두산건설, 현대중공업, LS산전, 세방하이테크, 에스에너지, SDN
	장비	주성엔지니어링, SFA, 아바코, 아이피에스, 이오테크닉스, TES
2 세 대	A-SI	소디프신소재, 한국철강
	CIGS	글로벌솔라(미국)
	CdTe	퍼스트솔라(미국)
3 세 대	연료감응형	동진쎄미켐, 티모, 이건창호
	유기박막형	코오롱

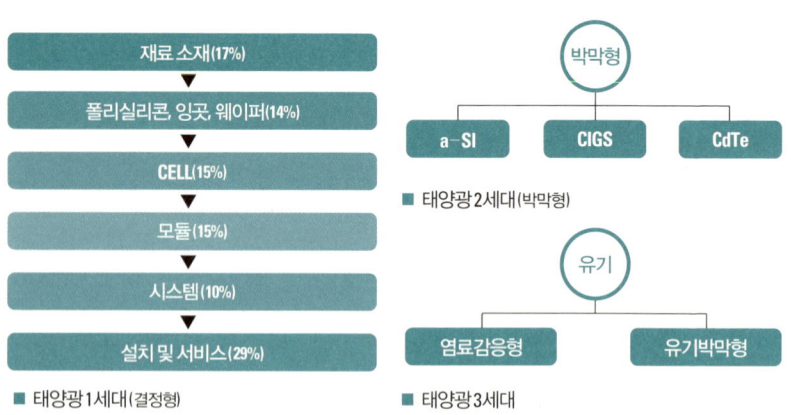

■ 태양광1세대(결정형)

■ 태양광2세대(박막형)

■ 태양광3세대

| 대한민국 업종별 재무제표 읽는 법 |

철강

★ 괄호 표시는 비상장

	종목명
고로	POSCO, 현대제철
전기로	동국제강, 동부제철, 한국철강
포스코 열연 대리점	부국철강, 삼현철강, 동양에스텍, 문배철강, 대동스틸, 한일철강, (원스틸), (해덕스틸), 우경철강
포스코 냉연 대리점	(대창철강, (금강철강), (부일철강), (창화철강), (동명스틸), (한양철강), (금창스틸, 이상 서울 지역), (대협철강, 이상 경기 지역), (세운철강), (대림철강), 원스틸(이상 부산 지역), (신라철강), (대지철강, 이상 대구 지역), (예산철강), (천광철강, 이상 대전 지역), 경남스틸(창원), (국일철강, 이상 전주 지역)
냉연	현대하이스코, 동부제철, 유니온스틸(이상 빅3), 동양석판, 동국산업, 한국특수형강, 세아베스틸, 세아제강, 대창공업, 서원, 배명금속, 동양철관
철근	한국철강, 대한제강, 현대제철, 동국제강
강관	세아제강, 현대하이스코, 휴스틸(이상 빅3), 미주제강, 금강공업, 미주소재
후육강관	스틸플라워, 하이스틸, 삼강엠엔티, 미주제강, 세아제강, EEW코리아
후판	포스코, 현대제철, 동국제강
특수강	광진실업, 동일산업, 동일철강, 원일특강, 세아베스틸
표면처리	유니온스틸, (한국금속공업)
스테인리스	BNG스틸, 현대제철, 대양금속, 황금에스티, 티플랙스
(경)강선	고려제강, 만호제강, 영흥철강, DSR제강, (동일제강), 한국선재, 미주소재
(연)강선	(대아선재), (진흥철강), (한일스틸), (진흥물산)
합금철	(동부메탈), 동일산업, 한창산업(이상 big3), SIMPAC ANC, 태경산업, 유니온
내화물	동국알앤에스(구 동국내화), 포스렉
기타	조선내화, 한국주철관, DCM, 삼정피엔에이, 포스코강판, 한국내화, 제일연마, 대한제강, 유성티엔에스(철강 전문 물류 기업), BNG스틸, 디씨엠(컬러 강판)

| 부록 : 대한민국 업종별 기업 리스트 |

철강

■ 철강 산업 계통도

비철금속

★ 괄호 표시는 비상장

- 4대 비철금속: 구리copper, 아연zinc, 납lead, 알미늄. 기타: 수은mercury, 주석tin, 니켈, 마그네슘, 카드뮴
- KEY PLAYER : 고려아연(비철금속업계의 포스코), LS니꼬동제련(비상장), 노벨리스코리아(비상장)
- 풍산은 LS니꼬동제련으로부터 구리(전기동)를 받아 동판, 동파이프를 제조

	철강	구리	아연	납	알미늄
특징	• 인장강도, 내성	• 전기전도성	• 도금 (GALVANIZING)	• 축전지용 • 납 = LEAD = 연 = 鉛	• 은박, 캔
후방산업	• 철광석 채굴업 • VALE, 리오틴토, BHPB(빅3)	• 구리 정광 채굴업 • CODELCO(칠레 국영기업, 세계 구리의 12% 생산), 페루	• 아연 정광 채굴업 • Trafigura, Glencore, LouosDreyfus • 페루 등 남미 국가, 호주 기업	• 납 정광 채굴업 • BHP Billiton, Glencore • 페루 등 남미 국가, 호주 기업	• 보크사이트(鐵攀石, 알미늄 정광, 알미늄괴) 채굴업 • 호주 (ALCOA), 중국브라질
제련업	• 포스코	• (LS니꼬동제련)	• 고려아연, 영풍	• 고려아연, 영풍	• (노벨리스코리아) (옛 대한알미늄, 74%), 조일알미늄 (17%), 대호에이엘 (5%), 대창알텍(4%)
전방산업	• 건설, 조선, 자동차, 전기전자	• 전기전자, 건설	• 철강, 가전, 자동차, 건설	• 자동차축전지	• 은박지 제조, 캔 제조
해당기업	• 현대중공업, 현대자동차	• 풍산, 풍산홀딩스, 이구산업, 서원, 대창, (LS전선, 대한전선)	• LG전자, 현대차, 포스코	• 세방전지, 아트라스BX, 성우오토모티브, 델코 (이상 빅4), 현대에너셀	• (롯데알미늄), 대한은박지, 삼아알미늄 (은박지 제조 빅3) • 동양강철 남선알미늄(이상 알미늄 압출 빅2), 신양금속, 도스템, 새서울경금속, 코레스

| 부록 : 대한민국 업종별 기업 리스트 |

건설

★ 괄호 표시는 비상장

		종목명
건설	대형	현대건설, GS건설, 삼성물산, 대우건설, 대림산업 (이상 빅5), 포스코건설, 현대산업개발, 금호산업, 두산건설, (한화건설), 두산중공업, 동부건설, 코오롱건설, (엠코), KCC건설, 한진중공업, 삼성엔지니어링, (롯데건설), SK건설, 신세계건설, (타이세이건설)
	중소형	쌍용건설, 경남기업, 풍림산업, 삼환기업, 삼환까뮤, 계룡건설산업, 태영건설, 벽산건설, 한신공영, 고려개발, 한라건설, 삼부토건, 남광토건, 화성산업, 서희건설, 계룡건설, 동양고속건설, 범양건영, 삼일기업공사, 한일건설, 동원개발, 삼호개발, 성원건설, 신한, 삼호, 동양건설산업, 성지건설, 울트라건설, 이테크건설, 특수건설, 진흥기업, 성도이엔지, 동신건설, 이화공영, 일성건설, 신일건업
	플랜트	한전KPS, 금화피에스새(이상 발전소 건설), 에스에프에이, 티에스엠텍, 대현테크, 디에스아이, 제일테크노스, 케이아이씨, S&TC, 한국코트렐, 유니슨, 스페코, (SC엔지니어링), 화인텍, 강원비앤이
건자재	시멘트	성신양회, 쌍용양회, 한일시멘트, 아세아시멘트(이상 빅4), 동양시멘트, (라파즈한라), 현대시멘트(이상 빅7), (고려시멘트), (유니온시멘트)
	레미콘	(삼표), (아주산업), 쌍용양회, 성신양회, (텍스콘, 옛 두산건설개발), (유진종합개발), 부산산업, 동양메이저, 모헨즈
	철근	한국철강, 대한제강, 현대제철, 동국제강
	거푸집	삼목정공, 금강공업, (효성산업)
	합판	선창산업, (성창기업), 이건산업
	MDF	= Medium Density Fiberboard. 중질섬유판 선창산업, (동화기업), 유니드, 한솔홈데코, (포레스코), (광원목재)
	PB	= Particle Board. (대성목재), (성창기업), (동화기업)
	페인트	KCC, DPI, 삼화페인트, 건설화학, 조광페인트 (이상 빅5), (IPK), (PPG코리아), 노루페인트, (DAC), (CK페인트), (츄고쿠삼화페인트), (현대페인트공업), (한진화학)
	기타	백광소재, 태원물산, 이건창호, 유니온
기타	설계, 디자인	국보디자인, 희림종합건축설계사사무소, 한미파슨스, 유신, 시공테크, (희훈대앤지)
	건축내장재	KCC, 벽산, (아이레보), 영보화학
	요업	(동서산업), 와토스코리아, 대림B&Co(구 대림요업), 대림통상, IS동서
	보일러	(린나이코리아), (경동), 경동나비엔
	엘리베이터	현대 엘리베이터, (오티스엘리베이터), (티센크루프), (동양 엘리베이터)
	건설용 기계 장비	에버다임, 옴니시스템, 수산중공업
	기타	해성산업, 동아에스텍, 하츠, (에프티이앤이, 구이앤이시스템), 한미파슨스, 화성, 동아지질

| 대한민국 업종별 재무제표 읽는 법 |

조선, 해운

★ 괄호 표시는 비상장

- 컨테이너선사 : 한진해운, 현대상선, 흥아해운
- 벌크선사 : STX팬오션, 대한해운
- 탱커선사 : KSS해운

	종목명
조선사	현대중공업, 삼성중공업, 대우조선해양, 현대미포조선 (이상 빅4), STX조선, (현대삼호중공업), 한진중공업, STX조선해양, (성동조선), (대선조선)
해운사	한진해운, 현대상선, STX팬오션, 대한해운, 흥아해운, (남성해운), (유코카캐리어스), (창명해운), (SK해운), KSS해운, (고려해운), (삼부해운)
기자재 업체	태웅, 오리엔탈정공, 삼영엠텍, 제일테크노스, 하이록코리아, 현진소재, STX엔진, 조광아이엘아이, 케이에스피, STX엔진, STX엔파코, 한래MS(옛 한라레벨), 마이스코, (KSP), 대선조선, 대창메탈, 삼영이엔씨, 해덕선기, 한래MS
항만하역	선광, 세방, 한진, 대한통운

	선박 총수	컨테이너선	벌크선	탱커 및 가스선	사선	용선
한진해운	156	89	52	25	64	92
현대상선	122	51	26	45	54	68
STX팬오션	421	44	353	24	80	341
대한해운	109	0	99	10	24	85
흥아해운	29	18	0	11	23	6
KSS해운	17	0	0	17	17	0

구분	현대중공업	삼성중공업	대우조선해양	현대미포조선	현대삼호중공업	한진중공업	STX조선해양
설립연도	1973	1973	1974	1983	1977	1937	1967
건조능력 (천CGT)	3,863	2,549	3,048	1,543	1,259	612	1,144
드라이도크 (개)	10	3	2	4	2	4	1
플로팅도크 (개)	—	3	3	—	—	—	2
육상건조 설비(개)	—	—	—	—	1	4	3
안벽전장(m)	5,050	7,900	4,988	2,025	3,400	1,833	1,100
선박용 엔진 조달	자체 제작	피투자사 조달	피투자사 조달	계열사 조달	계열사 조달	—	계열사 조달

| 부록 : 대한민국 업종별 기업 리스트 |

항공, 물류

★ 괄호 표시는 비상장

	종목명
항공(일반)	대한항공, 아시아나항공
항공(저가)	(제주항공), (한성항공), (진에어), (에어부산)
육상운송	동양고속운수, 천일고속, 한진, 동방
택배	대한통운, (CJ GLS), 한진, (현대택배) (이상 빅4), 한익익스프레스
물류	글로비스
기타	KCTC, 국보, 한국공항, 한솔CSN, 세방

피팅, 밸브, 기계

★ 괄호 표시는 비상장

	종목명
대형	현대중공업, 두산인프라코어, 화천기계공업, S&T중공업
중소형	디엠에스, 디아이엔티, 모건코리아, 비에이치아이, 영풍정밀, 한광, 헤스본, 한양이엔지, S&TC, KC코트렐, 비츠로시스, 지엠피, 프리엠스, 삼양중기, 화천기공, 계양전기, 조선선재, 삼우이엠씨, 삼익THK, 넥스턴, 대아티아이, 대우솔라, SPG, 우리기술, 수성, SIMPAC, 대경기계
플랜트장비	BHI(비에이치아이), 일진에너지, 성진지오텍, S&TC
굴삭기롤러	진성티이씨, 대창단조, 흥국
강관	스틸플라워, 삼강엠엔티, 하이스틸
피팅(이음쇠)	성광벤드, 태광, 현진소재, 태웅
밸브	비엠티, 하이록코리아, 디케이락, 엔에스브이
대형밸브	(피케이밸브), (티와이밸브), (삼신), (벨란), 앤에스브이, (디케이티엠아이)
펌프	영풍정밀
기타	한국주강, (대우로지스틱스)

자동차

★ 괄호 표시는 비상장

유형(비중)		종목명
완성차(승용차)		현대자동차, 기아자동차, GM대우, 쌍용자동차, 르노삼성
기타완성차		(대우버스), 오텍
타이어		한국타이어, 금호타이어, 넥센타이어, 동아타이어, 넥센
모듈, 부품		현대모비스, 만도
동력장치 (35%)	엔진	대동금속, (대우종합기계), (동서공업), 유성기업, 대창단조, (한국프렌지공업), (삼미금속), (이원정공), 태창기업, SJM
	냉각장치	한라공조, 삼성공조, 에코플라스틱, 동양기전, (댄소풍성), (한국델파이)
	연료장치	세종공업, 동희산업, 지코, 에스엘, (대한칼소닉), (GMB코리아)
	흡배기(머플러)	모토닉, 세종공업, (대림기업), (삼주기계), (대기포레시아), (대지금속), (대우정밀)
	변속기	다이모스, 에스엘, 경창산업, (평화발레오), 현대파워텍, 동일중공업
샤시 (20%)	제동장치	새론오토모티브, 한국베랄, (한국델파이), 한국프랜지공업, (현대위아)
	조향장치	남양금속, 삼미금속, 에스엘, (한국델파이)
	기타	상신브레이크
바디 (10%)	범퍼	성우하이텍, 화신, 에코플라스틱, (프라코)
	차체 부품	세원정공, 성우하이텍, 엠에스오토텍, (신영), (아진산업), (서봉산업), (대우공업)
	도어모듈	에스엘, 모토닉, 화신, 평화산업, 동원금속, 동해전장, 광진상공, 평환정공, 한일이화
내외장 (15%)	에어백	현대모비스, (한국델파이)
	에어컨	한라공조, (두원공조), 삼성공조, 우리산업
	오디오	(본텍), 다함이텍, 남성
	시트	덕양산업, 한일이화, 동국실업, 광진원텍
	플라스틱	엘지하우시스, 에코플라스틱, 동국실업, 덕양산업, 신기인터모빌, 한국TRW, 광성기업, 현대합성공업, 고려산업, 동화기업, 대림프라스틱, 세원E&I
전기, 기타 (20%)	배터리	(한국전지), 세방전지, (현대에너셀)
	모터	동양기전, S&T대우, (캄코)
	센서	인지컨트롤스, 신창전기, 유니크
	고무제품	평화산업, 화승알앤에이
	기타	오스템, 모토닉, 넥센테크, 우신시스템, 케이피에프, 영신금속공업, S&T모터스, 구영테크, 네오티스, 대원강업
트레일러		태원물산, 대유디엠시, 유성기업, 태양금속공업, 부산주공
기타		광림, 네스테크, 대성엘텍, 대성파인텍, 대우자동차판매, 영화금속, 코프라

| 부록 : 대한민국 업종별 기업 리스트 |

자동차 부품업체(I)

★ 가나다순, 괄호 표시는 비상장

회사명	생산품 및 기업 특징
(경신공업)	• 와이어링 하네스, 전장품 • 현대기아차 납품비중 70.0%
경창산업	• 클러치기어, 케이블
구영테크	• 클러치 • 수출비중 100%, 2008년 대규모 KIKO 손실
넥센테크	• 와이어 하니스(Harness)
다함이텍	• 카오디오, 카CD플레이어
(대기산업)	• 에어크리너, 캐니스터, 연료 필터 • 현대기아차 납품비중 88.0%
대원강업	• 스프링, 시트 • 수출비중 60%
대원산업	• 자동차용 시트 • 슈퍼개미 박성득 씨가 주요주주
대진공업	• TM컨트롤 하우징, 하우징 써머스타트 • 수출비중 45%
대창단조	• 자동차 중장비 부품, 단조전문, 수출비중 95%, 2008년 거액 파생상품 거래손실
(대한솔루션)	• 방음재, 엔진커버, 해드라이닝 • 현대기아차 납품비중 62.4%
(대한이연)	• 엔진부품(피스톤링, 실린더 라이너) 현대기아차 납품비중 85.0%
덕양산업	• 크래쉬패드, 방진재 • 현대기아차 납품비중 91.7%
동국실업	• 에어덕트, 노즐 등 동력전달장치 • 수출비중 50%
동남정밀	• 변속기 케이스, 오일팬, 밸브바디 • 현대기아차 납품비중 81.5%
(동서기공)	• 실린더 헤드, 흡기 매니 폴드 • 현대기아차 납품비중 96.0%
동양기전	• 유압실린더, 모터 • 수출비중 50%
(동화상협)	• 알루미늄 휠 • 현대기아차 납품비중 58.0%
동원금속	• 도어프레임, 임팩트 빔 • 현대기아차 납품비중 70.0%
두올산업	• 카페트
디아이씨	• 자동차, 지게차, 모터사이클용 부품

| 대한민국 업종별 재무제표 읽는 법 |

자동차 부품업체(II)

회사명	생산품 및 기업 특징
만도	• 제동·조향·현가장치 • 현대기아차 납품비중 57.4%
모토닉	• LPG엔진부품, LPI인젝션, 흡기계 • 현대기아차 납품비중 85.6%
부산주공	• 자동차 엔진용 부품
(삼미금속)	• 스티어링 너클 등 조향장치
삼성공조	• 라디에이터, 오일 쿨러, 인터 쿨러 등 자동차 엔진용 부품
(삼우기업)	• 머플러 및 후드단열재, 호스 • 현대기아차 납품비중 83.0%
상신브레이크	• 브레이크 어셈블리, 패드 • 수출비중 55%
새론오토모티브	• 브레이크 패드 • 수출비중 50%
(서일캐스팅)	• 엔진부품, 차체 및 샤시부품 • 현대기아차 납품비중 81.4%
(서진산업)	• 프레임 및 차체부품 • 현대기아차 납품비중 96.0%
세동	• 도어벨트, 가스 사출물, 몰딩
세원물산	• 프론트 필러 등 자동차 차체용 부품
세원정공	• 자동차 차체용 부품
성우하이텍	• 범퍼레일, 사이드멤버 등 차체부품 • 현대기아차 납품비중 83.1%
세종공업	• 소음기, 배기 정화 장치 • 현대기아차 납품비중 76.8%
신창전기	• 키셋, 스위치, 마그네슘 다이캐스팅 • 현대기아차 납품비중 71.0%
신화정밀	• 엔진부품 • 현대기아차 납품비중 77.0%
(씨와이뮤텍)	• 변속기부품(싱크로나이저링) • 현대기아차 납품비중 63.2%
(안전공업)	• 엔진밸브 • 현대기아차 납품비중 80.0%
에스엘	• 샤시, 헤드램프 등 조향기기
에코플라스틱	• 내외장 플라스틱 부품, 범퍼 • 현대기아차 납품비중 90.4%
에프에스티	• 펠리클
(영신정공)	• 파워스티어링 오일펌프, MDPS • 현대기아차 납품비중 71.0%
(영진정공)	• 변속기 부품(싱크로나이저링) • 현대기아차 납품비중 69.9%
영화금속	• 관이음새, 주물 등 자동차 엔진용 부품
오스템	• 플로어, 루프 등 자동차용 프레임
우리산업	• 히터 컨트롤 어셈블리, 수출비중 50%
유니크	• 유압밸브, 클락

| 부록 : 대한민국 업종별 기업 리스트 |

자동차 부품업체(Ⅲ)

회사명	생산품 및 기업특징
유성기업	• 피스톤링, 실린더라이너, 캠샤프트 • 현대기아차 납품비중 57.0%
(이원정공)	• 캠샤프트, 오토텐셔너 • 현대기아차 납품비중 61.0%
인지컨트롤스	• 센서, 연료 압력 제어 장치, 수온 제어 장치
일지테크	• 금형, 자동차 차체 부품
지코	• 워터 및 오일펌프, 파워트레인 부품 • 현대기아차 납품비중 98.5%
청보산업	• 로커암, 밸브시트링 등 자동차 엔진용 부품
체시스	• 오일팬 등 자동차 엔진용 부품
코다코	• 오일펌프, 조향장치
태양금속	• 엔진볼트, 허브볼트 등 자동차 엔진용 부품
평화정공	• 렛치, 힌지 등 도어부품, 도어모듈 • 현대기아차 납품비중 62.0%
파브코(평화산업)	• 방진제품, 호스제품 • 현대기아차 납품비중 65.0%
평화홀딩스	• 방진제품, 호스제품
피에스텍	• 속도계, 타임스위치, 워셔펌프, 원격검침시스템
KB오토시스 (구 한국베랄)	• 브레이크 패드, 라이닝 • 현대기아차 납품비중 70.1%
(한국파워트레인)	• 변속기부품(토크컨버터) • 현대기아차 납품비중 92.9%
한국프랜지공업	• 프랜지 • 현대기아차 납품비중 80.0%
한라공조	• 카에어컨·공조장치, 컴프레서 • 현대기아차 납품비중 61.4%
한일이화	• 카도어트림, 카시트, 헤드레스트 • 현대기아차 납품비중 99.0%
현대모비스	• 섀시모듈, 의장모듈, 운적석모듈, 자동차램프
화승알앤에이	• 자동차용 고무 제품
화신	• 암(arm), 프레임
KCW	• 와이퍼 부품
(MVH코리아)	• 방음재, 헤드라이닝 • 현대기아차 납품비중 76.0%
S&TC	• 에어쿨러, 화력 발전 부품 제조
(SL라이텍)	• 헤드램프 • 현대기아차 납품비중 74.8%
SJM	• 자동차용 벨로우즈(Bellows)

음식료

★ 괄호 표시는 비상장

		종목명
음식료 1차 가공	제당	CJ제일제당, 삼양사, 대한제당
	제분	CJ제일제당, 대한제분, 삼양사, (동아제분), (한국제분), 영남제분, (대선제분), 동아원
	전분, 전분당	대상, 삼양제넥스, CJ제일제당, (CPK), (신동방CP), (두산CPX)
	대두유	CJ제일제당, 사조해표, 삼양유지, 오뚜기, 롯데삼강
	유가공(우유)	빙그레, 매일유업, 남양유업, (서울우유), (한국야쿠르트), (일동후디스)
	육가공	CJ제일제당, 동원F&B, (대상F&F), 선진
음식료 2차 가공	음료	롯데칠성, (해태음료), LG생활건강, (동아오츠카), (웅진식품), (정식품), 삼미식품
	면류	농심, 오뚜기, 삼양식품, (한국야쿠르트)
	제과	롯데제과, 오리온, 크라운제과, (해태제과), 농심, 롯데삼강
	빙과(아이스크림)	롯데제과, 빙그레, (해태제과), 롯데삼강, 기린
	맥주	하이트맥주, (오비맥주)
	소주	진로, 롯데칠성, 국순당, (금복주), (대선), 무학, 보해양조, (선양)
	전통주	국순당
	주정	진로발효, MH에탄올, 풍국주정, 한국알콜
	제빵	서울식품, 삼립식품, (기린), (샤니)
	커피믹스	(동서식품), (한국네슬레), 롯데칠성
	캔커피	롯데칠성, 동서식품, 코카콜라
	장류	해찬들, 대상, 풀무원, 샘표식품, (신송식품)
	김치	대상F&F, 동원F&B, 풀무원
	기타	미스터피자, 푸드웰
기타	식료품제조	조흥, 한성기업, 삼양제넥스, 서울식품공업
	담배	KT&G, 우리담배 판매
	기타	동서

| 부록 : 대한민국 업종별 기업 리스트 |

농축산어업

★ 괄호 표시는 비상장

		종목명
농업	농업	농우바이오
	농기계	대동공업, 대동금속, 대동기어, LS전선, 동양물산기업, 아세아텍
	사료	우성사료, 선진, (SCF), (농협), (퓨리나사료), (대상사료), 선진, 고려산업, 케이씨피드(구 경축), 이지바이오시스템, CJ제일제당, 대한제당, 삼양사, 동아원, 팜스코, 세븐코스프
축산업	사료	대주산업(축산), 도드람B&F(양돈)
	닭고기	하림, 마니커, 동우, (체리부로)
어업	원양어업 (참치)	동원산업, 사조산업, 신라교역(이상 빅3), 한성기업, 사조오양(오양수산), 사조대림(대림수산), (삼성수산), 동원수산, 동원F&B
	수산물	삼호F&G, 신라수산

유통

★ 괄호 표시는 비상장

		종목명
유통	할인점	신세계이마트, 홈플러스(홈에버), 롯데쇼핑(롯데마트)
	백화점	롯데쇼핑, 현대백화점, 신세계(이상 빅3), 그랜드백화점, 롯데미도파
	지방백화점	한화타임월드, 광주신세계, 대구백화점, 현대DSF
	홈쇼핑	CJ오쇼핑, GS홈쇼핑, 현대홈쇼핑(이상 빅3), 롯데홈쇼핑, (농수산홈쇼핑)
	상사	SK네트웍스, 대우인터내셔널, LG상사, 삼성물산, 현대종합상사, LS네트웍스, GS글로벌
	편의점	(훼미리마트), (세븐일레븐), (GS25)
	온라인	예스24, 인터파크
	기타	혜안, 신흥, 조인에너지, 모나미

| 대한민국 업종별 재무제표 읽는 법 |

면방, 의류

★ 괄호 표시는 비상장

		종목명
1차가공	면방	일신방직,경방, 동일방직, 전방, 대한방직(이상 빅5),방림, SG글로벌, 부산방직
	섬유(유화계열)	효성, (휴비스,), (케이피켐텍), 대한화섬, 태광, 성안, (새한), (도레이새한), (동국무역), (HK), (제일화섬), 웅진케미칼
	섬유	가희, VGX인터내셔널, 성안, 신라섬유, 아즈텍WBE, 웰크론, 일정실업, 텍슨
2차가공	의류(종합)	제일모직, LG패션, 신세계인터내셔널, SK네트웍스, 이랜드(이상 빅5), 신원,한섬,더베이직하우스, F&F, (FnC코오롱), 인디에프, 한세실업, 좋은사람들, 신영와코루,남영L&F, 신성통상, 오브제 BYC, 우성INC, 나산, 남영비비안, 네티션닷컴, 데코, 동산진흥, 우성INC, 원풍물산, 캠브리지, 국동, 에스지위카스
	캐주얼웨어	제일모직, (이랜드), 더베이직하우스, (MK트렌드), (리얼컴퍼니), (뱅뱅어패럴), LG패션, (지오다노)(이상 빅8), F&F, 행텐코리아, 에이스패션, 지엔코, 예신퍼스스, 연승어패럴, 에스지위카스, 나산, 동일레나운
	남성복	LG패션, 세정, 제일모직, 파크랜드, 캡브리지코오롱(이상 빅6), 우성아이앤씨, 동일레나운, 에스지위카스, 나산, 한섬
	여성복	한섬, 신원, (형지어패럴), 대현, (네티션닷컴), 제일모직, (나산)(이상 빅7), LG패션, 오브제, F&F, 에스지위카스, 아비스타, 동일레나운
	스포츠웨어	휠라코리아, F&C코오롱, 골드윈코리아, 아디아스코리아, 나이키스포츠, 화승(이상 빅7), 국제상사, 동진레저, 한국리복
	이너웨어	신영와코루, BYC, 트라이브랜즈, 남영L&F, 좋은사람들(이상 빅5), 이랜드월드, 코튼클럽, 인따르시아
	아동복	이랜드월드, 서양물산, TCTY, 삼원색(이상 빅4), 파스텔세상, 예신퍼스스, 퍼스트어패럴, 리얼컴퍼니, 광원어패럴, 두산, 동일레나운
	유아복	아가방앤컴퍼니, EFE, 보령메디앙스, 프로키즈컴퍼니(이상 빅4), 모아베이비, 모크, 모아방
	의류 유통	영원무역, 태평양물산

| 부록 : 대한민국 업종별 기업 리스트 |

소비재

★ 괄호 표시는 비상장

		종목명
1차 가공	유리제조 (제병)	금비, 국영지앤엠, 삼광유리, 한국유리공업, 테크팩솔루션
	기타	바이오랜드 (화장품 원료), 삼화왕관, 승일제관
2차 가공	생활용품	LG생활건강, (애경산업), 아모레퍼시픽, (옥시), (피죤), (CJ라이온)
	밀폐용기	삼광유리, 락앤락
	주방용품	동양매직
	가구	한샘, 리바트, 보루네오, 에넥스, 퍼시스, 한국가구
	화장품	에이블씨엔씨, 코스맥스, 한국콜마
	유아용품	보령메디앙스
	침대	에이스침대, 시몬스침대, 썰타침대
	의자	듀오백코리아
	문구·완구	양지사, 오로라월드, 바른손, 손오공
	가죽,가방,신발	삼우, 신우, 쌈지
	자전거	삼천리자전거, 참좋은레저
	부탄가스	태양산업, 대륙제관, (세안산업), (원정제관), (학산산업)
	도자기	행남자기
	기타	코메론, 카스, 삼익악기, 우리조명, 위닉스, 로만손, 모나리자, 신도리코, 인터로조 (콘텍트렌즈)
기타	단체급식	신세계푸드, CJ프레쉬웨이, (에버랜드), (아워홈), 현대백화점 H&S
	외식	CJ제일제당, 오리온
	출판	삼성출판사, 예림당

제지

★ □표시는 자산주, 괄호 표시는 비상장

	종목명
골판지 원지	□신대양제지, 아세아제지, □동일제지(이상 빅3), (월산), □아세아페이퍼텍, 대양제지(고려제지), (아진피앤지), (대한페이퍼텍), 대림제지, (경산제지), □영풍제지, (한국수출포장), (오성제지)
골판지 상자	□태림포장, 대영포장, □삼보판지(이상 빅3), (고려제지), (한국수출포장), (유진판지), (제일산업), (에이팩), (광신판지), (신대한판지)
인쇄용지	한국제지, 한솔제지, 무림페이퍼(이상 빅3), 아트원제지(구 이엔페이퍼), (홍원제지)
카톤팩(우유팩)	삼륭물산, (에버그린패키징코리아), 한국팩키지, 삼영화학(이상 빅4), 고려포리머
CCP지(명함지)	무림에스피, (삼화제지)
백판지	한창제지, 한솔제지, 대한펄프, 신풍제지, 세하
펄프	무림P&P(구 동해펄프)
기타	국일제지, 삼정펄프, (전주페이퍼), 페이퍼코리아, (한국수출포장공업), 원림

제지그룹	계열사		업종
아세아제지 (모기업:원지)	• 아세아제지 • 아세아페이퍼텍		골판지 원지
	• (유진판지) • (에이팩)	• (제일산업)	골판지 상자
신대양제지 (모기업:원지)	• 신대양제지	• 대양제지	골판지 원지
	• 광신판지 • 대양판지	• 신대한판지	골판지 상자
태림포장 (모기업:상자)	• 동일제지	• (월산)	골판지 원지
	• 태림포장	• 동일팩키지	골판지 상자
삼보판지 (모기업:상자)	• 고려제지	• 대립제지	골판지 원지
	• 삼보판지		골판지 상자
무림피앤피	• 무림피앤피(구 동해펄프)		국내 유일 펄프제조
	• 무림페이퍼		아트지
	• 무림에스피		특수지
한국수출포장	• 한국수출포장		골판지 원지 및 상자

| 부록 : 대한민국 업종별 기업 리스트

반도체

★ 괄호 표시는 비상장

		종목명
제조	IDM(종합 반도체)	삼성전자, 하이닉스
	파운드리	동부하이텍, 매그나칩
	팹리스	코아로직, 에스티아이, 엠텍비젼, 토마토엘에스아이, 텔레칩스
전공정	ASHER(노광)	피에스케이, 유진테크, 테스, 케이씨텍, 하나마이크론, STS반도체, 아이피에서, 주성엔지니어링, DMS, 아토
	ETCHING(식각)	이엔에프테크
	CVD (박막형성)	아토, 유진테크, 주성엔지니어링, 국제일렉트릭코리아, 아이피에스 엘오티베큠(CVD용진공펌프)
	쿼츠웨어	원익쿼츠, (영신쿼츠), (금강쿼츠)
	기타	에버테크노, 로체시스템, 톱텍, 에스프에이, (태화엘렉트론), 바이아이엠티, (코리아인스트루먼트), 젯텍, (테크윈), 고려반도체, 프롬써어터, 미래산업, 국제엘렉트릭코리아
	해외기업	Applied materials, Novellus(이상 빅2), 도쿄엘렉트론
후공정	패키지	한미반도체, (세크론, SEC)
	기타	프롬써어티, 아큐텍반도체, 유니테스트, 아오테크닉스, 디아이, 파이컴
	해외기업	ASE, AMKOR, SPIL
소재	패키지 소재	심텍, 대덕전자, 덕산하이메탈, MK전자
	공정 소재	동진쎄미켐, 디앤에프, 테크노세미캠, 후성
	기타	코리아인스트루먼트, 젯텍, 세크론, 피케이엘, 세미텍
기타	비메모리 반도체	알파칩스, 넥스트칩, 아이앤씨, 어보브반도체, 네패스, KEC(케이이씨)
	반도체 테스크	아이텍반도체, 실리콘웍스, 텔레칩스, 넥스트칩
	클린룸	신성이엔지, 성도이엔지, 한양이엔지
	PCB	삼성전기, LG전자, 대덕전자, 대덕GDS(이상 빅4), 이수페타시스, 심텍, 뉴프렉스, 삼화전기, 코리아써키트, 태산엘시디, 한솔LCD, 인터플렉스, 디에이피, 플렉스컴, 이녹스
	기타	에스티아이, 탑엔지니어링, 리노공업, 에스프에이, 고영테크놀러지, 광전자, 글로벌스탠다드테크놀러지, 나이스메탈, 네패스, 네패스신소재, 넥스트칩, 다믈멀티미디어, 단성일렉트론, 디아이, 엠텍비젼, 한농화성, 삼화전자

정보 기술(기타)

★괄호 표시는 비상장

		종목명
인터넷	도메인	가비아, (후이즈), (아이네임즈)
	호스팅	가비아, 오늘과내일
	IDC	(=Internet Data Center). KT, 데이콤, SK브로드밴드
	포털	NHN, 다음커뮤니케이션, SK커뮤니케이션즈, KTH, (야후코리아)
	통신	KT, LG데이콤, (LG파워콤), (SK브로드밴드, 구하나로텔레콤)
	셋톱박스	휴맥스, 홈캐스트, 토필드, 한단정보통신, 가온미디어
	보안	안철수연구소, 나우콤, 넥스지, 넷시큐어테크놀러지, 어울림정보기술, 인젠
	결제	나이스정보통신, 한국전자금융, 한네트, 이니시스
	통신, 네트워크	누리텔레콤, 뉴그리드테크놀로지, 뉴로테크파마, 니트젠앤컴퍼니, 다산네트웍스, 영우통신, 온세텔레콤
	시스템통합(SI)	다우기술, 대신정보통신, 쌍용정보통신, (포스코ICT, 구 포스데이타), 현대정보기술
	IX	(=Internet eXchange). KNIX
	기타	유니모테크, 네프로아이티, 아로마소프트, 옴니텔, 버추얼텍, 신세계I&C

| 부록 : 대한민국 업종별 기업 리스트 |

스마트폰

★ 괄호 표시는 비상장

		종목명
통신	통신	SK텔레콤, KT(KTF), LG유플러스(LG텔레콤)
	4G	이노와이어, 한국전파기지국, 에이스앤파트너스기산텔레콤, 액티투어, 파인디지털, 씨앤에스코아크로스, 영우통신, 서화정보통신, 아비코전자, 리노스
스마트폰	단말기	삼성전자, LG전자, (팬택)
	케이스	인탑스, 피앤텔, 재영솔루텍, 신양엔지니어링, 참테크
	키패드	DK유아이엘, 모젬, 한성엘컴텍, 미성포리테크, 서원인텍
	FPCB	삼성전기, 인터플렉스, LG전자, 뉴플렉스, 우주일렉트로닉스
	ASIC	코아로직, 엠텍비젼, 텔레칩스
	카메라모듈	삼성전기, 삼성테크윈, 파워로직스, 한성엘컴텍, 쿠스코엘비아, 파트론, 성우전자
	렌즈	차바이오앤디오스텍
	IR필터	옵트론텍
	배터리	삼성전기, LG화학
	터치스크린	LG이노텍, 삼성SDI, 멜파스, 이엘키이, 디지텍시스템, 모리스, 시노팩스, 미성포리테크
	진동모터	삼성전기, 자화전자, 파트론
	안테나	EMW, 에이스안테나, 인탑스, 알에프텍, 파트론
	기타	비에스이(마이크로폰), 이랜텍(배터리조립), 파워로직스, 넥스콘테크(PCM), 아모텍, 이노칩 (이상 칩바리스터 및 ESD필터)
태블릿PC	부품 (삼성 갤럭시탭)	인터플렉스, 인탑스, 파트론, 디지텍시스템, 이라이콤, 에스맥, 플렉스컴, 일진디스플레이, 삼성SDI, 삼성전기, 삼성테크윈, 대덕전자
	부품 (애플 아이패드)	LG디스플레이, 이노칩, 실리콘웍스, 삼성SDI, 삼성전기
	콘텐츠	웅진씽크빅, SBS콘텐츠허브, 게임빌

| 대한민국 업종별 재무제표 읽는 법 |

전기전자 (기타)

★ 괄호 표시는 비상장

종목명		
종합	대형	LG전자, 삼성전기, 삼성SDI, 삼성테크윈, LG이노텍, 삼화콘덴서, 인터플렉스, 아이디스
디스플레이	LED	LG이노텍, 삼성전기, 한솔LCD, 루멘스, 덕산하이메탈, 주성엔지니어링, 서울반도체, 디이엔티
	LCD	삼성전자, LG디스플레이(이상 제조), 에이스디지텍, 신화인터텍, 테크노세미켐(이상 소재), 티엘아이, 한솔LCD, 우리이티아이, 금호전기(이상 부품), DMS, (KC테크)(이상 장비)
	기타	세진티에스, 동양이엔피, LG마이크론, 금호전기, 엘앤에프, 미래나노텍, 고덴시, 다윈텍, 연이정보통신, 일진디스플레이, 유아이디
	기타2	한솔LCD, 태산엘시디, 디에스엘시디
	기타3	디에스케이, 테라젠이텍스
컴퓨터	컴퓨터	주연테크
	소프트웨어	한글과컴퓨터, 비트컴퓨터, 네오엠텔, 아남정보기술
	기타	삼성테크윈, 청호컴넷, 글로웍식구 벅스 인터랙티브, 우전앤한단구 한단정보통신), 아이디스, 삼지전자, 인성정보, 기륭전자, 기산텔레콤, 나라엠앤디, 아구스, 아리온테크놀로지, 소리바다, 솔본, 한국컴퓨터
가전	가전	삼성전자, LG전자, (대우일렉트로닉스)
	오디오	아남전자
	부품	삼성전기, LG이노텍, (LG마이크론), 대동전자
	디지털카메라	삼성디지털이미징
	기타	네오피델리티, 아이리버, 엔터기술, 한국전기초자
기타	내비게이션	팅크웨어, 파인디지털
	로봇	다사로봇
	전선제조	가온전선, LS전선, 대한전선(이상 빅3), 모보, 대원전선
	계측, 측량	나노트로닉스
	유통	IHQ
	스피커	에스텍
	기타	서호전기, 일진전기, 청호컴넷, 아이컴포넌트, 슈프리마, 나노트로닉스, 이엔에프, 더존비즈온(구 더존디지털), 삼화콘덴서공업, 세기상사, 신일산업, 써니전자, 경인전자, 광명전기, 글로벌유니텍, 뉴인텍

| 부록 : 대한민국 업종별 기업 리스트 |

디스플레이

★ 괄호 표시는 비상장

		종목명
소재 부품	칼라 필터	삼성전자, LG디스플레이
	글래스	삼성코닝정밀유리
	드라이버IC	삼성전자, 동부하이텍, 실리콘웍스
	편광판	LG화학, 제일모직, 에이스디지텍
	광학필름	신화인터텍, 미래나노텍
	BLU	=Back Light Unit, 광원, 한솔LCD, 금호전기, 우리ETI
장비	증착장비	주성엔지니어링, 에스에프에이
	식각장비	ADP엔지니어링, DMS
	세정, 박리장비	케이씨텍, DMS

■ 디스플레이 산업 계통도

제약, 바이오, 의료

★ 괄호 표시는 비상장

		종목명
지주사		한미홀딩스, 녹십자홀딩스, 대웅
코스피	빅5	동아제약, 유한양행, 한미약품, 대웅제약, 녹십자
	Middle 15	중외제약, 종근당, 일동제약, 광동제약, 보령제약, 동화약품, 삼진제약, 일양약품, 영진약품, 삼일제약, 제일약품, 한독제약, 신풍제약, 부광약품, 현대약품, 국제약품공업
	Small 15	근화제약, 동성제약, 한올제약, 일성신약, 동국제약, 환인제약, 한국유나이티드제약, 대한약품, 진양제약, 삼성제약공업, 한서제약, 대원제약, 명문제약, 유유제약
코스닥		경동제약, 안국약품, 휴온스, 화일약품, 삼천당제약, 대한뉴팜, 대화제약, 대한약품, 삼아제약, 신일제약, 진양제약, 고려제약, 바이넥스, 한서제약, 조아제약, 서울제약, 중앙신약, 동국제약, 이연제약
바이오		셀트리온, 엔케이바이오, 메디포스트, 에이치엘비, 중앙바이오텍, 코오롱생명과학, 메디톡스, 차바이오앤디오스텍, 에스디, 알엔엘바이오, 종근당바이오, 쎌바이오텍, 진바이오텍, 한올바이오파마, (대웅바이오)
의료기기		바텍, 오스템임플란트, 피제이전자, 휴비츠, 신흥, 바이오스페이스, 썸텍, 세코닉스, 원익, 디아이, 나노엔텍, 솔고바이오메디칼
기타		백광산업, 서흥캅셀, 유니더스, 대성미생물연구소, 중앙백신연구소, 우리들생명과학, (배봉LS), 이수앱지스

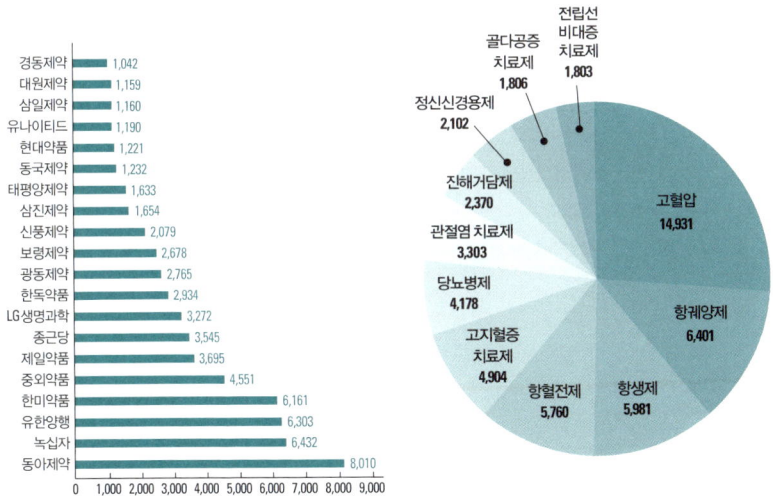

■ 제약사 매출액 순위 (2009, 단위: 억 원)

경동제약 1,042
대원제약 1,159
삼일제약 1,160
유나이티드 1,190
현대약품 1,221
동국제약 1,232
태평양제약 1,633
삼진제약 1,654
신풍제약 2,079
보령제약 2,678
광동제약 2,765
한독약품 2,934
LG생명과학 3,272
종근당 3,545
제일약품 3,695
중외제약 4,551
한미약품 6,161
유한양행 6,303
녹십자 6,432
동아제약 8,010

■ 질환별 원외 처방 조제액 순위 (유비스트, 2009년, 단위: 억 원)

전립선비대증치료제 1,803
골다공증치료제 1,806
정신신경용제 2,102
진해거담제 2,370
관절염치료제 3,303
당뇨병제 4,178
고지혈증치료제 4,904
항혈전제 5,760
항생제 5,981
항궤양제 6,401
고혈압 14,931

| 부록 : 대한민국 업종별 기업 리스트 |

서비스, 기타

★ 괄호 표시는 비상장

		종목명
교육	교육	메가스터디, 대교, 웅진씽크빅, 크레듀, 비유와상징, 청담러닝, 정상JLS, YBM시사, 능률교육, 에듀박스, 엘림에듀, 디지털대성, 비상교육, 이루넷, 지러닝
게임	게임	엔씨소프트, CJ인터넷, 네오위즈게임즈(이상 빅3), (한게임), 액토즈소프트, 게임빌, 게임하이, 엠게임, 와이디온라인(구 예당온라인), 웹젠, 한빛소프트, 이스트소프트, JCE
미디어	지상파	(KBS), (MBC), SBS
	전송	넥실리온, 넷웨이브
	SO	(티브로드), (CJ헬로비전), (씨앤앰), (CMB), (HCN), 큐릭스, 온미디어
	광고	제일기획, HS애드, 이노션, TBEA코리아, 대홍기획, 휘닉스컴, 웰콤퍼블리시스 월드와이드, 오리콤, 상암커뮤니케이션즈, 한컴, SK마케팅앤컴퍼니
	영화상영관	CJ CGV, (메가박스), (롯데시네마)
	영상물, 공연제작	프라임엔터테인먼트, 글로포스트, 김종학프로덕션, 네오쏠라, 대원미디어, DSPENT, 메카포럼, 미디어플렉스, 세기상사, CCS, 옐로우엔터테인먼트, 올리브나인, YTN, 초록뱀미디어, 클루넷, 아인스M&M(구 태원엔터테인먼트), 한국경제TV, 아리진, 예당엔터테인먼트
기타	시큐리티	에스원, (KT텔레캅), (ADT)
	환경, 재활용	인선ENT, 코엔텍, 와이엔텍, 다휘
	호텔	(호텔롯데), 호텔신라, (워커힐)
	카지노	강원랜드, 파라다이스
	여행	하나투어, 모두투어, 롯데관광개발, 자유투어, (오케이투어), 세중나모여행, (노랑풍선), (여행사닷컴), (온라인투어)
	오락, 문화	삼화네트웍스, 시공테크, 씨앤우방랜드, IB스포츠, IHQ, 에머슨퍼시픽
	고속도로 휴게소	대영DT
	경매	서울옥션

지주회사(Ⅰ)

★ 괄호 표시는 비상장

회사	자회사(지분율)
LG	LG데이콤(30.04%), LG생명과학(30.43%), LG생활건강(34.03%), LG텔레콤(37.37%), LG화학(33.53%), 지투알(35.0%), LG전자(34.80%)
세아홀딩스	세아베스틸(54.15%)
KPX홀딩스	KPX그린케미칼(70.0%), KPX케미칼(40.01%), KPX화인케미칼(40.01%)
KCC홀딩스	KCC(31.04%)
태평양	아모레퍼시픽(35.40%), 태평양제약(65.13%)
네오위즈	네오위즈게임즈(24.13%)
SK	SK가스(45.53%), SK네트웍스(39.96%), SKC(42.50%), SK에너지(32.56%), SK텔레콤(23.09%)
한진중공업홀딩스	한진중공업(36.54%)
CJ	CJ오쇼핑(39.99%), CJ CGV(40.05%), CJ인터넷(27.46%), CJ제일제당(39.14%), CJ프레시웨이(51.94%), 엠넷미디어(33.25%)
웅진홀딩스	웅진씽크빅(32.52%), 웅진코웨이(32.74%)
한화석유화학	갤러리아, 여천NCC, 대한생명보험
두산	오리콤(57.80%), 두산중공업(41.20%), 삼화왕관(44.20%)
한국신용정보	나이스정보통신(42.70%), 한국신용평가정보(21.07%), 한국전자금융(47.02%)
중외홀딩스	중외제약(38.32%), 크레아젠홀딩스(18.50%), 중외홀딩스
진양홀딩스	진양산업(41.88%), 진양폴리우레탄(49.87%), 진양화학(48.11%), (진양개발)(45.0%)
S&T홀딩스	S&TC(46.58%), S&T대우(37.60%), S&T모터스(31.10%), S&T중공업(34.79%)
SBS미디어홀딩스	SBS(30.00%), SBSi(52.89%)
동성홀딩스	동성화학(52.03%), 호성케멕스(36.55%)
LS	LS산전(46.0%)
풍산홀딩스	풍산(32.22%), 풍산마이크로텍(57.20%)
일진홀딩스	일진다이아몬드(61.80%), 일진전기(54.0%)
KISCO홀딩스	한국철강(22.70%)
한세예스24홀딩스	예스24(49.54%), 한세실업(41.33%)
STX	STX조선(35.72%), STX엔진(26.58%)

| 부록 : 대한민국 업종별 기업 리스트 |

지주회사(II)

회사	자회사(지분율)
영원무역홀딩스	골드윈코리아(51.0%), 원도어패럴(29.97%)
웅진홀딩스	웅진코웨이(32.74%), 웅진씽크빅(32.5%), 극동건설(70.5%), 웅진식품(47.92%)
대웅	대웅제약(40.2%), 대웅바이오(100%, 비상장), 대웅개발(100%, 비상장), 대웅상사(40%, 비상장), 알앤피코리아(80%, 비상장), 대웅생명과학(56.8%)
녹십자홀딩스	녹십자, 영풍(2.15%), 한일시멘트(1.87%), 고려제강(1.36%), 바이로메드(6.25%)
농심홀딩스	농심(32.7%), 율촌화학(40.32%)
대상홀딩스	대상(38.03%), 대상정보기술(10.0%)
다우데이타	다우기술(35.84%)
삼영홀딩스